농업의
내향적
정교화

인 도 네 시 아 의
생태적 변화 과정

쌀·
삶·
문명
총서

농업의
내향적
정교화

인도네시아의
생태적 변화 과정

클리퍼드 기어츠 지음 **김형준** 옮김

일조각

의사에게 질병의 진행이 인체의 신비를 보여 주는 것처럼
역사학자에게 커다란 재앙의 진행은
그에 휩싸인 사회의 본질을 이해하는 데
유용한 정보를 가져다준다.

−마르크 블로크Marc Bloch

머리말

통합학문적interdisciplinary 연구는 항상 도박이다. 이러한 연구는 주제가 서로 뚜렷하게 연결되지 않고 분리된 논문과 연구서들을 매우 자주 산출한다. 인도네시아 같은 정치적·지리적 지역에 대한 통합학문적 연구를 진행하려 할 때, 상이한 학문분야의 결과물들의 공통점이라고는 동일한 공간을 다루었다는 점뿐일 것이다. 따라서 특정 지역에 대한 여러 학문분야의 성과들이 진정한 통합을 만들어 낸다면 이는 매우 놀라운 일이다. 매사추세츠 공과대학MIT 국제연구센터가 지원한 인도네시아 연구가 바로 그것을 실현시킨 것 같다.

센터가 지원한 인도네시아 연구는 크게 두 범주로 나뉘었다. 하나는 내가 이끈 인도네시아 프로젝트로서, 경제와 정치 발전 프로그램이라는 주제하에 수행된 네 가지 주요 연구였다. 또 하나는 루퍼스 헨던Rufus Hendon이 이끈 인도네시아 현지조사 팀으로서 이 책의 저자인 클리퍼드 기어츠가 그 구성원 중 한 명이었다. 두 프로젝트를 위한 현지조사는 1952~1959년에 진행되었으며 주로 전반기에 집중적으로 이루어졌다. 후반기에 시작해 이제야 막바지에 다다른 집필 과정 동안 두 팀, 특히 기어츠 박사와 나는 계속 의견을 나누었다.

MIT의 인도네시아 프로젝트는 어떤 의미에서 느슨하게 규정된 작업이었고 인적 구성 역시 매년 달라졌다. 이 프로젝트는 긴밀하게 조직되어 중앙에서 지휘하는 팀연구 프로그램이라기보다는 인도네시아에 특별히 관심을 가진 '학자 공동체'에 가까웠다. 사실 5년간에 걸친 공식 프로젝트 기간 동안 보수를 계속 받은 사람은 나뿐이었다. 하지만 프로젝트를 공식적으로 마무리하기 위해 열린 며칠간의 토론에 이 프로젝트에 관련된 사람들이 모였을 때, 우리가 인도네시아와 그 나라가 직면한 문제에 대하여 통합된 시각에 도달했음을 확인하였다. 다양한 형태의 그림들이 마치 지그소 퍼즐의 조각처럼 하나로 맞추어졌다. 각각의 학문에서 이용되는 방법을 통해—각 학문영역의 경계를 조금씩 벗어나는 경향이 있는—우리 모두는 본질적으로 동일한 개괄적 분석틀 그리고 혁명에 대한 높은 기대를 실현시키기 위해 인도네시아인 앞에 놓여 있는 과업에 대해 일치된 일반적 개념에 도달하였다.

이 공통적 그림에 대한 인류학자의 설명은 기어츠 박사가 이전에 발표한 인도네시아 자바의 종교에 대한 저서와 동중부東中部 자바·발리의 기업가 정신을 비교한 저술보다 이 책에 보다 명료하게 제시되어 있다. 기어츠 박사는 첫 번째 저술에서 경제개발과 기업가 정신에 대한 기초적 관심을 뚜렷이 드러냈지만 그 책은 인류학의 전통적 범위와 방법론에 훨씬 더 근접해 있다. 이러한 관심은 두 번째 저술에 보다 명시적으로 나타나 있다. 하지만 이 책은 자바의 사회–경제적 역사를 다룬 것으로서, 명백하게 정태적인 생활수준을 유지해야 했던 300년간의 네덜란드 식민시기 이후 도약take-off을 시작하는 과정에서 독립 인도네시아가 경험하고 있는 어려움을 설명하고 있다.

이 글에서는 우리의 인도네시아 연구에 참여한 경제학자, 정치학자, 역사학자, 사회학자, 인류학자, 지리학자의 공통 주제에 대해 간략히 소개하여 독자들이 이 책의 내용을 보다 넓은 맥락에서 이해하는 데 도움을 주고자 한다. 여기에 쓴 이야기는 온전히 나의 것으로서 연구에 참여한 다른 구성원들의 의견을 대표하지 않는다. 하지만 나는 우리들이 만났을 때 거론된 공통의 관점을 가능한 한 충실하게 설명하고자 노력할 것이다.

경제적 관점에서뿐만 아니라 사회학적·정치적 관점에서 인도네시아는 '큰 분발big push'을 필요로 한다. 각 국가의 역사에는 발전을 시작하기 위한 '최적의 순간', 즉 사회학적·정치적·경제적 요인이 합쳐져 경제성장이라는 목적지를 향해 도약하는 데 전에 없이 우호적인 환경이 조성되는 짧은 기간이 존재하는 것 같다. 최적의 순간을 놓친다면 그와 유사한 우호적인 환경이 다시 조성되는 데 몇 세대가 걸릴 것이다. 이 주장을 매우 간결하게 정리하면, 약간 동어반복적으로 들리겠지만, 토착 기업가층의 성장과 동시에 이들의 재능을 공적·사적 부문 어디에서든지 간에 실현할 수 있도록 뒷받침하는 정책을 수립할 능력과 의지를 갖춘 정치 엘리트가 출현할 때 도약이 실현될 가능성이 가장 높다는 것이다. 하지만 역사적 분석—혹은 역사적 예측—에 대한 길잡이로서 이 주장은 우리에게 유용해 보인다.

자바에서는 본질적으로 기업가에게 적대적인 정치 엘리트들이 맹아적 단계의 기업가를 억제하는 일이 반복되었던 것 같다. 자바의 상업 확대는 포르투갈에 의해 좌절되었을 것이다. 인도네시아를—예를 들면 제국이 확립되기 2세기 전 마자파힛Majapahit 왕국이 통합했던 정도로—통합하려 했던 마타람Mataram 제국의 기대를 네덜란드 동인도회사가 무력으로 파괴했음은 명백한 사실이다.

경작체계의 영향 아래에서 네덜란드인의 정착과 농장 사업의 첫 물결이 나타난 1850년경, 또 다른 맹아적 '도약'이 출현하였다. 네덜란드인의 정착은 인구폭발을 촉진하였다. 새롭게 부상한 자바 기업가 집단에 마음껏 활동할 수 있는 자유가 주어졌다면, 이들이 사회구조 및 개인의 태도를 생산성 향상과 일인당 소득의 지속적 증가를 가능하게 만드는 방향으로 변화시켰을 확률이 높다. 불행하게도 당시 네덜란드 식민지 행정부는 실질적으로 정치 엘리트였고, 네덜란드 식민정책은 이러한 형태의 발전을 장려하지 않았다. 네덜란드 기업을 멈추게 한 1930년대의 대공황이 자바의 산업과 고무 수출업자에게 용기를 북돋아줄 마지막 기회였다는—명백하지는 않지만—증거도 약간 있다. 다른 한편으로, 공황은 자바의 기업에 남아 있던 사탕수수의 흔적을 깡그리 없애 버렸다. 도약에 필요한 경제적·정치적 리더십을 창출할 자바 사회의 잠재력은 이후 전쟁, 일본 점령, 혁명,

그리고 뒤이은 정치적 혼돈을 거치며 파괴되었다.

'불간섭' 정책에도 불구하고, 그 사이에 네덜란드의 강도 높은 경제활동은 자바사회를 탈전통화하였다. 자바 귀족들은 경제적 영역으로 리더십을 확대하려는 노력이 좌절되자, 재능과 야망의 분출구로서 정치 활동을 모색하는 서구식 훈련을 받은 극소수를 제외한 대부분은 자바의 전통으로 후퇴했고 오래된 관행만을 추구하였다. 전통 자바사회는 더 이상 존재하지 않았다. 이러한 이유로 인해 최근 자바에서 대중의 추종을 이끌어낼 수 있는 리더십을 가진 유일한 집단은 자바 전통과 관계없는 새로운 종파—공산주의자 혹은 극단적 민족주의자nationalist—였다. 공산주의자와 민족주의자는 정치적 지도자로서의 역할을 했지만 현 단계에서 이들은 경제적 지도력 혹은 기업가 정신을 보여 주지 않고 있다. 오히려 이들의 행동과 태도는 기업가적 활동의 성장을 억제하는 종류의 것이었다.

인도네시아의 다른 지역들은 자바보다 훨씬 이후에 네덜란드의 영향을 받았기 때문에 영향권 안에 있던 시기가 몇십 년뿐이었고 영향력도 자바에 미친 것만큼 넓거나 깊지 않았다. 북부 수마트라(바탁), 중서부 수마트라(미낭카바우), 발리, 술라웨시, 그리고 칼리만탄(다약) 사회는 훨씬 덜 탈전통화되었다. 따라서 이 지역들은 혁명이 가져온 자유화 효과에 고무되어 현재 자신의 문화적 동학dynamics에 따라 진화할 기회를 가지고 있다. 이곳의 사회는 각기 일군의 토착 경영자를 발전시켰으며 이들 중 일부, 특히 바탁과 미낭카바우는 자기 지역뿐만 아니라 자바에도 경제적 지도력을 발휘하고 있다. 게다가 이러한 사회(특히 바탁과 미낭카바우)는 인구비율을 훨씬 초과하는 수의 정치적 지도자를 지역 수준과 국가 수준에서 배출하였다. 외곽 도서에는 지속적 경제성장을 실현시킬 기업가와 엘리트 사이의 상호작용을 기대할 만한 이유가 여전히 존재한다. 이는, 실제로 그러하지만, 외곽 도서가 자바보다 훨씬 더 양호한 자원-인구 유형을 가지고 있기 때문만은 아니다. 사회학적 용어로 '성장점growing point과 선도적 섹터leading sector'를 구성하는 곳이 외곽 도서이기 때문이다. 이는 인도네시아 경제와 관련하여 자주 거론되는 '이중성dualism'을 부분적으로 설명해 준다.

'이중성'은 나폴레옹 전쟁 이후 외국 기업에 의해 진행된 특별한 형태의 산업화에 주로 기인하였다. 대략 1820년까지 인도네시아는 전국적으로 소토지자작농과 농민의 농업으로 특징지어졌으며, 부문 간·지역 간의 뚜렷한 기술적 차이는 존재하지 않았다. 당시 인구는 현재 수준의 10분의 1에도 못 미칠 정도로 적어서, 5백만 명 이하가 자바에, 3백만 명 정도가 외곽 도서에 거주하였다. 따라서 토지는 상대적으로 풍부하였다. 어느 지역에도 심각한 인구압이 존재하지 않았으며, 생활수준이 높지는 않았지만 실질적 어려움 역시 거의 없었다. 네덜란드는 (대개 중국인 중개인을 통한) 인도네시아인과의 무역에, 그리고 이후에는 인도네시아에 정착하지 않은 상태에서 수출품을 강제로 얻어내는 데에 대체로 만족해하였다.

나폴레옹 전쟁 중의 짧은 영국 통치기 이후, 인도네시아의 네덜란드 식민행정은 점차 농장농업으로 이동하였다. 몇십 년이 흐른 뒤 광산, 석유, 가공처리 산업의 발전이 시작되었다. 이러한 산업화는 초기에 인도네시아인의 일인당 소득을 증가시킨 것 같다. 하지만 가속화된 인구증가로 인해 인도네시아인의 생활수준은 장기적으로 개선되지 못하였다. 수입이 많아지자 더 많은 인구를 부양할 수 있었다. 게다가 정책이 바뀌면서 인도네시아인들은 서구 문명에 전보다 더 긴밀하게 접촉할 수 있었다. 산업화는 유럽인의 정착을 의미하였다. 인도네시아인 사이의 전쟁을 방치했던 정책에서 벗어나 법과 질서를 유지하려는 노력이 행해졌으며 보건 상태가 개선되었다. 사망률도 감소하였다. 또한—이 점은 아주 명확하지는 않지만—향상된 보건 및 영양 상태가 출산율을 높인 것처럼 보인다. 수출용 원자재를 생산하는 농장, 광산, 유전에 집중된 발전 형태는 도시화보다는 산업화를 가져왔다. 따라서 유럽과 신세계에서 도시산업화로 인해 가족 규모가 억제되는 현상이 인도네시아에서는 덜 발생하였다. 그 최종 결과 전체 인구가 3세대에 걸쳐 4배 이상 증가하였다.

그로 인해 새로운 투자가 이루어진 경제 부문은 증가한 인구를 흡수하는 데에 완전히 무기력하였다. 농장, 산업, 석유, 광산 운영이 토지집약적·자본집약적이었고, 그 기술계수technical coefficient가 상대적으로 고정되어 있거나 그렇다고 가정되었기 때문이다. 증가한 인구는 기술계수가 상대적으로 가변적이며 생계를 유지할 기회가 마을구조 내에 여전히 존재하는 농민농업과 소규모 가내수공업으로 불가피하게 되돌아갔다. 풍부한 노동과 부족한 자본—그리고 자바의 경우 부족한 토지—으로 인해 이 부문의 생산방식은 지극히 노동집약적이 되었다(지금은 외곽 도서에서조차 비옥하고, 쉽게 경작할 수 있고, 즉시 경작할 수 있는 토지가 많지 않다. 그리고 최근 몇십 년 동안 외곽 도서의 인구증가 속도는 19세기 말 자바에서의 증가 속도만큼이나 빠르게 진행되어 왔다). 결국 노동력은 이 부문에서도 과다해졌고(한계생산성이 0으로 떨어졌다.) 증가하는 인구는 일감 나누기, 불완전고용, 실업을 야기하게 되었다. 이 부문의 일인당 소득은 최저생계수준으로 돌아갔다.

기술 진보는 주로 자본집약적 부문에 국한되었다. 반면 노동집약적 부문에서 인구성장률은 자본축적률을 훨씬 상회하였다. 비록 여전히 낮은 수준이지만, 최근 노조의 활동과 정부정책에 따라 한계노동생산성과 비교하여 공장노동자의 임금이 다소 높은 수준으로 확정되었다. 이러한 상황은 산업 부문에서 가능한 한 노동절약 설비를 사용하려는 경향을 더욱 심화시키고 있다. 반면 농촌 부문에서는 노동절약적이지만 자본흡수적인 혁신을 도입하는 농민 집단이나 소규모 기업체를 위한 장려책이 존재하지 않는다. 순투자 없이도 노동-시간 생산성을 높일 기술을 개발해야 한다. 이미 과잉상태인 공급 노동력의 효율성을 높이는 노동자 집단을 위한 장려책 역시 존재하지 않는다. 따라서 해결 방법은 노동집약적 상태로 계속 남아 있는 것이며, 농민농업과 소규모산업 부문에서 기술 수준, 노동-시간 생산성, 경제사회적 복지의 수준은 낮은 상태에 머물게 된다.

이 두 부문이 두 개의 지역, 즉 자바와 외곽 도서가 거의 일치하기 때문에 이 문제의 경제적 · 정치적 측면에 대한 해결책을 찾아내기는 더욱 어렵다. 농장, 광산, 유전은 주로 외곽 도서, 특히 수마트라, 칼리만탄, 술라웨시에서 발전하였다. 하지만 인구는 토지가 가장 비옥하고 식량 생산에 최적인 자바에서 급속히 증가하였다. 가내수공업, 소산업 고용률 역시 자바에서 가장 높다.

이처럼 인구의 3분의 2가 상대적으로 작은 하나의 섬에 빽빽이 들어차서 식량생산이나 단순 수공업, 가내소비를 위한 소규모 생산에 주로 종사하며 직물이나 다른 필수소비재를 수입에 의존하는 반면, 인구의 3분의 1은 수출품을 주로 생산하며 고도로 효율적인 대규모 산업이 일부 존재하는 매우 넓은 지역에 흩어져 사는 나라가 인도네시아다. 현재 경제적 조건상의 불일치, 경제 성장을 위한 지도력 창출 능력의 불일치를 고려해 보면 자바와 외곽 도서 사이에 존재하는 스트레스와 긴장은 당연하다.

이 분석의 함의는 광범위하다. 무엇보다도 이것은 수카르노 대통령이 '지도력 있는 민주주의'를 지향하는 헌법개정을 요구하여 매우 실질적인 문제에 대응하고 있음을 의미한다. 이 단계에서 보통의 의회민주주의에서는 선거구의 3분의 2가 자바에 존재하기 때문에 본질적으로 자바에 의해 통치된다고 볼 수밖에 없다. 기업가와 엘리트 사이에 요구되는 연합이 자바에서 이루어질 수 있는 유일한 방법은 공산당의 성장과 공산주의 정권의 확립을 통해서일 것이다. 하지만 혁명정부PRRI(수카르노 정부에 반기를 들어 1958년 수마트라에 수립된 반란 정부-옮긴이) 지도자들의 주장 역시 올바르다. 발전예산 중 지금보다 더 많은 부분을 대중이나 외곽 도서의 민간 프로젝트에 배분할 뿐만 아니라 발전재원을 조달하고 이를 수행할 책임을 각 지역에 배분함으로써 인도네시아 경제의 성장 잠재력을 최대로 끌어올릴 수도 있다.

지금의 8개년 계획은 이런 측면에서 제기된 요구를 충족시키지 못한다. 이 계획은 인도네시아 민주주의의 개념을 구체화하고, 지향하는 사회의 종류가 무엇인지를 정의하고자 한다. 이 계획의 정신은 1945년 8월 17일이라는 독립선언일을 상징하여 8권 17장 1,945절로 나눈 구성에 잘 표현되어 있다. 계획에 따르면 인도네시아의 국가정체성은 노래, 춤, 와양wayang(그림자극―옮긴이), 문학 등의 전통문화에서 찾을 수 있다. 계획의 목표는 인도네시아의 사회정치적 철학을 담고 있는 5개 항목―국가주의, 인본주의, 민주주의, 사회정의, 신에 대한 믿음―으로 구성된 '판차실라Pancasila'에 기초한 '공정하고 번영된 사회'이다. 또한 이 이념은 마을 조직의 정신을 국가적 수준에서 재생산하려는 '가족과 같은 사회'를 지향한다.

'인도네시아식 사회주의'의 개념은 유용하다. 하지만 이 계획은 기본적인 경제문제에 진정으로 대응하지 않고 있다. 이것은 정부에 '최소한의 노력'도 부과하지 않는다. 중앙정부와 관련된 계획―지역과 지방정부 혹은 개인사업체를 위해 공인된 세부 계획은 없다.―은 다양한 부처에서 이미 시행되고 있는 프로그램을 그대로 반영한 것일 뿐이다. 이 계획은 발전을 위한 노력의 방식과 관련하여 대담함과 풍부한 상상력은 말할 것도 없고, 근본적으로 새로운 그 어떤 것도 정부에 요구하지 않는다. 이 계획에 따르면 정부는 과거부터 해왔던 행동과 완전히 단절해야 할 의무가 없다. 따라서 정부는 발전이 진행되기 전에 입안해야 할 경제정책과 관련한 기본적 결정을 할 필요가 없다.

14

오히려 이 계획은 발전 문제에 대해 정부가 심각하게 숙고하는 일을 계속 미룬 채 '발전계획을 이행하고 있다'고 국민들에게 말할 기회를 주고 있다.

인도네시아의 발전은 많은 비용을 치를 것이다. 하지만 실질소득의 정체, 심화되는 인플레이션과 함께 1957년과 1958년의 사건은 인도네시아가 진정으로 통합되고 번영된 국가가 되고자 한다면 가시적인 경제성장으로의 도약을 더 이상 미룰 수 없음을 매우 명확하게 보여 준다.

인도네시아의 역사 및 현재적 문제와 관련한 경제적인 측면은 MIT 프로젝트의 마지막 출간 도서에서 분석할 것이다. 기어츠 박사의 현재 연구는 그 사회문화적 배경을 제공하고 있으며 경제학자의 작업을 보다 용이하게 만들어 주고 있다.

1963년 5월
캘리포니아 버클리에서
벤저민 히긴스Benjamin Higgins

감사의 글

이 책은 매사추세츠 공대 국제연구센터 경제발전프로그램 시리즈의 C/56-1 자료이자 1956년 복사물 형태로 발간된 내 논문 「자바경제의 발전: 사회문화적 접근The Development of the Javanese Economy: A Socio-Cultural Approach」의 제1부를 확장하고 포괄적으로 개정한 것이다. 역사적 측면 에서 시도된 이 글의 생각과 해석이 처음 발전된 계기인 1952~1954 년 '모조쿠토 프로젝트Mojokuto Project'의 일원으로서 내가 자바에서 수 행한 인류학적 현지조사, 그리고 최초 보고서의 작성을 지원한 국제연 구센터와 센터장 맥스 밀리컨Max Millikan에게 대단히 감사드린다.

이 연구는 시카고대학 신생국가 비교연구 위원회가 있어 가능하였 다. 이 위원회와 위원장인 에드워드 실스Edward Shils, 그리고 개별 위 원들에게 이러한 기회를 준 데 대해 감사드린다. 이 글의 여러 초안을 읽고 비판해준 로버트 애덤스Robert M. Adams, 해럴드 콩클린Harold

17

Conklin, 로이드 폴러스Lloyd A. Fallers, 힐드레드 기어츠Hildred Geertz, 벤저민 히긴스Benjamin Higgins, 로버트 제이Robert Jay, 모리스 야노비츠Morris Janowitz, 캄프토 우토모Kampto Utomo, W. F. 베르트하임W. F. Wertheim, 아람 옝오얀Aram Yengoyan에게 감사를 표하고 싶다. 특히 콩클린, 히긴스, 캄프토 우토모와 옝오얀은 광범위하고 자세한 조언과 비판을 해주었고 나는 이를 많이 반영했지만, 이 책의 내용에 대해 그들은 어떤 책임도 없다. 이 책의 표와 지도를 만드는 데에는 도널드 맥비커Donald McVicker에게 신세를 졌다.

아주 일반적으로 말하자면, 이 책은 사회인류학의 개념과 발견물을 역사—이 경우에는 경제사—의 해석에 적용하고, 미시사회학적 분석에서 도출된 통찰력을 거시사회학적 문제의 이해에 이용하며, 생물학적·사회적·역사적 과학 사이의 생산적인 상호작용을 확립하려는 시도이다. 이 연구가 상이한 학문적 관점의 통합을 얼마나 훌륭하게 혹은 서툴게 성취했든지 간에 나는 '제삼세계'의 신생국가를 적절히 이해하기 위해서는 구획된 학문 범위를 뛰어넘어 연구가 진행되는 분야를 과학적으로 탐구해야 한다고 확신한다. 그리고 내 분석의 실제적인 장점이 무엇이든지 간에 내 노력이 이러한 탐험을 통해 얻을 이익을 조금이나마 보여줄 수 있기를 희망한다.

1963년 1월

시카고에서

클리퍼드 기어츠

차례

옮긴이 일러두기

1. 인도네시아어를 표기할 때는 로마 알파벳을 이용한다. 원저에서는 일부 지역명을 과거에 서양에서 주로 사용하던 방식으로 표기했는데, 보르네오, 셀레베스, 몰루카가 여기에 해당한다. 반면 칼리만탄, 술라웨시, 말루쿠는 인도네시아의 토착 명칭이다. 이 책이 쓰일 당시에는 두 종류의 명칭이 공존하는 경향이 있었지만 지금은 보통 현지 지역명이 사용되고 있음을 고려하여 현지 지역명으로 번역하였다. 이 책이 기술된 시기에 dj, j, oe로 표기하던 철자는 현재 j, y, u로 변경되었다. 이러한 변화에 따라 본문에서도 원저의 구철자법 대신 신철자법에 의거한 지역명을 사용할 것이다. 예를 들어 원저의 Djakarta를 Jakarta로 표기한다.

2. 국립국어원에서 규정한 인도네시아어의 외래어 표기법(『동남아시아 3개 언어 외래어 표기 용례집』(2004))은 현지 발음과 동떨어진 표기방식으로서 불합리한 면이 많아, 현지의 발음과 외래어 표기법을 참조하여 다음과 같은 기준에 따라 인도네시아어를 표기하였다.
   - 인도네시아어의 자음 'k', 'p', 't'는 'ㄲ', 'ㅃ', 'ㄸ', 'c'는 'ㅉ'에 가깝게 발음된다. 하지만 현재 한국에서 일반적으로 쓰이는 용례에 혼란을 초래할 수 있으므로 외래어표기법대로 'ㅋ', 'ㅍ', 'ㅌ', 'ㅊ'으로 표기하였다.
   - 'é'는 현지 발음에 따라 '에' 또는 '으'로 표기하였다.
   - 'er'는 '어르'로 표기하였다.
   - 음절을 끊어서 발화하는 단어는 이어 발음한 표기를 쓰지 않고 끊어 읽는 발음대로 표기하였다. (예: Probolinggo 프로보링고(○), 프로볼링고(×), Bukittinggi 부킷팅기(○), 부키팅기(×))
   - 자바어의 어휘 중 'a'로 표기하지만 'o'로 발음되는 단어는 혼란을 피하기 위하여 'o'로 변환하여 표기하였다.

3. 네덜란드어는 국립국어원에서 규정한 외래어 표기법(『외래어 표기 용례집: 포르투갈어·네덜란드어·러시아어』(2005))에 따라 표기하였다.

제1부

이론적이고 사실에 기반한 출발점

제1장 인류학 내의 생태적 접근

생물학에 기반을 둔 생태학—유기체와 환경 사이의 기능적 관계를 연구하는 학문—을 인간 연구에 적용하려는 시도가 최근 폭발적으로 나타났다는 사실은 '진정한 과학자'로 위장하고 싶은 사회과학자의 흔한 야망의 표현도, 단순한 유행도 아니다. 경계가 잘 구분되는 배경인 서식지habitat와의 관련 속에서 인간을 바라보아야 할 필요성은 인류학 내의 오래되고 뿌리 깊은 연구주제이며 근본 전제이다. 하지만 최근까지 이 전제는 '인문지리학anthropogeography'과 '제한론possibilism'이라는 만족스럽지 못한 두 형태 중 하나의 시각에서 검토되어 왔다. 따라서 생태학으로의 선회는 인간과 자연 사이의 상호작용을 연구함에 있어 이 두 접근이 제공하는 것보다 더욱 예리한 분석틀을 찾고자 하는 대표적인 시도이다.

전통적 접근의 한계

가장 유명하지만 그렇다고 가장 정교하다고는 평가할 수 없는 엘즈워스 헌팅턴Ellsworth Huntington의 환경이론으로 대표되는 인문지리학적 접근의 문제의식은 인간의 문화가 환경적 조건에 의해 어느 정도 그리고 어떤 방식으로 형성되는가라는 질문으로 표현되었다.[1] 이 입장은 철저한 환경결정론은 아니라고 할 수 있는데, 이 학파 중 가장 과격한 입장의 학자조차도 지리적 힘으로부터 독립된 인간문화의 변이가 일부 존재함을 인정하기 때문이다. 하지만 이러한 변이는 민족학의 도피처인 '우연'이나 생물학의 도피처인 '인종' 탓으로 돌려졌다. 또 다른 시각인 제한론적 접근에서 환경은 인과적 요인이 아닌 제한적 혹은 선택적 요인으로 여겨졌다. 지리적 요인은 인간문화—완전히 역사적이며 '초유기체적'이기까지 한 성격의 현상—를 형성하지 않으며, 단지 특정한 장소와 시간 속에서 문화가 취할 수 있는 형태를 제한할 뿐이다. A. L. 크로버A. L. Kreober의 고전적 연구, 즉 북미 원주민의 옥수수 재배지는 120일 동안 충분히 비가 내리고 동시에 식물을 고사시키는 서리가 없는 지역으로 제한된다는 연구는 인문지리학보다 더 인기 있는 분석형태의 한 예이다. 즉, 환경적 속성은 옥수수 재배의 촉진과 본질적으로 전혀 관계가 없으며 단지 특정 지역에서 옥수수를 재배할 수 없음을 확인해줄 뿐이다.[2]

　두 시각 중 어느 쪽도 잘못된 것이라 단순하게 말할 수는 없지만, 양쪽 모두 정확한 분석을 하는 데는 부적절하다. 인문지리학자가 제한론자에 반대하여 주장하는 것처럼, 지리적 요소는 인간문화의 발전에서 수동적 역할이 아닌 역동적 역할을 하는 경우가 자주 있다. 하지만 동시에 제한론자가 인문지리학자를 반박하며 제기하는 주장처럼 거의 모든 문화적 관행을 지리적 서식지의 특징으로부터 직접 도출해 내는 것도 불합리한 추론이다. 옥수수 경작은 콜럼버스 도래 이전 북미 남서부 지역의 물리적 조건에 잘 적응된 관행이었지만, 그렇다고 해서 물리적 조건 때문에 옥수수를 경작하게 되었다고 말할 수는 없을 것이다. 두 접근의 불명료함은 실상 양자가 공유하는 심각한 개념적 결함에 기인한다. 두 접근 모두 인간의 행위와 자연적 과정을 서로 다른 영역— '문화'와 '환경'—으로 먼저 분리한 후, 표면적으로 연결된 독립된 전체로서의 두 영역이 서로에게 어떤 영향을 주는가를 파악하고자 한다. 이러한 문제의식 속에서는 매우 포괄적인 질문만을 던질 수 있다. "문화가 어느 정도까지 환경의 영향을 받는가?" "환경은 인간의 활동에 의해 어느 정도까지 변형되는가?" 이에 대해 우리는 역시 매우 포괄적인 답변만을 제시할 수 있다. "어느 정도이지만 전적이지는 않다."

생태적 접근은 '생태계ecosystem'라는 단일한 분석체계 내에 '선택된 인간 활동', '생물학적 교환', '물질적 과정'을 포함시킴으로써 이들 사이의 관계를 보다 정확하게 규명하고자 하는 시도이다. 일반적으로 생태학에서 하나의 생태계는 공동의 서식지 내에서 서로 연결된 유기체의 생물군집biotic community으로 구성되는데, 미생물이 사는 연못의 물방울부터 모든 동식물을 포괄하는 지구에 이르기까지 그

크기, 범위, 그리고 지속성은 매우 다양하다.[3] 따라서 생태계라는 개념은 하나의 공동체를 구성하는 유기체 집단 그리고 이들이 존재하는 환경의 물질적 특징 사이의 본질적 상호 의존성을 강조하며, 그 과학적 목표는 이러한 체계의 내적 역동성과 그것이 발전하고 변화하는 방식을 연구하는 것이다. "생태학자가 벌판이나 초원에 가면 그곳에 무엇이 존재하고 있는지가 아니라 그곳에서 무엇이 일어나고 있는지를 살펴본다"라고 폴 시어스Paul Sears는 지적하였다.[4]

그곳에서 일어나는 것은 생태계의 다양한 구성요소 사이의 유형화된 에너지 교환이다. 생명체는 물질을 음식물 형태로 환경으로부터 흡수하고 배설물 형태로 환경에 방출하는데, 생태학이라는 학문의 창시자(최소한 이 명칭을 만들었다는 점에서)인 에른스트 헤켈Ernst Haeckel은 이 과정을 '외생리학external physiology'이라고 적절히 명명하였다.[5] 내생리학internal physiology에서와 마찬가지로 외생리학에서도 체계의 평형equilibrium 유지 혹은 항상성homeostasis은 중심적 조직력인데, 이러한 맥락에서 이는 보통 '자연의 균형'이라 불린다.[6] 초원에 있는 한 떼의 양을 예로 들면, 양은 풀을 아주 짧게 뜯어 먹을 수 있는 날카로운 이빨로 외견상 초지를 파괴하고 있다. 하지만 양의 배설물은 초원을 기름지게 한다. 따라서 양이 제거된다면 아마도 초원 역시 사라질 것이다. 왜냐하면 나무의 씨가 뿌리내려 생장하기 시작하면 궁극적으로 초원의 풀이 없어질 것이므로 한때 초원이었던 지역은 숲으로 변하게 된다. 양과 초원은 통합적이고 평형적인 체계를 형성하고 있으며 서로 의존함으로써 각자 존속할 수 있다. 물론 이와 같은 평형 상태는 일반적으로 훨씬 복잡하다. 연못에 있는 물, 산소, 빛, 열, 녹색식물, 미생물, 곤충, 물고기를 생각해 보자.

생태계의 한 요소로 인간을 포함시켜도 기본원칙의 성격은 변하지 않는다. 앞의 초원의 양 사례를 처음 제시한 조지 클라크George Clarke는 목동의 사례도 든 바 있다. 코요테가 어린 양을 잡아먹는 데 화가 난 목동들은 서로 연합하여 주변 지역에 살고 있는 코요테를 거의 모두 살육하였다. 코요테가 제거되자 이들의 먹잇감이었던 토끼와 들쥐, 작은 설치동물의 개체수가 급증했고 그들이 초지를 대규모로 잠식하였다. 이 사실을 깨닫게 된 목동들은 코요테 사냥을 그만두고 설치동물을 제거하기 위해 독극물 살포작전을 정교하게 펼쳤다. 그러자 주변 지역으로부터 코요테가 돌아왔지만 설치동물이 희소함을 발견하고서는 유일한 먹잇감인 어린 양을 더욱 맹렬하게 공격할 수밖에 없었다.[7]

하지만 생태학적 분석의 원칙과 개념(적소niche, 천이succession, 극상climax, 먹이사슬food chain, 편리공생commensality, 영양단계trophic level, 생산성productivity 등등)을 인간 연구에 적용하는 작업은 여러 방식으로 진행될 수 있으며, 각각의 방식이 똑같이 유용하지는 않다.[8] 가장 단순한 방법은 인간사회 전체를 기본적으로 생물 현상으로 바라보고 그것에 생태학적 개념을 직접적이고 포괄적으로 적용하는 것인데, 이는 사회학자 로버트 파크Robert Park가 창시한 '도시' 생태학, '사회' 생태학, 혹은 '인간' 생태학 학파의 특징적인 접근방법이다.[9] 사실상 이런 접근의 대다수는 생태학이라기보다는 '입지론locational theory'이라는 이름이 더 적절한 연구로 판명되었다. 이 접근법은 생물학적 개념을 문자 그대로보다는 유추해서 이용했을 뿐만 아니라 인간사회에 대해 기본적으로 반反문화적a-cultural인 관점을 수용했기 때문에, 관습, 감정, 가치에 기인한 소규모의 일시적 변형을 제외한 거주유형과 사실상 인간 행동 일반을 최소비용 원칙에 의해 통제되며 경쟁적인 '자연적'(또는 '경제적') 힘의 자유로운 작동에 의해 만들어진 불가피한 결과물로 간주하였다. 이 글에서는 어떤 경우에도 인간 공동체 구조를 분석하기 위해 생태학을 배타적이고 포괄적인 설명틀로 이용하려는 이러한 환원주의적 시도를 하지 않는다. 생태적 분석에 대해 이야기할 때 우리는 "사회적 활동이 취하는 지형적 배열 …… 공간에 대한 인간의 적응에서 나타나는 규칙성을 설명하려는 것"[10]이 아니라 인간이 필연적으로 불가분하게 얽혀 있는 외생리학의 과정과 인간이 그와 같은 정도로 불가분하게 얽혀 있는 사회적·문화적 과정 사이에 존재하는 관계를 결정하는 데 관심이 있다.

문화생태학

이 책에서 수용한 관점에 매우 근접한 것은 줄리언 스튜어드Julian Steward의 관점으로서, 그는 자신의 분석 양식을 '문화생태학cultural ecology'이라 명명하고 발전시켰다.[11] 그의 접근이 갖는 독창성은 생태학적 개념과 원칙을 인간의 사회문화적 삶 전체로 폭넓고 거대하게 확장시켜 적용하기보다는 인간의 삶과 긴밀하게 연관된 명백하게 구분된 영역으로 엄격히 제한해 적용한다는 점이다. 문화의 모든 측면이 완전하게 상호 의존적이라고 주장하는 인류학 내의 여전히 영향력 있는 학설인 총체론holism은 문화-환경의 문제를 전체적이고 포괄적으로 공식화함으로써 앞서 지적한 바와 같은 '두 주장 모두 어느 정도 적절하다'라는 식의 역설을 가져온다. 일반적으로 특징지어진 서식지 유형—'열대 지역', '북극 지역', '고원 지역'—은 통합되어 있다고 가정되는 전체 문화—'자바인', '에스키모인', '수Sioux 인디언'—에 상응한다. 이처럼 포괄적인 수준에서 헌팅턴은 기후가 문화에 어떤 방식으로든 영향을 미친다는 매우 단순한 주장을 펼칠 수 있었는데, 당연하게도 이는 에스키모인과 관련하여 막연하지만 북극 지역의 특성을 띠는 어떤 것이 존재하고 자바인과 관련하여 열대적인 어떤 것이 존재하기 때문이다. 하지만 헤겔Georg Hegel은 명쾌한 존슨식Johnso-nian(새뮤얼 존슨Samuel Johnson의 이름에서 따온 것으로, 그는 최고의 형식과 내용을 갖추었다고 평가받는 영어사전을 편찬하였다.-옮긴이) 논리에 기초하여 똑같이 그럴듯하게 환경결정론을 처리해 버릴 수 있었다. 즉, "한때 그리스인이 살았던 곳에 지금은 터키인이 살고 있다. 그것으로 이 문제에 대한 논란은 끝난다."

스튜어드는 문화의 모든 측면이 막연하게 기능적으로 상호 연관되어 있다고 말하기보다는 상호 연관성의 정도와 종류가 문화의 모든 측면에서 동일하지 않고 상이하다는 주장을 제기한다. 분석대상 문화에서 그는 자연환경과의 기능적 연결성이 가장 명백한 영역, 즉 문화적 유형과 유기체-환경 관계 사이의 상호 의존이 가장 뚜렷하고 가장 중요한 영역을 따로 떼어 놓는다. 더 넓은 문화 내의 이러한 영역을 그는 '문화핵심cultural core'이라고, 그리고 적응 과정과 그다지 밀접하게 연결되지 않은 영역을 약간은 어설프게 '문화의 나머지 부분'이라고 명명한다. 그는 문화핵심과 관련해서만 생태학적 분석이 적절하다고 주장한다.

> 〔문화핵심은〕생계활동 및 경제적 배열과 가장 밀접하게 연관된 특징의 집합체constellation를 일컫는다. 이러한 배열과 매우 밀접하게 연결되어 있음을 경험론적으로 확인할 수 있는 사회적·정치적·종교적 유형 역시 문화핵심에 해당한다. 수많은 다른 특질은 핵심과의 연결성이 덜하기 때문에 잠재적으로 변이성이 더 클 것이다. 후자 혹은 이차적 특질secondary features은 순수하게 문화적이고 역사적인 요인—우연한 혁신이나 전파—에 의해 대부분 결정되며, 유사한 문화핵심을 가진 문화가 외면적으로 독자적인 외관을 취할 수 있도록 만든다. 문화생태학은, 문화적으로 규정된 방식의 환경 이용과 가장 밀접히 관련되어 있음이 경험적 분석을 통해 드러난 특질에 일차적으로 관심이 있다.[12]

문화와 환경 중 환경적 측면과 관련되는 상관분석correlative analysis도 이루어진다. 이 분석에서는 지리적으로 전체 서식지라 규정될 수 있는 포괄적 변수gross variable에서부터 특정한 인간 적응 과정의 사례에까지 실제로 기능적 중요성을 가지고 있는 제한된 특질로 그 관심 범위를 축소해 들어간다. 예를 들어 스튜어드는 본질적으로 동일한 사냥기술(활, 창, 덫)을 가진 비농경 사회가 그 환경에 존재하는 동물의 종류에 따라 여러 측면에서 달라질 수 있다고 지적한다. 만약 주요 사냥감이 대규모로 무리를 짓는 동물, 예를 들어 들소나 순록이라면 상당히 큰 규모의 협동 사냥을 하는 것이 적응적이다. 상당수의 사람들이 1년 내내 같이 거주하면서, 이동하는 동물의 무리를 따라다니며 대규모 포위사냥을 할 것이다. 하지만 사냥감이 분산되어 소규모로 무리를 짓고 이동하지 않는 종류라면 주변 지역을 매우 잘 알고 있는 적은 수의 사람들이 따로따로 사냥하는 편이 나으며, 대규모 인구 집중은 어떤 경우라도 가능하지 않다. 첫 번째 상황에서는 기본 공동체가 상대적으로 규모가 크고 다가구적인 집단일 것이며, 두 번째 상황에서는 소규모의 지역화된 부계 밴드band(수렵채집사회에서 특정 지역을 점유하는 사회집단-옮긴이)일 것이라고 스튜어드는 주장한다. 두 상황 모두에서 비교문화적으로 나타나는 조직상의 유사성은 거주환경이 완전히 동일하기 때문이 아니라 환경의 핵심요인—사냥감의 형태와 분포—이 유사하기 때문에 발생한다. 따라서 부계 밴드, 소규모 사냥감이라는 상황은 사막에 사는 부시먼, 열대우림에 사는 니그리토, 춥고 강우가 많은 해안가 평원에 거주하는 푸에고 인디언 Fuegian (남미대륙 남쪽 끝 티에라델푸에고 섬에 사는 토착인-옮긴이)에게서 발견된다. 이 집단들은 대조적인 거주환경에도 불구하고 유사한 사회구조적 특질을 공유하는데, 사냥을 하는 사람에게 매우 중요한 문

제인 사냥감의 형태라는 면에서 이들의 환경이 유사하기 때문이다.[13]

포괄적 변수의 해체, '문화핵심'의 판별, 적정 환경relevant environ-
ment에 대한 정의 등을 포함하는 앞의 연구는 긴밀하게 연결된 탐구
이다. 어떤 주어진 상황 속에서 인간과 환경 사이의 에너지 교환과정
에 가장 명백하게 연관된 문화적 특질의 집합체를 경험론적으로 결정
할 수 있다면, 이 과정과 일차적 관련성을 맺는 환경적 특질이 무엇인
가를 자연스럽게 결정할 수 있다. 따라서 '인간'의 측면에 기반한 분
석과 '자연'의 측면에 기반한 분석 사이의 명확한 분리는 사라지게
되는데, 이는 두 접근이 하나의 전체적 과정에 대해 본질적으로 호환
적이며 대안적인 개념화이기 때문이다. W. 로스 애시비W. Ross Ashby는
이러한 기본적 원칙을 좀 더 일반적인 방식으로 이야기하였다.

유기체와 환경이 하나의 단일한 체계로 취급될 때 '유기체'와 '환
경'을 구분하는 선은 부분적으로 개념적인 것이 되며, 이러한 의미에
서 자의적인 것이 된다. 해부학적이고 물리적으로 볼 때, 체계의 두
부분 사이에는 독특하고 명확한 구분이 항상 존재한다. 하지만 순수
하게 해부학적인 사실을 부적절한 것으로 무시하고 이 체계를 기능적
으로 바라본다면 '유기체'와 '환경'으로 체계를 분리하기가 모호해진
다. 인공 팔을 가진 기술자가 엔진을 수리하려 한다면 그 팔은 엔진을
고치는 유기체의 한 부분으로도, 수리되는 기계의 한 부분으로도 간
주될 수 있다. …… 조각가의 손에 들린 조각칼은 대리석의 형태를 만
드는 복잡한 생물물리학 메커니즘의 한 부분으로도, 신경체계가 제어

하는 물질의 한 부분으로도 간주될 수 있다.[14]

명시적으로 더 문화적인 수준에서도 상황은 유사하다. 에스키모의 이글루는 북극지역의 기후에 대항하는 슬기로운 투쟁에서 가장 중요한 문화적 무기로 보일 수도 있으며, 인간이 놓여 있고 적응해야 하는 물리적 지형에 매우 부합하는 특질로 보일 수도 있다. 더 직접적으로 연관된 예를 들면, 자바 농민의 테라스식 논(두렁으로 구분된 좁은 상자형 논-옮긴이)은 문화적 발전이라는 장기간에 걸친 역사적 과정의 산물이면서 '자연'환경 중 가장 직접적으로 의미 있는 구성요소일 것이다.

소위 '물질문화'라 불리는 요소만이 이런 방식으로 이해될 수 있는 것은 아니다. 이글루와 매우 긴밀하게 연결된 요소는 에스키모의 거주유형, 가족구조, 성별분업이다. 자바의 테라스식 논은 노동조직의 양식, 마을 구조의 형식, 사회계층화의 과정과 매우 긴밀하게 통합되어 있다. 인간 적응의 정확한 성격을 지리적 측면에서 자세히 설명할 때, 우리는 그와 동시에 그리고 그와 같은 정도로 문화적 측면에서의 적응을 자연스럽게 설명하게 되며, 그 반대의 경우 역시 마찬가지이다. 요컨대 우리가 묘사하는 하나의 생태계에는 선택된 특정한 문화적·생물학적·물리적 변수가 뚜렷하게 상호 연결되어 있으며, 그에 대한 연구를 통해 인간이 일정한 역할을 하지 않는 생태계에 대한 연구에서 얻은 것과 동일한 일반적 분석양식을 얻을 수 있을 것이다.

이 분석양식은 '문화'와 '자연'에서 각기 도출된 상응하는 변수들 사이의 일대일 관계보다는 체계(체계의 구조, 체계의 평형성, 체계의 변화)로서 체계가 가진 침투적인 속성에 주의를 기울일 것을 요구한다. 핵심적 질문은 "서식지 조건이 (부분적으로 혹은 전적으로) 문화를 형성하는가 혹은 단순하게 제약하는가?"에서부터 다음과 같이 좀 더 예리한 질문으로 전환된다. "문화핵심과 적정 환경을 병렬적으로 구분하여 정의한 생태계가 있다면 이는 어떻게 조직화되어 있는가?", "그 기능을 규제하는 메커니즘은 무엇인가?", "어느 정도의 그리고 어떤 형태의 안정성을 갖는가?", "그 발전과 쇠퇴의 특징적 경로는 무엇인가?", "이러한 문제에 있어 다른 유사한 체계와는 어떻게 비교될 수 있는가?" 등등. 우리는 화전 농업기술을 열대우림 지형의 토양적·기후적 특징, 하나의 경작지에서 다른 경작지로 계속 이동해야 하는 노동력의 사회적 조직, 분산되어 있고 다양한 토지자원의 이용에 영향을 미치는 경험론적이고 비경험론적인 믿음 등이 포함된 하나의 더 큰 전체에 통합된 부분으로 파악할 수 있다. 테라스식 수도작 농경에 대한 연구는 한편으로 일종의 자급자족적인 수족관에서 나타나는 복잡한 동학에 대한 연구로, 다른 한편으로 인구, 실업, 협동작업과 관련된 도덕적 가치에 대한 질문으로 확대될 수 있다. 하지만 이러한 체계는 제한적이며 모든 것을 포괄하지 않는다. 그러므로 이 체계에 가장 중요하게 작용하는 외적·매개적 조건의 영향을 구체적으로 규정할 수 있는 것처럼, 이 체계가 발전하고 형태가 유지되며 변형되거나 악화되는 과정을 구체적으로 설명할 수 있다. 일반적인 생태학과 마찬가지로 문화생태학은 포괄적인 주±과학master science이 아니라 명백하게 제한된 탐구 영역을 구성한다.

하지만 스튜어드의 명시적 가정, 즉 문화생태학이 포괄적 과학은 아니지만 특권적 성격을 띠는 과학이라는 가정에 대해서는 이의를 제기할 필요가 있다. '생계활동 및 경제적 배열과 가장 밀접하게 연관된' 문화의 부분을 그 '핵심'으로 규정하고 나머지 부분을 무작위적 혁신과 전파라는 우연에 의해 막연히 형태지어지는 '이차적인 것'으로 취급하는 것은 논점의 교묘한 회피를 의미한다. 하나의 사회문화 체계가 직면한 적응적 현실이 그 체계가 직면하고 있는 또 다른 현실보다 그 일반적 발전유형에 미치는 통제력이 더 크거나 작아야 할 선험적인 이유는 존재하지 않는다. "수천 년 동안 상이한 환경에 놓여 있던 문화는 거대하게 변화했으며, 이는 기술적·생산적 배열의 변화로 인해 요구된 새로운 적응에 주로 기인한다"와 같은 주장에 대한 가장 적절한 평가는 그것이, 스튜어드의 다른 글에 제시된 것처럼, 논증을 필요로 하는 논점을 이미 논증된 것으로 전제하는 오류를 공공연히 드러낸다는 점이다.[15] 이는 칭찬할 만한 야심찬 주장이지만 우리는 단순한 주장이 아니라 증거가 필요하다. 인도네시아 문화와 사회의 지금까지의 변화, 그리고 현재 상태 중 얼마나 많은 부분이 생태적 과정에 귀속될 수 있는가라는 문제는 분석의 시발점이 아니라 마지막에 결정될 수 있다. 최소한 정치적·계층적·상업적·지적 발전이 인도네시아 역사의 형성 과정에 중요하게 작용했던 것으로 보이므로, 생태적 발전이 별 의미가 없었다고 판명된다고 말할 수 없듯이 생태적 발전의 역할이 더 우월하다고 최종적으로 판정할 수도 없을 듯하다.

제2장 두 가지 형태의 생태계

내인도네시아 vs. 외인도네시아

가스를 분출하는 화산, 꾸불꾸불한 하천 유역, 어두운 정글에 대한 생생한 산문체의 글보다 판에 박히고 단순한 통계 자료 몇 개가 인간의 서식지로서의 인도네시아 군도의 기본 특성을 더 직접적으로 묘사해 줄 수 있다. 국토 면적은 대략 150만 제곱킬로미터 혹은 알래스카의 크기와 비슷한 정도이다. 그중 자바가 13만 2천 제곱킬로미터를 차지하며, 나머지는 일반적으로 외곽 도서Outer Islands—수마트라Sumatra, 보르네오Borneo(칼리만탄Kalimantan), 셀레베스Celebes(술라웨시Sulawesi), 몰루카Moluccas(말루쿠Maluku), 소순다 열도Lesser Sundas(누사틍가라Nusa Teng-gara)—라 불리는 지역이다. 국가의 총인구는 (1961년 현재) 약 9,700만 명이며, 그중 자바의 인구는 대략 6,300만 명이다. 다른 식으로 표

36

현하면, 전체 국토의 9퍼센트 정도에 총인구의 거의 3분의 2가 거주한다. 뒤집어 말하면 전체 국토의 90퍼센트 이상에 총인구의 거의 3분의 1이 살고 있다. 인도네시아 전체의 인구밀도는 제곱킬로미터당대략 60명이다. 자바의 인구밀도는 제곱킬로미터당 480명이며 인구가 밀집한 자바의 중부 및 동중부 지역에서는 1천 명 이상에 이른다.반면 자바를 제외한 인도네시아(즉 외곽 도서)의 인구밀도는 제곱킬로미터당 대략 24명이다. 요약하면, 전체 평균 인구밀도는 60명이며 외곽 도서는 24명, 자바는 480명이다. 몸체를 흔들 수 있는 꼬리를 가진 개가 있다면 자바는 꼬리에, 인도네시아는 개에 비유할 수 있다.[1]

충만함과 부족함이라는 자바와 외곽 도서 사이의 대조적 유형은토지 이용양상에서도 나타난다. 자바 토지의 70퍼센트 정도가 매년경작되는 반면—집약적 농업이 행해지는 세계 여러 지역 중 총면적 대비경작지 비율이 가장 높은 곳 중 하나가 자바이다.—외곽 도서에서는 대략4퍼센트만이 경작된다. 농장농업estate agriculture을 제외할 경우 외곽도서에서 경작되는 소규모 토지 중 90퍼센트 정도가 '화전농업swidden agriculture', '이동경작shifting cultivation' 혹은 '벌목하고 불태우기 농경slash-and-burn farming' 등 다양한 이름으로 불리는 방식으로 경작되는데, 나무를 베어 내고 개간한 토지는 한 해나 그 이상 경작된 후 휴경되어 숲으로 전환되며, 이후에 보통 재경작된다. 소토지자작농smallholder의 경작지 중 대략 절반 정도가 관개된 자바에서 화전은 사실상 거의 남아 있지 않다. 관개지역에서 경작지는 테라스식 논으로구성되며, 그중 절반 정도에서 벼 이모작 혹은 벼와 한두 종류의 이차 밭작물 이모작이 행해진다. 관개시설이 부재한 지역에서 밭작물 (옥수수, 카사바, 고구마, 땅콩, 밭벼, 채소 등등)은 경작-휴경 체제로 재배된다. 이는 농업생산 통계에서도 드러난다. 1956년 전체 미곡 생산량의 약 63퍼센트, 옥수수 생산량의 74퍼센트, 카사바 생산량의 70퍼센트, 고구마 생산량의 60퍼센트, 땅콩 생산량의 86퍼센트, 콩 생산량의 86퍼센트가 자바에서 생산되었다.[2]

실상 인도네시아에서 나타나는 생태적 대조의 기본축은 인구통계상의 구분방식인 자바(마두라 섬 포함)와 외곽 도서로 정확하게 대별되지 않는다. '자바식' 유형이 남부 발리Bali와 서부 롬복Lombok에서도 발견되는 반면, 자바의 남서부 귀퉁이 지역(남부 반탐Bantam과 남부 프리앙안Priangan)에서는 이 유형이 뚜렷하게 드러나지 않는 대신, 화전이 일부 포함된 외곽 도서에 더 가까운 유형이 나타나기 때문이다. 따라서 우리는 이 지역적 대조를 '내內인도네시아'(자바 북서부·중부·동부, 발리 남부, 롬복 서부 지역)와 '외外인도네시아'(외곽 도서의 나머지 부분과 자바 남서부 지역을 포함하며, 자바 중부를 축으로 하여 활 모양을 형성) 사이의 대조로 보는 편이 더 적절하겠다(그림 1 참조). 이러한 구분은 개괄적인 것으로서 세부적 수준에서는 일치하지 않을 수 있다. 예를 들면 상대적으로 집약적인 관개농업이 수마트라의 토바 Toba 호수 주변과 서부 고원지대, 술라웨시 섬의 남서부 만灣에서 발견되며 마두라 섬의 동부는 자바식 유형에서 다소 벗어나 있다.[3] 하지만 이러한 구분을 통해 서로 다른 역동성을 가지고 있는 두 종류의 생태계—화전농경 중심과 수도작농업 중심—를 개괄적이고 일반적인

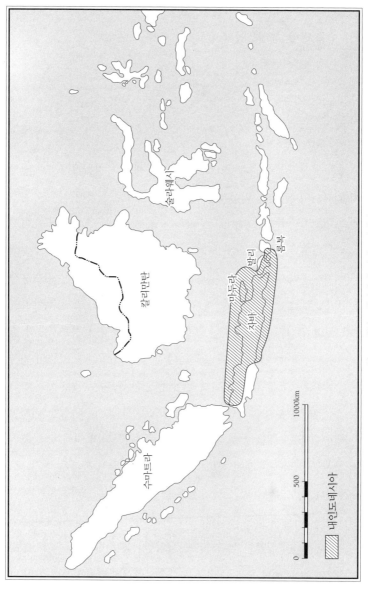

그림 1. 동인도네시아와 서인도네시아

제2장 두 가지 형태의 생태계 39

수준에서 효과적으로 식별할 수 있으므로 이에 기반하여 인구밀도, 토지이용 방식, 농업생산성의 차이를 이해할 수 있다.

화전Swidden

콩클린Harold Conklin의 지적처럼, 기존 연구에서 화전농경이 부적절하게 취급되어 온 주요 원인은 그 특성을 부정적으로 이해하려 한 경향 때문이었다.[4] 따라서 구루Pierre Gourou는 화전농경의 네 가지 두드러진 특징을 다음과 같이 간략히 정리한다. 첫째, 매우 척박한 열대 토양에서 이루어진다. 둘째, 도끼 이외에 다른 도구를 사용하지 않는 초보적 농업기술을 대표한다. 셋째, 인구밀도가 낮다. 넷째, 소비수준이 낮다.[5] 이와 유사하게 펠저Karl J. Pelzer는 화전의 특징이 경작기술의 결핍, 다른 농경방식보다 적은 노동력의 투입, 견인동물과 거름의 미사용, 사적 토지소유 개념의 부재 등이라고 주장한다.[6] 도비E. H. G. Dobby는 화전이 "수렵과 채집에서 정주농경으로 진화하는 과정에 위치한 특별한 단계"를 대표하며, 이 특별함은 목축활동과의 비연계성, 교역적 혹은 상업적 중요성이 거의 없는 생산 등과 같이 하찮은 특징으로 구성된다고 보았다.[7] 많은 학자들이 화전의 가장 두드러진 특성이라고 규정한 내용에 대해 스페이트O. H. K. Spate는 다음과 같이 지적한다. 이 농업관행은 "심각한 삼림파괴와 토양침식을 수반한다."[8] 화전농경을 경시하는 이러한 평가는 대부분 부적절한 일반화로서 신뢰성이 낮을 뿐만 아니라(이 중 일부는 실제로 틀렸다.) 화전농경체계가 작동하는 방식을 이해하는 데 별 도움이 되지 않는다.

생태학적으로 보았을 때, 화전농경의 가장 명확한 긍정적 특징이자 수도작과 가장 대비되는 특징은 그것이 새로운 방식으로 조직화되고 새로운 역동성을 가진 생태계 구조를 창조하고 유지하기보다는 기존 자연생태계의 일반구조에 통합되는 체제이며, 또한 진정으로 적응적일 경우 자연생태계의 구조를 유지시킬 수 있다는 점이다. 이후에 보다 자세히 검토하겠지만, 이러한 경작양식이 제한적으로 실행되는 열대지역에서 인간에 의해 인위적으로 구성된 생물군집과 인간의 간섭 없이 안정된 극상에 존재하는 생물군집(주로 몇몇 종류의 열대림) 사이의 체계적 조화는 놀랄 만하다. 모든 농업형식은 인간에게 돌아올 에너지의 흐름을 증가시키기 위해 주어진 생태계를 변형하고자 하는 노력의 표현이다. 수도작은 자연경관을 급진적으로 변형함으로써 이를 성취한다. 하지만 화전은 자연을 매우 주의 깊게 모방함으로써 이를 성취한다.

화전경작지가 열대림을 모방하는 첫 번째 체계적 특징은 일반화 generalization의 정도이다. 일반화된 생태계는 매우 다양한 생물종이 존재하는 체계를 의미하는데, 이 체계에서 생산된 에너지는 상대적으로 적은 개체수를 보유한 상대적으로 많은 수의 종에게 분배된다. 이와 반대로, 상대적으로 많은 개체수를 보유한 상대적으로 적은 수의 종이 존재하는 생태계는 특화된specialized 생태계라 불린다. 좀 더 전문적으로 이야기하면, 하나의 생물군집에서 종과 개체수 사이의 비율을 다양성지수diversity index라고 부르는데, 일반화된 생태계는 다양성지수가 높은 군집으로, 특화된 생태계는 다양성지수가 낮은 군집으로 특징지어진다. 일반화의 정도 혹은 다양성지수의 높고 낮음이라는 측면에서 자연 상태의 군집은 매우 상이하다. 열대림, 특히 열대우림은 매우 일반화되고 매우 다양한 군집으로서 엄청나게 많은 종류의 식물종과 동물종이 산재한다. 툰드라는 매우 특화되고 단일한 군집으로 특징지어지는데, 최소한 북극 인근 지역에는 대규모 무리를 구성한 상대적으로 매우 적은 수의 종이 존재한다.[9]

인간이 자연서식지를 효율적으로 이용하는 방식 중 대다수는 일반화된 군집을 보다 특화된 군집으로 전환시키는 것이다. 예를 들어 다양한 종류의 녹색식물, 수생동물, 물고기가 있는 자연 상태의 연못이 인간에 의해 관리되는 것으로 변화되면 일차 식물생산자는 식용에 적합한 몇몇 선택된 물고기 종류만을 부양할 수 있는 형태로 급격히 축소된다. 이러한 측면에서 보았을 때, 식용에 적합한 식물에 집중되며 천천히 배수되고 관리되는 일종의 연못인 테라스식 논은 인공적으로 만들어진 특화의 훌륭한 사례이다. 이와 반대되는 과정, 즉 일반화의 증가 역시 발생할 수 있는데, 온대성 초지(예를 들면 북미의 프레리)에 자생 동식물 군집보다 훨씬 더 다양한 종류의 상호 연관된 가축과 농작물이 도입되어 생존하게 되는 사례가 그것이다.

또 다른 인간의 적응방식은 다양성지수를 변화시키지 않고 전체 구성형식을 유지하되 그 구성요소 중 일부를 선택적으로 전환시킴으로써 서식지를 이용하는 것이다. 즉, 기존의 생물군집 내에서 어떤 종을 인간이 선호하는 종으로 그 기능적 역할('적소')을 고려하여 대체하는 것이다. 물론 이런 방식이 토착 생태계를 심각하게 변형하지 않거나(일반적으로 보았을 때 수렵채집 적응방식의 대다수는 그렇지 못하다) 자연적 균형상태에 급격한 영향을 미치지 않는다는 것은 아니다. 단지 이 방식을 통할 경우 토착생태계는 훨씬 더 특화되거나 더 일반화된 체계가 아닌, 그 구체적 구성요소 면에서는 차이가 나지만 외형상 과거와 유사한 체계로 전환된다. 물소가 지배적이었던 북미의 남부 및 서부 평원에 19세기 들어 도입된 대규모 소목축은 특화된 체계 내에서의 이러한 적응 양식을 보여 주는 사례이다. 화전농경은 일반화된 체계 내의 사례라 할 수 있다.

외인도네시아 대다수 지역의 특징으로서 자연적 극상군집이라 할 수 있는 열대림의 매우 높은 다양성지수는 이미 지적한 바 있다. 이 지역에는 비슷한 크기의 세계 어느 지역보다도 많은 식물종이 살고 있지만(판스테이니스Cornelis G. G. J. van Steenis는 인도네시아 군도에 대략 2,500여 과 2만~3만 종의 꽃식물종이 있다고 추산하였다.) 마디 없는 입목立木, continuous stand이나 다른 식물은 흔하지 않아서 100제곱야드(약 83.6제곱미터 – 옮긴이)당 30여 종의 나무만이 존재하는 경우가 드물지 않다.[10] 마찬가지로 대략 3에이커(약 1.21헥타르 – 옮긴이)에 이르는 필리핀 화전농경지에서 콩클린은 40여 종의 상이한 작물이 동시에 경작되는 상황을 관찰했는데, 그의 연구대상자들은 48종의 기본식물이 동시에 자라는 경작지를 이상적인 것으로 묘사하였다. 민도로Mindoro

지역에 사는 하누노오Hanunóo 사람은 1,600종 이상의 상이한 식물형을 구분할 수 있는데(체계적인 식물학자가 사용하는 방법보다 훨씬 더 정교한 분류체계라 할 수 있다.), 그중 재배작물의 종류가 무려 430종에 이른다.[11] 한창 화전농경을 하고 있는 하누노오 사람의 상황에 대한 콩클린의 생생한 묘사는 이 농업이 정글의 일반화된 다양성을 모방하는 방식을 훌륭하게 보여 주고 있다.

하누노오 농업에서는 여러 종의 재배작물의 간작間作이 두드러진다. 벼농사철 후반기에 전개되는 새로운 화전경작지의 모습을 농지를 가로지르며 바라보면 (온대지역 농민에게 친숙한 토지경작 방식과는 매우 대조적인) 화전영농의 복잡성을 알 수 있다. 경작지의 울타리에 접한 구역에서는 제멋대로 땅에 퍼져 있거나 울타리를 타고 올라오는 낮은 키의 콩과 식물(아스파라거스콩asparagus beans, 시바콩sieva beans, 히아신스콩hyacinth beans, 줄기콩string beans, 동부콩cowpea beans)이 주를 이루는 작물조합을 발견할 수 있다. 화전경작지 중심부로 이동하면 여물어 가는 곡물이 주가 되는 작물조합을 지나게 되는데, 충분히 생장한 수많은 근채류, 콩과 관목, 열매를 맺는 식물 역시 이 구역에서 자라고 있다. 막대기를 따라 올라가는 얌 덩굴, 심장 모양의 타로잎, 땅에 바짝 붙어 있는 고구마 덩굴, 관목을 닮은 카사바 줄기는 대규모의 전분 저장소가 지하에 형성되어 있음을 나타내는 가시적인 표시이다. 곡물은 땅에서 1미터 혹은 그 이상의 높이에서 낱알을 맺으며, 그보다 높은 공간에는 좀 더 넓은 간격으로 심어져 있고 열매가 숙성하는 데 시간이 더 걸리는 나무가 있다. 첫 2년 동안 새로운 화전경작지의 지하 1미터부터 지상 2미터 이상의 공간에서는 씨곡물seed grains, 콩, 튼튼한 덩이줄기tubers, 지하줄기underground stems, 바나나 같은 형태의 수확 가능한 음식이 지속적으로 생산된다. 동시에 이와 다른 종류의 채소, 향료, 비식용작물이 생장한다.[12]

열대우림과 화전농경 생태계에 공통적으로 나타나는 두 번째 외형적 특징은 토지(즉 물리적 토대substratum)에 저장된 영양소에 대한 생물 형태로 축적된(즉 생물군집) 영양소의 비율이다. 두 생태계 모두 이 비율이 매우 높다. 열대토양은 열대림같이 다양성 정도에 많은 내적 변이가 존재하지만, 일반적으로 매우 라테라이트(암석이 풍화되어 형성된 적갈색 토양층-옮긴이)화laterized되어 있다. 습기가 높고 비가 많이 오는 열대지역에서는 대부분 강수량이 증발량을 훨씬 초과하기 때문에 상대적으로 맑고 미지근한 물이 토양을 통해 상당한 규모로 하향 침루浸漏, percolation하게 된다. 이는 일종의 용탈溶脫, leaching작용으로서, 물에 잘 용해되는 규산분과 염기류가 씻겨 나가는 반면 산화철과 점토의 혼합물은 남게 되는 효과를 유발한다. 이 과정이 극단적으로 전개되면 투과성이 높고 부스러지기 쉬우며 밝은 적색을 띤 산성 토양인 페랄라이트ferralite가 산출된다. 인도네시아 사람들은 이 토양이 짚을 섞지 않고서도 벽돌을 만들 수 있는 좋은 소재임을 발견했지만, 식물생장 측면에서 볼 때 이 토양의 가치는 매우 낮다. 대다수 열대토양은 무성한 초목의 방폐효과로 일정 정도 보호되므로 구루가 토양의 한센병이라 이름 붙인 심각한 상태로 변하지 않는다.[13] 하지만 토양 대부분은 매우 장기간에 걸쳐 극도로 안정된 기후조건에 노출됨으로써 뚜렷한 용탈상태에 놓이며, 결과적으로 생명유지에 필수적인 무기염류가 심각하게 결핍된다.[14]

척박한 토양에서 살아가는 풍부한 동식물이라는 명백하고도 빈번하게 거론되는 이 역설은, 열대림을 구성하는 다양한 요소들 사이의 물질 및 에너지 순환이 매우 빠르고 거의 폐쇄적이어서 토양의 최상층부만이 동식물과 직접적이고 의미 있게 그리고 일시적으로 연관되기 때문에 가능하다. 매우 높은 습도, 거의 균일한 강수량 분포, 급격하게 상승하지 않는 균등한 온도, 변동이 매우 적은 일조시간과 일조량―모두 열대의 단조로운 항구성을 구성하는 요소이다.―은 동식물이 매우 빠르고 효율적으로 분해되고 재생하는 데 도움이 된다. 습한 조건을 선호하는 박테리아, 곰팡이, 그 외의 분해자나 변형자trans-formers의 증식, 그리고 "〔열대림에서〕 사실상 모든 열매와 잎사귀가 무언가에게 먹혔다"라는 베이츠Marston Bates의 언급처럼, 먹성이 아주 좋은 다수의 초식동물과 곤충들에 의해 동식물이 신속하게 분해된다.[15] 따라서 잎, 가지, 덩굴, 나무, 동물 사체와 배설물 등 엄청나게 많은 양의 죽은 물질dead matter이 숲의 지표면에 항상 축적되어 있다. 하지만 신속한 부식과 울창한 초목의 높은 흡수력으로 인해 죽은 유기물질 속의 영양소는 용탈과정이 발생하는 토양에 상당한 정도로 혹은 오랫동안 저장되기보다는 거의 즉각적으로 재이용된다.

위도가 더 높은 지역의 생태계에서 매우 뚜렷하게 나타나는 부식

토의 역할, 즉 필요할 때 점진적으로 꺼내 쓸 수 있는 콜로이드colloid 형태로 영양물질을 상층 토양에 저장해 놓는 역할은 열대림에서 최소화된다. 유기물질이 숲의 지표면 아래 몇 인치 이상 깊이까지 상당한 규모로 확대되는 경우는 거의 없는데, 이는 뿌리가 얕고 넓게 퍼져 있으며 극심한 생존경쟁에 시달리는 식물들이 급속한 부식으로 인해 방출되는 영양소를 재빨리 섭취하기 때문이다. 따라서 호우에도 불구하고 이전transfer 과정상의 손실로 인한 영양소 손실은 매우 적으며, 그 결과 암석분해 과정에서 방출되는 무기염류의 흡수나 콩과 초목의 질소고정nitrogen fixing과 같이 체계 외부에서 유입되는 매우 제한적인 추가 에너지만으로도 손실분을 상쇄할 수 있다. 열대림에서 일단 확립된 극상군집은 아직까지 완전히 밝혀지지 않은 생태적 천이succession 과정을 통해 사실상 자기영속적으로 존재한다. 에너지의 대다수를 생물 형태로 보존함으로써 열대림 생태계는 그 경계를 벗어나는 심각한 정도의 에너지 누출을 억제할 수 있으며, 자체적으로 영양소를 공급함으로써 황폐화되는 토양조건의 문제를 우회할 수 있다.

화전농경은 열대림 생태계와 본질적으로 동일한 방식, 즉 표면을 이용하고 식물에서 식물로 이어지며 직접적으로 순환하는 방식으로 작동한다. 벌목한 토지에 불을 지르는 일은 부식작용을 촉진하고 방출된 영양소가 선택된 작물로 가능한 한 완전히 이전될 수 있도록 그 작용을 조작하려는 수단이다. 화전작물, 특히 곡물이 생장하는 데 필요한 무기염류의 대부분은 토양보다는 불에 탄 숲에 남겨진 잿더미에서 공급되기 때문에, 모든 화전민이 알고 있듯이 경작지가 얼마나 완전하게 타버리는지가 산출량을 결정하는 핵심요인이다.[16] 숲을 잘 태우는 일은 한편으로는 초목을 얼마나 주의 깊고 완전하게 벌목했는가, 다른 한편으로는 벌목–씨뿌리기 기간 동안 날씨가 얼마나 건조했는가에 달려 있다. 화전농의 벌목작업 통제력은 높은 수준으로서, 다른 농민 부류와 마찬가지로 화전농 내부에서도 매우 폭넓은 기술적 변이가 나타나지만 나무를 쓰러뜨리고 자르고 정리하는 기술과 실제 불태우기 방식은 공통적으로 잘 발달해 있다. 이들은 날씨를 통제할 힘은 없지만(날씨를 예측하는 데에는 정통할지라도), 벌목하고 씨를 뿌리는 가장 중요하고 걱정스러운 몇 주 동안은 열정적으로 의례를 치러 강우를 저지하거나 최소한 자신감을 유지하고자 한다. 여하튼 '벌목하고 불태우기' 활동의 일차 기능은 단순히 토지를 깨끗하게 정리하는 것보다는(화전과 관련해서 토지를 '정리한다clearing'는 표현은 사실 약간 잘못된 것이다.) 열대림의 울창한 초목에 비축된 풍부한 영양소를 특정한 식물복합botanical complex으로 이전하는 것이다. 체계 내 전체 에너지 흐름이라는 측면에서 보면 이 식물복합의 일반적인 생태적 생산성은 상당히 더 낮겠지만 인간을 위한 산출량은 훨씬 더 많다.[17]

일반적인 생태적 생산성이 더 낮은 이유는 이러한 이전 과정이 부식과 재생이라는 자연적 조건에서 발생하는 과정보다 덜 효율적이기 때문이다. 화전농경에서는 많은 양의 에너지가 체계의 경계를 넘어 사라진다. 구루의 추산에 따르면 1에이커(0.4헥타르-옮긴이)의 숲을 태우는 과정에서 600~900파운드에 이르는 질소가 연기와 함께 사라진다. 그리고 날씨를 판단하는 기민함과 불을 지르고 씨를 뿌리는 신속함에도 불구하고, 많은 양의 재가 빠르게 생장하는 작물에 의해 이용되기 전에 빗물에 휩쓸려 불가피하게 씻겨 나간다.[18] 게다가 숲에 자생하는 식물과 비교할 때 재배작물은 목질이 덜 단단하기 때문에 인공적인 재생산을 통해 영양소 이전을 촉진하고 가속화하려는 농업기술에 최적의 대상이 아니며, 불을 놓는 과정 역시 계속 반복될 수 없다. 잘 알려져 있는 것처럼 그 결과는 토지 비옥도의 하락과(남수마트라의 경우 두 번째 화전경작의 산출량이 첫 번째 경작 산출량에 비해 80퍼센트 감소했다는 보고가 있다.) 경작지의 자연적 재생과정으로의 환원이다.[19]

하지만 숲의 이차 성장 시 최소한 초기 국면에는 원래의 숲보다 훨씬 덜 울창한 것은 사실이지만, 경작기간이 너무 길지 않고 휴경기간이 충분하다면 평형적이고 더 이상 악화되지 않으며 (인간을 위한 산출이라는 측면에서) 상당히 생산적인 농경체제가 토양의 황폐화라는 문제 없이 상당한 정도로 유지될 수 있다.[20] 불태운 숲은 작물에 필요한 자원의 대부분을 공급한다. 수확 후 경작지에 남겨진 부분의 부식(작물의 먹을 수 있는 부위만을 수확한다.) 그리고 좁은 공간에 모여 있기보다는 보통 넓은 공간에 퍼져 있는 경작지 주변 숲으로부터의 침입in-vasion을 포함하는 이차 천이secondary succession라는 자연적 과정을 거쳐서 숲이 급속히 회복되는 데 필요한 대부분의 자원이 공급된다. 적응된 화전 생태계에서 '발생하는 것'은 인간의 손길이 닿지 않은 숲에서와 같이 물리적 토대에서보다는 생물군집에서 주로 일어난다.

마지막으로 열대림과 화전경작지가 수렴되는 경향을 보이는 세 번째 체계적 속성은 전체적 외형이다. 양자 모두 '폐쇄적 덮개closed-cover' 구조이다. 열대림은 자주 우산에 비유되어 왔는데, 이는 키가 크고 빽빽하게 심어져 있으며 커다란 왕관을 씌운 듯한 상록수가 비를 막아 주고 햇빛을 차단함으로써 용탈과정이 야기하는 최악의 효과, 토양의 구워짐baking 및 침식으로부터 토양을 효과적으로 보호하기 때문이다. 광합성이 100~150피트(30~45미터 – 옮긴이) 상공의 열대림 정상부에서 거의 이루어지기 때문에 대다수 식물(대다수 동물 역시)은 수천 종의 목본성木本性 만경식물liana이나 덩굴식물처럼 햇볕을 받을 수 있는 작은 공간을 찾아서 나무줄기를 타고 올라가거나, 서양란과 양치식물처럼 기생할 수 있는 다른 식물의 높은 곳을 찾거나, 우세종인 교목과 대나무처럼 무조건 높이 생장함으로써 결사적으로 숲의 상층부에 도달하고자 하며, 이로 인해 어두운 지면에는 살아 있는 식물이 상대적으로 많지 않다.[21] 화전농경에서 이 덮개의 높이는 물론 이보다 크게 낮지만 우산 모양이라는 연속성은 대부분 유지된다. 이를 위해 작물을 개방된 토지에 줄을 맞추어 심지 않고 빈틈없이 짜인 촘촘한 직물처럼 어지러운 방식으로 심거나, 다양한 종류의 관목 및 교목 작물(야자수, 빈랑나무areca, 잭프루트jackfruit, 바나나, 파파야, 그리고 오늘날 상업화된 지역에서는 고무, 후추, 마닐라삼, 커피)을 심거나, 나무 중 일부를 태우지 않고 그대로 놓아둔다. 이런 방식을 통해 토양이 비와 태양에 과도하게 노출되는 상태가 최소화되며, 개방형 체계에 비해 햇볕이 지표면으로 침투하는 수준이 훨씬 효과적으로 억제되기 때문에 귀찮고 소모적인 제초 작업을 적당한 수준으로

통제할 수 있다.[22]

요약하면, 화전농경을 "천연의 숲이 수확 가능한 숲으로 변형된" 체계로 기술하는 관점은 꽤 정당해 보인다.[23] 일반화(다양성)의 정도, 체계 내 전체 자원 중 생물 형태로 축적된 것의 비율, 이미 약화된 토양을 비와 태양의 직접적 영향으로부터 보호하는 폐쇄적 덮개와 같은 점을 고려해 보면 화전경작지는 엄밀한 의미의 '경작지'라 할 수 없으며, 식량생산이나 다른 유용한 용도의 작물로 구성된 축소된 열대림이다. 하지만 잘 이해되지는 못했지만 잘 알려져 있듯이, 이와 같이 인위적으로 조성된 숲 형태의 평형은 자연적 형태일 때보다 훨씬 더 깨지기 쉽다. 이상적 조건보다 나쁜 상태를 만날 경우 생태적 악화라는 비가역적 과정으로 빠져들기 쉽다. 즉 동남아의 많은 숲이 녹색 사막으로 전환된 예에서처럼 숲이 반복적으로 재생되지 못하고 악명 높은 띠속屬, imperata 사바나 초원으로 대체되는 변동 유형이 발생할 수 있다.[24]

화전농경은 최소한 세 가지 방식으로 이러한 부적응 상태에 놓일 수 있다. 첫째, 재경작 간격을 좁히는 인구증가, 둘째, 현재의 편익을 위해 미래의 가능성을 희생하는 낭비적이고 부적절한 농업관행, 셋째, 습기가 충분하지 못한 환경, 즉 회복률이 상대적으로 낮은 낙엽수가 많으며, 화전농경을 위해 놓은 불이 빽빽한 입목지를 사고로 태워 버릴 가능성이 높은 환경으로의 경작지 확장 등이다.[25] 인구 문제는 많이 논의되어 왔지만 정확한 수치를 얻기가 힘들다. 판

뵈커링J. A. van Beukering은 인도네시아의 화전에서 인구 상한선을 제곱킬로미터당 대략 50명 정도로 제한했고, 콩클린은 하누노오 지역이 환경파괴 없이 제곱킬로미터당 48명을 수용할 수 있으리라 추산했으며, 프리먼J. D. Freeman은 중부 사라왁Sarawak 지역에서 그 최대치가 20~25명이라고 추산하였다. 하지만 외인도네시아 여러 지역의 인구밀도가 현재 그 한계치를 초과했는지, 재경작 간격 단축에 대한 필요로 인해 초지 극상이 형성되고 있는지는 알려지지 않았다.[26] 하지만 매년 2퍼센트 혹은 그 이상을 기록하는 인구증가 추세를 본다면, 이 문제는 머지않은 미래에 매우 절박해지리라 생각된다. 외인도네시아를 '완전한 인구과소지역'으로 규정하는 그럴듯한 주장은 극단적으로 단순하고 계량적이며 생태적으로 순진한 인구학적 관점이다.

낭비적이거나 부적절한 방식이 화전농업의 장기적 평형상태를 파괴할 수 있다는 사실 때문에 여러 화전민 집단 간에 존재하는 작업 능숙도의 큰 편차에 주목하게 되지만, 이로써 알 수 있는 더 중요한 점은 문화적·사회적·심리적 변수가 환경적 요인만큼이나 인간 적응양식의 안정성을 결정하는 데 중요한 요인이라는 것이다. 프리먼이 예로 든 화전민의 낭비적 자원이용 사례를 보면, 이반Iban 사람은 화전민이라기보다는 '숲을 먹는 사람mangeurs de bois'이었다.[27] 다른 토착 부족을 공격하여 새롭게 확장한 일차 숲지역에 거주하는 이반 사람의 인구밀도는 최대인구밀도를 훨씬 밑돌았다. 그럼에도 불구하고 이들은 한 지역을 3년 동안 계속 사용하거나 5년 내에 휴경지로 되돌아가는 등 매우 심각하게 토지를 과잉경작함으로써 광범위한 삼림을 파괴하였다. 과잉경작의 이유는 다양한데, 정복할 숲이 항상 존재하리라는 역사적으로 뿌리 깊은 믿음, 자연자원을 착취할 약탈품으로 바라보는 전사의 관점, 경작지 간 이동이 매우 번거로운 대규모 촌락정주 유형, 그리고 아마도 농업 능력에 대한 거만한 무관심 등이 있었다. 하지만 이 같은 소비적 경향이 외인도네시아 화전민에게 어느 정도까지 존재하는지는 사실상 알려져 있지 않다.

기후요소에 대해 말하자면, 흔히 '우림'이라고 부르는 일반화의 정도가 가장 높고 상록수로 구성되며 폐쇄적 덮개를 가진 열대림은 뚜렷한 건기가 부재한 적도 저지대의 주요 특징이다. 뚜렷한 건기가 존재하는 고위도 지역으로 갈수록 보통 '몬순림monsoon forest'이라고 부르는 더 키가 작고, 더 개방적이며, 덜 다양한, 그리고 부분적으로 낙엽수종이 조금 있는 열대림으로 점차 전환된다.[28] 아열대적 환경에 가까워질수록 화전농경에서의 평형 민감도 역시 같은 정도로 높아지는데, 이는 인간의 간섭 이후 회복될 수 있는 자연 군집의 능력이 점차 감소하기 때문이다. 열대우림보다 훨씬 세차게 부는 바람 때문에 더욱 건조해지는 숲지역에서 화재는 매우 쉽게 발생하고 통제 불가능하며, 숲을 초지나 관목사바나로 황폐화할 위험성을 높이는 요인이다. 또한 침식은 사막과 같은 상태로 숲을 황폐화할 위험성을 높인다. 한 해 중 몇 달 동안 호주 쪽에서 타는 듯한 몬순이 불어오는 인도네시아 군도의 남동부 지역, 즉 소순다 열도는 이러한 생태적 쇠퇴의 일반적 과정에 특히 심하게 노출되었고, 몇몇 지역에서는 황폐화

가 광범위하게 진행되었다.[29] 대체로 외인도네시아에서 화전농경이
적응적 농업체제로 존재할 수 있는 범위는 상당히 제한적이다.

사와Sawah

수도작 논의 미시생태학micro-ecology은 아직까지 잘 기술된 바가 없
다. 수도작 벼의 식물학적 특성, 환경적 필요조건, 경작기술, 음식으
로 가공되는 방식, 영양학적 가치에 대하여 광범위하고 세밀한 연구
가 진행되어 왔지만 통합된 생태계로서의 논에서 전개되는 근본적
역동성은 명확하지 않다.[30] 인공적이고, 최대로 특화되어 있고, 지속
적으로 경작되며 개방적 구조를 가진 논과 화전경작지 사이의 차이
는 매우 극단적이다. 하지만 하나의 조직화된 단위로서 그것이 어떻
게 작동하는지는 아직 잘 모른다. 이와 관련된 지식은 한편으로 육종
과 선택, 용수 공급과 통제, 거름주기와 김매기 등에 대한 발전되고
실험적인 분석에 기반을 둔 전문적이고 기술적인 성격을 띠거나, 다
른 한편으로 검증되지 않은 채 축적되어 온 수많은 속담투의 지혜에
기반을 둔 상식적인 성격을 띤다. 하지만 기능적인 생산체계를 구성
하기 위해 다양한 생태적 요소가 상호 연관되는 방식이 통합적으로
설명된 적은 없다. 내가 알고 있는 한, "생물 부분과 무생물 부분 사
이의 물질 교환을 만들기 위해 상호작용하는 생물체와 비생물적 요
소의 통합체"로서의 논(혹은 한 구역에 있는 논)을 진정으로 자세하고

상황적으로 분석한 연구는 기존 문헌에 존재하지 않는다.[31]

하나의 생태계로서 논이 갖는 가장 놀랍고도 가장 많은 설명이 필요한 특징은 엄청난 안정성stability 혹은 내구성durability, 즉 매년 그리고 종종 1년에 두 번 경작되는데도 실질적인 수확량 감소 없이 생산을 지속할 수 있는 능력이다.[32] "관개를 통해 생산되는 쌀은 독특한 작물이다"라며 지리학자 머피Rhoads Murphey는 다음과 같이 적고 있다.

토지의 비옥도가 비료주기와 마찬가지로 수확량에 영향을 미치지만, 벼농사는 상당히 오랫동안 비료 없이도 토양을 황폐하게 만들지 않으며 실제로 토양을 개선할 수도 있다. 처녀지에 비료를 주지 않을 경우 일반적으로 처음 2~3년 동안은 수확량이 급격하게 감소하지만 10년 혹은 20년 후 수확량은 거의 무기한적으로 안정적인 경향을 띤다. 이러한 사실은 열대 아시아의 여러 지역에서 진행된 실험, 관련 과정에 대한 지식의 증가, 축적된 경험 등으로써 확인되어 왔다. 서남아시아 대부분과 스리랑카에서처럼 척박한 토지와 부적절한 비료주기라는 조건에서 토지의 안정화는 매우 천천히 조금씩 진행되지만 궁극적으로는 이루어진다. 왜 이런 현상이 일어나는지는 아직까지 완전히 밝혀지지 않았다.[33]

이 수수께끼에 대한 해답은 논의 동학에서 물이 수행하는 중요한 역할이다. 토양에서 유출된 영양소를 대체할 새로운 영양소의 공급,

따뜻한 물에서 증식하는 남조류blue-green algae에 의한 질소고정, 수확 후 논에 남겨진 벼의 나머지 부분 같은 유기물질의 화학적·세균적 분해, 물의 부드러운 움직임에 따른 토양으로의 공기 공급, 그리고 지금까지 알려지지 않았지만 관개의 여러 가지 생태적 기능 등을 통해 열대토양의 특징인 척박함을 회피할 수 있다.[34] 따라서 벼의 단순 증산작용을 위해 요구되는 물의 양이 언뜻 생각하는 것과 달리 밭작물보다 많지 않음에도 불구하고, "물의 공급과 통제는 …… 관개된 벼농사에서 가장 중요한 측면이다. 용수 공급을 적당하게 잘 통제할 수 있을 때 넓은 범위의 토양과 다양한 기후 조건에서 벼가 생장할 것이다. 따라서 토양의 종류보다 물이 더 중요하다."[35]

화전농경에서는 에너지 교환의 직접적 순환패턴으로 인해 효과적인 농업체제를 유지할 수 있다면, 수도작의 경우에는 벼가 뿌리내린 표층(토대)보다 생물군집을 둘러싸고 있는 물질(매개체)에서 일차적으로 영양분을 공급받아 농업체제를 유지한다.[36] 벼가 생장하는 데 가장 유용한 토양의 속성, 즉 관개수가 지반으로 쉽게 투과하지 못하도록 하는 높은 경도硬度조차 영양학적 요구보다는 경작과정의 반수생적semi-aquatic 성격과 더욱 뚜렷하게 연관되며, 벼는 "영양소가 놀라우리만큼 결핍된" 토양에서도 효율적으로 생장할 수 있다.[37] 이러한 사실을 통해 자연 상태의 비옥도가 수확량에 영향을 주지 않는다고 말하려는 것은 아니다. 이는 "오랫동안 사용된 후에야 논의 토양이 독자적 특성을 획득하는 경향이 있기 때문에" 적절한 수자원을 이용할 수 있다면 낮은 자연적 비옥도 자체가 수도작의 억제요인이 될 수 없음을 의미한다.[38] 화전과 마찬가지로 수도작 농업은 토양작용에 크게 의존적이지 않으며, 이런 의미에서 자연 상태의 에너지를 음식으로 전환해 주는 수단이 요구되는 서식지를 농업적으로 이용하고자 하는 독창적인 장치이다. 여기에서 우리는 열대림의 모방이 아닌 수족관의 조성을 목격하게 된다.

따라서 용수 공급과 통제가 벼농사의 핵심요소라는 주장은 자명한 명제처럼 느껴지지만 그 속에는 어떤 복잡성이 숨어 있는데, 이는 논에서의 용수 조절이 상당히 미묘한 문제이기 때문이다. 과도한 물 대기는 불충분한 배수만큼이나 자주 커다란 위협요인이 된다. 배수는 관개보다 더 다루기 힘든 문제이다. 물의 절대량뿐만 아니라 함유된 영양물질(따라서 수원지)의 측면에서 본 품질 역시 생산성을 결정하는 핵심변수이다. 시기 역시 중요하다. 물이 거의 남아 있지 않지만 흠뻑 젖은 토지에 벼를 심어야 하고, 벼가 생장하고 개화함에 따라 물의 깊이를 6인치에서 12인치까지 점차 높여야 하며, 수확할 때는 논이 완전히 마를 때까지 점진적으로 물을 빼야 한다. 게다가 물이 괴어 있으면 안 되고 가능한 한 서서히 흐르는 상태를 유지해야 하며, 제초와 비료주기를 위해 주기적으로 배수해야 한다.[39] 전통적(어떤 지형에서는 현대적) 용수관리 방식에서는 이러한 다양한 최적 조건을 충족시킬 가능성이 제한되지만, 가장 단순하고 가장 생산성이 낮으며 가장 원시적인 형태일 때조차도 수도작은 기술적으로 복잡한 경향을 띤다.

그리고 이러한 사실은 논 자체뿐만 아니라 그와 관련한 보조적 치

수작업에서도 마찬가지이다. 용수관리가 농업상 이득이 되는 지역에서 물의 이동성은 그 자체로 최대의 자연적 변수가 될 수 있지만, 수요도가 높은 물을 통제하기 위해 상당히 많은 '준비' 노동과 최소한 일정 수준의 공학적 기술을 투입해야 한다는 사실에 동의하기 위해서 반드시 비트포겔Karl Wittfogel의 '관개사회hydraulic society'와 '동양식 전제주의oriental despotism' 이론을 받아들일 필요는 없다.[40] 천수답같이 가장 단순한 수준의 용수관리 체계를 만들고 유지하는 데에도 다음과 같은 노력이 추가로 필요하다. 도랑을 파고 깨끗하게 유지해야 하고, 보洑를 만들고 보수해야 하며, 논을 고르고 논둑을 쌓아야 한다. 더 발전된 진정한 의미의 관개체계에서는 댐, 저수지, 수로, 터널, 우물 등이 필요하다. 이러한 대규모 설비는 장기간에 걸쳐 하나씩 천천히 구축되며, 지속적이고 일상적으로 관리를 받아 계속 보수된다. 하지만 규모가 크건 작건 간에 관개시설은 화전농경뿐만 아니라 거의 모든 비非관개 형식의 전근대적 농업에는 존재하지 않는 '자본재'에 대한 일정한 수준의 투자를 대표한다.

이러한 체계적 특성—고정된 안정성, '토대'보다는 '매개체'에 기초한 영양분 공급, 기술적 복잡성, 그리고 상당한 규모의 간접노동력 투자—의 복합은 사회학적으로 보았을 때 수도작 문화의 가장 핵심적 특성을 야기한다. 즉, 경작지당 더 많은 수의 경작자를 흡수함으로써 집약화 intensification를 통해 인구증가에 대응하려는 경향(능력)이다. 이러한 방식은 최소한 전통적 조건의 화전민에게는 대체로 불가능한데, 이는 이동경작체제의 불안정한 평형상태 때문이다. 화전민의 경우 인구가 증가하면 더 많은 토지를 경작지로 수용하기 위해 더 넓은 지역으로 퍼져 나가야 한다. 그렇지 못할 경우 재경작 속도가 지나치게 빨라져 사바나 과정으로의 황폐화가 진행되고, 이들의 상황은 더욱 유지되기 힘들 것이다. 이러한 수평적 확장은 물론 전통적인 수도작 농민에게도 어느 정도 가능하며, 실제 발생하기도 하였다(때때로 상상할 수 있는 것보다 훨씬 더 천천히 그리고 뜨문뜨문 일어났을지라도). 하지만 이들에게 생태적 압력은 정반대의 관행, 즉 새로운 경작지를 만들기보다는 오래된 경작지를 더욱 강도 높게 경작하는 쪽으로 작용한다.

이러한 내향적introversive 경향의 원인은 앞에서 거론한 체계적 특성으로부터 직접 도출할 수 있다. 무엇보다도 하나의 생태계로서 논의 안정성이 이러한 경향을 가능하게 만든다. 인구압이 매우 심각할 때조차도 (인간에게는 극단적 빈곤을 결과할지라도) 물리적 측면에서 체계가 붕괴되지 않기 때문에, 투입노동에 대한 1인당 수익률의 점진적 감소라는 상황을 경작자가 참아낼 능력이 있느냐에 따라 압력의 정점이 결정된다. 화전민의 '과잉인구'는 서식지의 황폐화를 야기하지만, 수도작 체제에서의 과잉인구는 서식지를 손상하지 않고도 점증하는 인구를 부양하는 상황을 야기한다. 오늘날 자바의 한정된 몇몇 지역들—예를 들면 섬 북중부의 충적지 아디워르나Adiwerna—은 헥타르당 미곡 생산량의 의미 있는 감소 없이 제곱킬로미터당 거의 2천 명이라는 놀라운 인구밀도에 도달해 있다. 효율적인 벼농사가 가능했던 지역을 인간이 과도하게 이용한 나머지 현재 사용할 수 없게 된 토지는 자바 섬 아무 데도 없는 것 같다. 관개시설의 유지, 상당한 수준의 영농기술, 물리적 환경의 내적 변화의 부재라는 상황이 주어진다면 사와sawah(자바인이 테라스식 논을 부르는 용어)는 사실상 파괴가 불가능해 보인다.

두 번째로, '매개체 중심적medium-focused' 성격으로 인해 수도작은 지형, 수자원, 가용성可溶性 영양소가 합쳐져 사와 경작의 복잡한 생태적 통합(구체적으로 현실에서 그것이 어떤 모습을 취하든 간에)이 가능한 지역에서만 매우 뚜렷이 제한되어 이루어진다. 모든 농업체제는 그것이 의존하는 환경적 조건에 의해 제한된다. 특히 전근대적 기술조건하의 수도작은 어떤 농경형태보다 훨씬 더 제한적인데, 인도네시아만 놓고 보았을 때 현재 사와가 있는 지역을 포함한 군도의 대다수 지역에서 화전경작을 할 수 있지만 수도작은 훨씬 더 제한적인 지역에서만 가능하다. 화전경작은 현대식 용수 통제·유지·조절방식 없이는 사와로 이용될 수 없는 바위투성이의 언덕 경사면, 습기가 많은 저지대 숲, 상대적으로 건조한 몬순 지역에서도 할 수 있다. 정확한 자료를 구하기는 힘들지만, 지난 100여 년 동안 서구기술이 적용되면서 인도네시아와 동남아 여러 지역에서 관개 수도작 지역이 대규모로 확대되었다는 사실로 인해 19세기 중반 이전까지 이러한 영농방식이 벼농사에 우호적인 극히 일부 지역에만 한정되었다는 점이 은폐되어서는 안 된다. 가장 파괴적인 사회변동기를 맞이하기 직전인 1833년, 자바의 사와 규모는 현재의 350만여 헥타르의 3분의 1을 간신히 넘긴 정도였을 뿐이다.[41]

하지만 전통적 수도작의 기술적 복잡성이 갖는 또 다른 내향적 의미가 존재한다. 물 조절능력에 따라 생산성이 크게 좌우되므로 기존의 사와를 향상시키기 위해 투입되는 노동은 새로운 사와를 만들고 유지하는 데 필요한 같은 양의 노동보다 한계생산성이 높다. 전근대적 조건하에서 관개기술의 점진적 개량은 헥타르당 생산성뿐만 아니라 일인당 생산성을 높이는 주요 방식이었다. 기술수준이 확립된 상태에서 기존의 관개설비를 더욱 발전시키는 일은 새로운 농지를 만드는 것보다 때로 더 많은 이익을 가져온다. 그리고 사실상 자바와 발리의 뛰어난 전통 용수관리 체계는 오랜 기간의 지속적인 시행착오를 통해 이전 체계를 세련화함으로써 형성될 수 있었다. 일단 형성된 관개체계는 자체적 추진력을 갖게 되어서 전통적 기술과 자원이 한계에 도달하는 시점까지 유지되거나 확대된다. 강우에 의존하며 개울을 막는 제방을 이용하거나 늪지대에 위치한 초기 사와와 이러한 한계점에 도달한 사와 사이의 간격이 일반적으로 크기 때문에, 특정 체계 내에서 점진적 기술진보를 통하여 경제적으로 진보하는 데는 오랜 기간이 걸릴 수 있다. 스리랑카의 수로체계에 대한 다음 설명은 이를 잘 보여 준다.

칼라웨와Kalāwewa 수로체계에서는 상류의 대규모 저수지가 현재 55마일에 이르는 수로를 통해 아누라다푸라Anuradhapura라는 고대 수도에 물을 공급하는 큰 저수지 3개와 이어져 이곳에 물이 채워진다. 이는 관료적 계획에 따른 거대하고 매우 조직화된, 따라서 비트포겔

이 제기한 이상화된 동양의 전제군주가 만든 작품처럼 보인다. 하지만 만약 그러했다면 이 계획은 일종의 뒤르켐식 집단의식group mind에 의해 이루어졌어야 했다! 이 체계의 가장 아래쪽에 있는 최초의 저수지 티사웨와Tissawewa는 기원전 300년경에 건설되었다. 이 설비의 가장 위쪽에 있는 칼라웨와 저수지는 약 800년 후에 건축되었으며, 이후 최소한 600여 년간 개량되고 변형되었다.[42]

하지만 앞서 지적한 대로 수도작 농업의 기술적 복잡성은 보조적 급수시설과 관련해서만 진행되지 않으며, 보다 미시적 수준에서 논 자체와도 관련된다. 대개 논의 수확량은 전체적 관개체계의 개선뿐만 아니라 보다 주의 깊고 면밀하게 고안된 경작기술을 통해 거의 무한대로 증가할 수 있다. 그저 그런 사와에서조차 조금 더 열심히 일하면 조금 더 많은 생산량을 쥐어짜내는 일이 어쨌든 대부분 가능해 보인다. 볍씨를 논에 직파하는 대신 모판에 심어 이앙할 수 있다. 집에서 미리 볍씨를 발아시킬 수도 있다. 모를 정확한 간격에 맞추어 일렬로 심어서, 더욱 빈번하고 더욱 완벽하게 제초해서, 공기 공급을 위해 생장기 동안 주기적으로 배수해서, 모내기하기 전 쟁기질과 써레질을 더 철저히 하고 논바닥을 보다 편평하게 만들어서, 엄선된 유기물 거름을 논에 넣어서, 이 외에 여러 가지 방법을 통해서 수확량을 늘릴 수 있다. 내인도네시아 거의 전역에서 사용되는 면도날이 박힌 손칼hand blade 사용 기술처럼, 수확 가능한 부분을 거의 다 가져가고, 수확하지 않은 부분 중 최대한의 양을 거름으로 논에 남겨 놓는 완벽한 수확기술을 실현할 수 있다. 이모작, 좀 더 조건이 좋은 곳에서는 아마도 삼모작이 제도화될 수 있을 것이다. 애정 어린 관심에 논이 반응하는 능력은 놀랍다. 앞으로 살펴보겠지만, 경작방식이라는 면에서 이러한 일련의 노동흡수적labor absorbing 개선책은 자바의 농촌경제가 폭발적으로 증가한 인구의 대부분을 흡수하는 데 핵심적 역할을 해왔다.

마지막으로, 기술적 완성이 가져다주는 이득과는 별개로, 새로운 농지를 만들고 이를 기존 농지의 수준으로 끌어올리는 데 요구되는 (따라서 생산량 증가와 직접 연결되지 않는) 준비노동은 관개지역의 급속한 확대를 억제하고 기존 농지를 분할fragmentation하며 기존 농지에서 좀 더 집약적으로 작업하는 방향으로 유도하는 경향이 있다. 발전된 체계에서 이러한 사실은 명백하다. 관개체계를 구축하는 데 1,400년을 보낸 사람들은 기존 체계가 과밀해질지라도 새로운 활동을 하고자 그 체계를 떠나려 하지는 않을 것이다. 그들은 기존 체계에 너무 많이 얽혀 있으며, 관개시설이 잘 갖추어진 기존 농지 주변에 수자원과 지형이 허용하는 경우에 한해 기껏해야 몇몇 새로운 경작지를 점진적으로 만들 것이다. 하지만 이 같은 과도한 '간접'노동투자로 인해 새로운 농지 건설을 꺼리는 모습은 관개시설이 발전하지 못한 지역에서도 나타나는 특징인데, 이는 농민들이 기존의 생산지역에서 다른 곳으로 자원을 돌릴 수 없거나 돌리기를 꺼리기 때문이다. 현재의 라오스를 예로 들면,

대다수 마을 사람들은 반半정주적이며 여전히 숲을 이용할 수 있다. 관개된 논은 그 규모가 작은데, 논에서의 수확량이 [화전경작을 통한] 산출량보다 확실하기 때문이다. 새롭게 [사와를] 건설하려면 관개수로를 확장하고 많은 노동력을 투자해야 하기 때문에 이는 쉽게 이루어질 수 없다. 가족 또는 고용 노동자를 통해 노동력을 얻어야 하지만 이는 유동자산이 많거나 능력 있는 일꾼이 많은 대규모 확대 가족에게만 가능하다. 라오스 농민에게는 두 상황 모두 일반적이지 않기 때문에 기존 [수도작] 농지의 지속적 분할과 초기 투자 노동력이 적은 [화전] 경작이 발생한다.[43]

따라서 생태계로서의 화전경작지와 사와의 특징은 뚜렷하고 대조적이다. 한편에는 다작물, 매우 다양한 체제, 생물 사이의 영양소 순환, 폐쇄적 덮개 구조, 그리고 깨지기 쉬운 평형상태가 있다. 다른 한편에는 개방형 토지, 단작, 매우 특화된 체제, 영양소를 얻기 위해 물에 포함된 무기염류에 강하게 의존하는 경향, 인간이 만든 관개시설에 대한 의존, 그리고 안정적인 평형상태가 있다. 이 두 형태만이 인도네시아에 존재하는 전통적 농업체계는 아니지만 가장 중요한 형태로서 일반 농업경제가 발전해온 중심틀을 구성해 왔다. 인구를 증가시키는 힘에 대한 이들의 상이한 반응—분산적이고 비탄력적인 특성과 집중적이며 팽창적인 특성—을 통해 인도네시아의 불균형적 인구 분포와 여기에 기인한 불가피한 사회문화적 난국을 대부분 설명할 수 있을 것이다.

제2부

유형의 구체화

제3장 고전기

어떻게 해서 이런 불균형적인 분포가 생겨났을까? 오늘날 왜 모든 화전경작지가 외인도네시아에서 발견되며 사와의 4분의 3 이상이 자바 북서부·동부·중부, 발리 남부, 롬복 서부 같은 지역에 집중되어 있을까?[1] 어떤 요인이 이렇게 독특한 토지 이용 패턴을 형성했으며, 외부에서 유입된 요소 중 무엇이 이 패턴을 복잡하게 만들고, 강화하고, 현재와 같이 통제하기 힘든 극단적 상태까지 가도록 강제했을까? 인도네시아 농업경제를 경직화ossification한 생태적 역사는 무엇일까?

자바에서 수도작 농업의 (기원전부터) 번성은 네덜란드 지질학자 모르E. C. J. Mohr가 지적한 고대의 네 요소, 즉 불·물·흙·공기의 행복한 결합을 통해 보통 설명되어 왔다.[2] '불'은 30개 이상의 원뿔형 활화산의 왕성한 활동의 산물로, 섬 중앙을 길게 가로질러 놓인 화산은 척박한 토양에 결핍된 식물 영양소를 공급한다. '물'은 원뿔 모양의 화산 사이에 위치한 짧고 유속이 빠르며 침적토를 포함한 강이 제공하는데, 섬 중앙의 산맥에서 양 방향으로 흐르는 강은 남쪽의 인도양이나 북쪽의 자바해로 무기염류를 운반한다. '흙'은 배수가 잘되고 경사도가 점차 낮아지며 산에 둘러싸인 기복이 작은 지역으로 대표되는데, 산 사이를 흐르는 강에 의해 형성되어 있으므로 중력에 의존하는 전통적 관개기술에 매우 적합하며 경계가 뚜렷한 일련의 원형 분지를 구성한다. '공기'는 적도의 수마트라, 칼리만탄, 술라웨시, 말루쿠 지역에서와 같이 지속적으로 비가 내리는 기후, 그리고 몬순적 성격의 소순다 열도에서와 같이 건기와 우기가 뚜렷하게 구분되는 기후의 중간 정도에 해당하는 적당히 습기 찬 기후의 산물인데, 그 절충적 성격으로 인해 자바에서는 인도네시아 북부와 서부 도서에서 나타나는 침수와 심각한 용탈작용, 남부와 동부 도서에서 나타나는 과도한 건조화와 풍식작용 모두를 피할 수 있다. 최소한 전통적으로 자바(발리와 롬복 역시)에서는 중국 중부나 인도 북서부처럼 하나의 거대하고 막힘이 없으며 편평한 벼농사지대가 구성되지 않았으며 서로 분리되어 있고 둥그스름하며 집약농경이 행해지는 고립지역—관개가 불가능한 석회암 구릉이나 화산에 둘러싸인 풍부한 충적토 지대—이 형성되었다(그림 2 참조).[3]

수마트라 중부와 북부의 아감Agam, 토바Toba 지역을 예외로 하면, 수도작에 매우 적합한 지형은 외곽 도서에 존재하지 않는다. 수마트라는 서부의 가파른 고지대와 동부의 해면海綿 습지대로 뚜렷하게 분

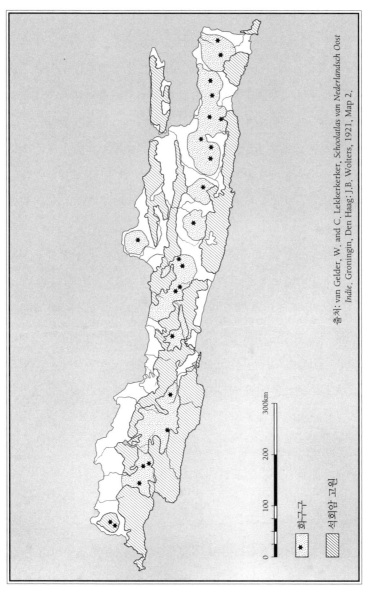

출처: van Gelder, W. and C. Lekkerkerker, *Schoolatlas van Nederlandsch Oost Indie*, Groningin, Den Haag: J.B. Wolters, 1921, Map 2.

그림 2. 자바의 지형

석회암 고원

화구구

300km

200

100

0

리된다. 칼리만탄은 배수가 잘되지 않는 해안지대와 기복이 심한 구릉으로 덮인 내륙지대로 구성된다. 술라웨시에는 산이 많아서 상당히 큰 규모의 저지대가 거의 존재하지 않는다. 말루쿠는 흩어진 작은 섬들로 구성되고 습기가 많으며, 소순다 열도는 흩어진 작은 섬들로 구성되며 여름 몬순기에 매우 건조하다. 수마트라에는 활화산이 몇 개 있지만 대부분 알칼리성이 아닌 산성 분출물을 내뿜기 때문에 토양을 비옥하게 하기보다는 척박하게 만드는 반면, 칼리만탄, (북쪽 끝을 제외한) 술라웨시, (西할마헤라Halmahera를 제외한) 말루쿠에는 활화산이 없다.

이러한 기후적·지형적·지질적 조건으로 인해 이들 지역에 전통 기술에 기반한 수도작의 가능성이 전혀 존재하지 않았던 것은 아니다. 수도작에 매우 특화된 생태적 필요조건은 상당히 다양한 수단을 통해 매우 다양한 지역에서 충족될 수 있다. 통킹Tongking 삼각주에는 화산이 없으며, 말레이시아는 수마트라나 칼리만탄만큼이나 습하고, 북부 루손Luzon은 산악 지역이다. 하지만 극복해야 할 불리한 조건인 지리적 현실이 외곽 도서에서 수도작 정착을 억제하고 그 대신 쉽게 적용할 수 있는 화전농에 대한 선호도를 높이는 데 중요한 역할을 했음에는 의문의 여지가 없다. 소규모 화산에 둘러싸인 강 유역이라는 자바의 자연적 강점이 수도작을 강력하게 촉진했다는 사실 역시 의문의 여지가 없다.

매우 효율적인 통합적 수도작 체제는 자바 중부와 동부의 많은 강 유역에서 처음 확립된 듯하다. 아마도 그중 가장 오래된 지역은 섬 중앙부의 폭이 좁아지는 지역으로서 숨빙Sumbing, 신도로Sindoro, 머르바부Merbabu, 므라피Merapi 산으로 형성된 웅대한 화산 사각지구와 그 주변이었다. 즉 남쪽으로 흐르는 프로고Progo 강을 따라 형성된 오늘날 마글랑Magelang이라 불리는 지역, 솔로Solo 강 상류(뎅켕Dengkeng이라고도 불림)의 수라카르타Surakarta 남서부 지역, 오늘날의 바뉴마스Banyumas 북부의 스라유Serayu 강 유역, 크부멘Kebumen과 푸르워르조Purworejo(혹은 크두Kedu) 주변의 루콜로Lukolo와 바가완타Bagawanta 산기슭 지역(8세기 이후 소위 마타람Mataram 제국으로 발전한 지역)이었다. 8세기 직후 말랑Malang과 크디리Kediri 주변의 브란타스Brantas 강 상·중류를 따라 발전된 수도작이 출현했음은 확실하며, 이보다 규모는 작지만 마디운Madiun 남부의 포노로고Ponorogo 지역과 말랑 동부의 루마장Lumajang 지역(이 지역과 긴밀하게 연결된 발리 남부가 그러했듯이 10세기 이후 번성한 지역)에서도 수도작이 나타났다(그림 3 참조).[4] 고고학적 작업이 더 자세히 이루어진다면 위의 설명 중 세부적인 오류가 드러날 수도 있다. 하지만 일반적인 패턴은 명백하다. 발전된 수도작 농업이 가장 먼저 출현한 지역은 북쪽으로 흐르는 긴 강으로 둘러싸인 내부 지역 혹은 남쪽으로 흐르는 짧은 강의 상류 유역이었음이 거의 확실하다.

식민시기 이전 그리고 19세기 중반까지도 수도작에 매우 유리한 지역의 경계를 넘어서 사와가 확대되는 상황은 점진적이고 잠정적으로 진행되었으며, 변동을 거듭하고 부분적이었다.

사와 경작은 기본적으로 북부 자바해 연안 삼각주지대(남부 해안의

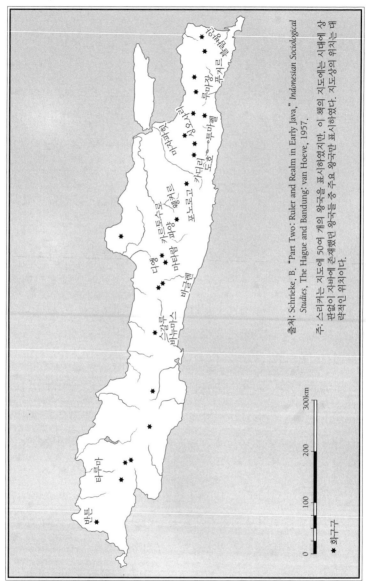

출처: Schrieke, B. "Part Two: Ruler and Realm in Early Java," *Indonesian Sociological Studies*, The Hague and Bandung: van Hoeve, 1957.

주: 스리커는 지도에 50여 개의 왕국을 표시하였지만, 이 책의 지도에는 시대에 상관없이 자바에 존재했던 왕국들 중 주요 왕국만 표시하였다. 지도상의 위치는 대략적인 위치이다.

그림 3. 고전기에 자바에 존재한 왕국

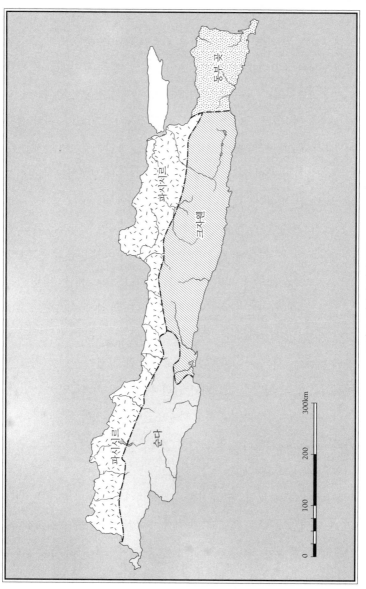

그림 4. 지방의 지역 구분

80퍼센트 정도가 석회질 토양이다.), 서부의 순다Sunda 고지대, 동부의 소위 '동부 곶East Hook'이라 불리는 건조지대(파수루안Pasuruan, 프로보링고Probolinggo, 브수키Besuki와 바뉴왕이Banyuwangi) 등 세 방향으로 확대되었다(그림 4 참조). 관개와 관련하여 각 지역은 전통적 방식으로 쉽게 해결될 수 없는 상이한 기술적 문제를 가지고 있었다. 자바 사람이 '파시시르pasisir'(바닷가, 연해지)라 부르는 해안가에서의 문제는 주로 용수관리 방식의 개선, 즉 홍수로부터 토지를 보호하고 배수시설을 개선하는 것이었는데, 이는 (온대지역의 강과 비교할 때 몇 배에 이르는) 엄청나게 많은 강의 유량과, 매월, 심지어 매일 달라지는 유량 변화 때문이었다.[5] 화산에서 나온 것뿐만 아니라 여러 종류의 충적퇴적물이 풍부하기 때문에 치르본Cirebon과 즈파라Jepara 사이의 평원 그리고 솔로Solo와 브란타스Brantas 삼각주의 토양은 매우 비옥했고 용수 또한 풍부하였다. 하지만 해면과 거의 비슷한 고도, 통제 불가능한 강의 범람에 따른 높은 침수 가능성으로 인해 고전기 동안 그리고 식민시기까지 이 지역은 겉보기와 달리 논농사에 위협적인 곳이었다. 순다 고지대는 용수가 충분하고 배수조건이 좋았지만 용탈작용의 증가와 부적절한 지형적 배열로 인해 비옥도가 더 낮았다. 그리고 동부 지역은 물이 모자랐다.

모르가 지적했듯이, 때로 적절하게 분리하여 검토할 수 없는 관개의 세 가지 기능 혹은 세 가지 독립적 특성이 존재한다. 건조한 토양으로의 수분 공급, 즉 '물주기' 기능, 홍수 예방을 위해 양적으로는 충분하지만 변덕스럽고 다루기 힘든 물의 공급 조절, 즉 '통제' 기능,

영양소 운반을 통한 토지의 비옥도 향상, 즉 '비료주기' 기능이다.[6] 세 가지 측면 중 무엇이 중요한지는 농업체제와 관련하여 어떤 환경적 요소가 제한적인가라는 문제에 달려 있다.[7] 따라서 동부 곳처럼 물 이용 가능성이 제한요인인 곳에서는 첫 번째 기능이 문제가 된다. 북부 해안처럼 강수량이나 강물의 양이 불규칙하고 예측 불가능하며 배수가 쉽지 않은 곳에서는 두 번째 측면이 핵심적이다. 순다 지역처럼 식물 영양소가 모자란 곳에서는 세 번째 측면이 중요하다.[8] 수도작은 크자웬Kejawén 지역 내 화산으로 둘러싸인 편평한 곳에서 시작하여 외부로 확대되면서 한 가지 문제에만 부딪히지 않고 매우 넓은 의미에서 기술적으로 차이 나는 세 문제에 직면하였다. 그러므로 수도작이 천천히 확산되었음은 이해할 만한 현상이다.

수도작은 특히 서부의 순다 지역에서 널리 확대되지 못하였다. 사와가 순다 고지대에서 처음 보고된 시기는 1750년으로, 고지대의 동쪽 가장자리 가까이에 위치한 소규모 산기슭 유역인 수므당Sumedang과 타식말라야Tasikmalaya에서 시작되었으며, 이보다 높고 넓은 반둥Bandung과 보고르Bogor의 고원 분지와 그 서부에서 벼농사가 보고된 시기는 그로부터 반세기가 흐른 뒤였다.[9] 하지만 오늘날까지도 집약적 사와 경작은 이들 지역과, 조건이 양호한 몇몇 고립지대(치안주르Cianjur, 수카부미Sukabumi, 가룻Garut 고원과 그 외 몇몇 지역)로 제한된다. 동부 곳 지역에서 벼농사 침투 시기는 1,200년경으로 다른 지역보다 훨씬 빨리 시작되었다. 하지만 강물의 수량이 적었기 때문에 사와는 제방에 고인 빗물에 의존할 수밖에 없었으며, 네덜란드 농장이 근대식 저수지를 축조한 20세기 초 이전까지 규모와 신뢰도, 생산성 면에서 제한적이었다.[10] 저수지 축조 이후 생산성은 개선되었지만 규모는 크게 확대되지 못해서 크자웬 지역 전체 토지의 약 25퍼센트, 파시시르 지역의 35퍼센트 정도가 수도작 농경지인 데 반해 이 지역의 비율은 순다 지역과 마찬가지로 15퍼센트 정도에 불과하였다.[11]

북부 해안 파시시르 지역의 상황은 좀 더 복잡하지만 결과는 대략 비슷하다. 아주 초기부터 수도작은 다양한 지점, 특히 단조로운 해안 곳곳에 구멍을 뚫은 것처럼 위치한 수백여 곳의 소규모 강어귀를 중심으로 행해졌을 것이다. 몇몇 권위 있는 연구자들은 자바에서 사와 경작의 첫 거점이 넓고 관리하기 힘든 삼각주 사이의 소규모 강어귀에서 확고히 구축되었다고 가정하기까지 하였다.[12] 하지만 일반적인 의미에서 해안가는 전통적 방식의 수도작에 불확실하고 힘든 환경이었음에 틀림없다. 수도작은 이곳에 존재할 수 있었지만 번성할 수는 없었다.

심각한 용수관리 문제로 인해(그리고 비위생적이어서 말라리아의 위험이 있고 군사적 공격을 받기 쉬운 지역이라는 점 때문에) 북부는 결코 내륙에 비견될 만한 발전된 농업문화의 중심지가 될 수 없었다. 새롭게 번성한 내륙 문명은 부상하는 자바해 무역경제에 이끌려 해안 쪽으로 주춤거리며 이동하였다. 하지만 결코 해안가까지 도달할 수는 없었다. 내륙 문명은 항구도시를 주기적으로 통제할 수는 있었지만 자신의 권력을 지탱하는 발전된 수도작 경제를 해안가에 확립할 수 없었기 때문에 통제력을 유지할 수 없었다. 일정 정도의 성과가 나타난 몇몇 해안지역—드막Demak, 치르본에서와 같이—의 경우에도 이는 부분적이고 일탈적이며 일시적인 현상이었고, 흐르는 모래까지는 아니더라도 밀려오는 파도 위에 놓인 상태처럼 잠시 제한적으로 농업이 발전했을 뿐이며, 곧 내륙의 농업문제가 갖는 압도적 중요성이 다시 제기되었다. 해안을 동경하는 움직임이 일어난 지 300년 이상이 지나고 이슬람화에 따라 부분적으로만 자바적 특성이 남아 있던 주요 항구가 상업적으로 활기차게 움직이던 17세기에 네덜란드가 이 지역에 도달했을 때 정주 인구는 전체적으로 희소했고 농업의 중심은 여전히 내륙의 고古마타람 지역이었다.[13] 네덜란드 동인도제국의 건립자 얀 피터르스존 쿤Jan Pieterszoon Coen은 "앞서 언급한 마타람〔의 술탄〕은 즈파라에서 내륙으로 5~6일 정도 가야 하는 곳에 거주하고 있다." 그리고 "내륙에는 다양하면서도 거대하고 인구가 많은 도시가 있으며 쌀과 식량이 매우 풍족하다. 자바의 해안가 모든 곳에서 몰루카Molucca, 조호르Johore, 암본Ambon과 반다Banda로 운반되는 쌀 모두가 보통 자바 내륙의 이 지역에서 처음 적재되었다"[14]라고 기술하였다.

제4장 식민시기: 기초

회사

식민시기 초기에 전체적인 생태 유형은 상당히 잘 확립된 상태였다. 자바의 수도작 중심부는 서부, 동부, 북부의 덜 발달된 지역으로 확장되고 있었다. 외곽 도서에서는 소규모 화전농 부족이 여기저기 산개해 대규모 열대삼림을 경작하고 있었다. 네덜란드 사람의 첫 관심 대상은 그들 직전에 왔던 포르투갈 사람처럼 전설적인 향신료의 섬 말루쿠였다. 하지만 그들의 관심은 곧 자바로 향했고, 주로 그곳에 식민경제를 덮어씌웠는데, 외곽 도서에서는 동일한 상황이 19세기 후반경에 이르러서야 적용되었다.

'덮어씌움superimpose'은 인도네시아 식민경제를 설명하는 데 적합한 단어이다. 1619년부터 1942년까지 네덜란드가 근본적으로 수행하려 했던 일은 세계시장에 판매하기에 적합한 농산물을 토착 경제구조의 본질적 변화 없이 군도, 특히 자바로부터 끄집어내는 것이었기 때문이다. 특히 벨기에를 재합병하려 한 윌리엄 1세의 시도가 실패한 후 네덜란드의 제조업 수출경제 수준은 영국의 수준에 턱없이 못 미쳤기 때문에, 인도네시아에 대한 네덜란드의 관심은 마지막까지 철저히 중상주의적이었다. 네덜란드는 인도네시아에서 산업재 시장이 대규모로 확대될 경우 영국(혹은 이후에는 일본)의 영향력이 증대될 것을 우려하였다. 가장 필수적인 경제적 과제는 동인도 농산물의 수입 가격과 재수출 가격의 상당한 격차를 유지하는 것이었다. 이 과제는 네덜란드의 상업시설과 제도를 발전시키고 인도네시아의 것을 억제하는 상황을 의미하였다.[1] 정책은 계속 변했지만 경제적 측면에서 보면 식민시기 내내 네덜란드는 인도네시아 사람이 아닌 인도네시아 작물을 근대 세계로 가져오려고 지속적으로 시도하였다.

원주민을 원주민으로 유지시키면서도 이들로 하여금 세계시장에 내놓을 상품을 생산해 내게 만든 수단은 만성적이며 실상 내재적으로 불균형적인, 때로 '이중적dual'이라 불리는 경제구조의 형성이었다.[2] 수출 부문에는 관리 자본주의, 즉 자본 소유주인 네덜란드가 판매가와 임금을 규제하고 생산량을 통제하며 생산과정조차 명령하는 체계가 존재하였다. 국내 부문에는 가족 단위의 농업, 소규모 가내수공업, 소규모 내부교역이 존재하였다. 세계 원자재 가격의 상승에 자극을 받아 첫 번째 부문이 팽창하면 두 번째 부문이 수축하였다. 토지와 노동은 쌀과 여타 주요 곡물로부터 이탈되어 사탕수수, 인디고,

커피, 담배, 그리고 다른 상업작물에 투입되었다. 세계 시장의 붕괴에 반응하여 첫 번째 부문이 수축하면 두 번째 부문이 팽창하였다. 그리고 점증하는 농민인구는 점점 더 익숙해진 현금 수입의 감소를 생계작물의 집약적 생산을 통해 보전하려 하였다.

완벽한 유연성을 지닌 듯한 이 체계는 다른 식민지정부의 직접적인 방식보다 전통사회에 훨씬 덜 파괴적인 영향을 미쳤던 것처럼 보인다. 퍼니벌J. S. Furnivall 같은 제삼자적 시각의 연구자는 실제로 그러했다고 주장한다.[3] 하지만 이 체계는 완전한 유연성에 가까이 다가가지조차 못하였다. 역동적인 유럽 측 경제조직의 독점적 성격은 식민지에 대한 (초기에는 노골적인, 이후에는 사실상의) 정치적 지배와 융합되어 불가피하게 현상유지적 경향을 야기하였다. 수출시장의 급증은 현실적 한계를 넘어서까지 생계 부문을 압박하는 경향을 띠었으며, 급변하는 시장조건과 기술발전에 효과적으로 대응해야 할 네덜란드 경제지도자의 능력은 재정적 보수주의와 본국의 정치경제적 변화라는 요인에 제약되었다. 그 결과, 낮은 임대료와 임금을 통한 농민의 수출 부문 보조가 너무나도 가혹해져서 네덜란드의 도덕주의자들이 "원주민의 악화되는 복지"의 망령이라고 표현하며 칼뱅주의적 양심에 호소할 정도로 상황이 악화될 때까지 시대에 뒤처진 정책은 계속 유지되었다. 경쟁자들의 동인도 교역 진출이 확대되고 비효율적인 개혁주의적 실험이 몇십 년 동안 이루어진 후에야 새로운 프로그램이 만들어졌는데, 이는 인도네시아로부터 상업적 이익을 얻어내는 동시에 원주민에게 피해를 주지 않을 것이라고—기본적으로 어떤 영향도 미치지 않으리라—기대되었다.

하지만 새로운 정책은 현대적 외양만을 취했을 뿐, 항상 이전과 거의 유사하였다. 동인도 식민지 역사는 일련의 정치경제적 제도(동인도회사East India Company, 경작체계Culture System, 기업농장체계Corporate Plantation System)로 특징지어지는데, 이를 통해 이중경제의 유럽 '상업자본주의' 측은 수출작물의 생산과 판매를 위해 보다 효율적으로 조직화된 반면, 인도네시아의 '농민가구' 측은 대규모 상업농업의 파괴적효과로부터 더 잘 보호받을 수 있었다. 지속적으로 증가하는 자본수요에 압박받던 네덜란드는 모험적 자본주의라는 18세기의 제도적 장치에서 19세기 국가자본주의로, 이어 20세기 관료적 자본주의로 나아갔다. 하지만 이전 시기의 잔재 위에 만들어진 새로운 장치나 정책으로 인해 서구 기업이 농촌경제로 점점 더 깊숙이 침투하였기 때문에 원주민의 삶을 이들 기업이 기반을 둔 경제적 힘으로부터 고립시키기는 사실상 더욱 어려워졌다. 현대 인도네시아는 네덜란드 정책 때문에, 동시에 네덜란드 정책에도 불구하고 형성되었다.

이러한 장치의 첫 번째 형태인 네덜란드 동인도회사는 군도 곳곳에서 무역을 하던 아시아 상인과 유럽 열강의 강력한 경쟁에 대응하기 위해 1602년 국가의 인가를 받아 상당한 자율성('국가 내의 국가')을 부여받은 극동교역연합체로서 창설되었다.[4] 초창기에 회사는 수단과 방법을 가리지 않고 상품을 풍족한 곳에서 부족한 곳으로 이동시키는 활동을 보호하는 상업적 분야에만 관심을 가졌다. 상업적 잔

인함의 역사에서 획기적 사건이라 할 수 있는 말루쿠에서의 약탈행위를 제외하면, 이때에는 회사의 활동이 자바해, 특히 북부 해안에 분산된 출입항구에 주로 집중되었다. 하지만 걷잡을 수 없이 확대된 중상주의 시대의 표어는 "사업은 사업이다"가 아닌 "사업은 국기를 따른다"였다. 상업적 발전은 정치적 확대를 의미하였다. 통행세와 시장세에 대한 요구, 통치자와 군주에 대한 지속적 선물 공여에 지쳐가자 회사는 보급물자 공급원에 대한 통제권을 얻어내려는 방향으로 곧 선회하였다.[5] 회사는 1684년까지 순다 지역 전체에서, 1743년까지 파시시르 전체와 동부 곳의 대다수 지역에서, 1755년까지 크자웰에서(말루쿠는 1660년 이래 그 영향 아래 놓여 있었다.) 우위를 점하였다. 교역연합체로 처음 출범했던 회사는 투쟁 과정을 거치면서 하나의 통치체가 되었다.

경제적인 것과 정치적인 것의 결합을 통해 형성된 식민경제는, 홍흐레이프G. Gonggrijp가 적절하게 지적했듯이, 자유교역, 우선preemptive 교역, 쿼터교역, 그리고 독점교역을 뚜렷하게 구분하지 않은 채 대포의 비호 아래 이 모두를 행하였다.[6] 회사는 각 지역의 지역적 조건에 적응하면서 다양한 방식으로 기능하였다. 하지만 그 활동은 모든 곳에서 토착지배자를 의존적 존재로 격하시키고 관세를 교역으로 대체할 목적으로 진행되었다.

정향clove과 육두구nutmeg라는 불행의 씨앗을 가진 말루쿠에서 네덜란드인은 권위가 실추된 토착통치자라는 대리인을 통해 경작 제한, ('밀수'에 대한) 단체처벌, 강제노동을 부과하였다. 후추 생산지인 반탐-람풍과 소규모 후추 생산지인 수마트라 중부에서 이들은 항구 도시 술탄과의 조약을 통해 쿼터와 고정가격을 확립하였다. 프리앙안 고지대에서 이들은 전통귀족을 회사의 노동력 하도급자로 전환시키고 커피농장을 도입하였다. 바타비아Batavia 인근과 그에 인접한 북서부 해안가의 경우 회사의 피고용자로 전환된 토착 소군주에게서 임대한 사설 사탕수수 농장이 100여 곳 가까이 있었으며, (거의 모두가 중국인인) 경영자들은 마을 사람에게 영주적 권리를 행사하였다. 절반 정도만 정복된 중부 자바에서는 쌀, 목재, 면사, 콩, 현금 형태로 징세가 이루어졌다. 18세기 말 파산하여 해체될 때까지 회사는 네덜란드 동인도 경제가 최후까지 좇아간 일반적 노선을 확립하였다.

하지만 단지 일반적 노선이었을 뿐이다. 회사는 군도에서 네덜란드의 존재를 확고히 했고, 새로운 농작물(주로 커피이며 후추, 향료, 설탕은 회사가 설립되기 전에 유입됨)을 도입했으며, 유동성이 작은 생계 경제로부터 현금작물을 거두어들일 수 있는 기술의 기초적 형태를 고안해 냈는데, 이는 이후 자바가 농민으로 가득 차게 되었을 때 매우 유용하였다. 하지만 전체로서의 인도네시아의 생태 유형에 회사가 미친 영향은 주변적이며 비체계적이었다. 통제 가능한 지역에서 회사는 납품 요구, 가격 고정, 교역 제한을 통해 생태 유형을 이용했지만, 반다Banda의 소멸 같은 몇몇 예외적 사례를 제외한다면 그것을 직접 이용하려고 하지는 않았다. 회사의 일은 개척이었다. 회사가 처음 수립한 접근방식은 이후 인도네시아가 감내해야 했던 주요 정책―경작체계―을 통해 굳건해졌다.

경작체계

하지만 인도네시아 경제사의 한 단계로서 경작체계[7]에 대해 이야기하는 것은 제유법적인 설명이다. 우리가 이 체계의 고유한 특성으로 간주하는, 재정의 천재 판 덴 보스Johannes van den Bosch 총독의 업적(농민에게 자기 토지의 5분의 1에 정부 소유 수출작물을 경작하게 하거나, 1년 중 66일을 정부 소유 농장이나 프로젝트에서 일하게 하는 대신 토지세를 면제해준 것)은 더 광범위한 정치경제적 정책과 제도적 복합체의 일부였을 뿐이다. 이 체계를 통해 형성된 거대한 국가농장과 함께 일련의 부속관행, 연관된 체계, 독립적 발전물이 있었기 때문에 1830년부터 1870년까지 자바 섬의 모습은 우리가 흔히 보고 듣는 것보다 훨씬 더 다양하고 동적이었다. 하지만 매년 이 체계에 포함된 경작지가 전체 경작지의 6퍼센트 정도를, 여기에 포함된 인구가 전체의 4분의 1 정도를 넘지 않았다는 사실, 그리고 이 체계가 완전하게 시행된 기간이 불과 20여 년 정도였다는 사실에도 불구하고, 판 덴 보스의 불가사의한 (더흐라프de Graaf가 경탄하는 척하며 소리쳤듯이 "세금을 적게 거두어들였는데 정부 수입은 더 많아졌다.") 발명품은 이 시기를 규정하는 요소이다.[8] 그리고 시기는 시대를 규정짓는다. 생태적으로 보았을 때, 회사가 네덜란드 식민지 역사의 고전적 단계에서 초기 형태를 발달시켰다면 경작체계는 가장 결정적인 역할을 수행하였다.

거시적 맥락에서 경작체계는 최소한 세 가지 측면에서 결정적이었다. 자바에 집중된 경작체계는 내인도네시아와 외인도네시아 사이의 극단적 대조를 최종적으로 결정지었으며, 이후 양자 간의 차이는 기존의 것이 단순히 심화되는 수준이었을 뿐이다. 자본집약적 서구 부문을 급격하게 발전시키고 노동집약적 토착 부문을 강력하게 고정함으로써 경작체계는 이중경제 유형을 안정시키고 강화했으며, 이후 네덜란드의 투자 증가에 따라 양자 사이의 간극은 더욱 확대되기만 했다. 그리고 가장 중요한 측면은, 자바 농민과 귀족의 삶에 서구의 영향이 깊숙이 침투함에 따라 자생적 농업근대화가 쉽게 진행될 수 있는 상황이 조성되었으나 경작체계가 변화의 발생을 억제하였다는 것이다. 이 체계에 반대했던 사람들이 항상 제기했던 문제(잔인하고 부도덕하며 경제원칙에 부합하지 않았다는 것)보다 훨씬 더 심각한 성격을 띠는 이 비판에 대해서는 설명하고 입증할 필요가 있다.

경작체계는 화폐세금을 대체하여 부과된 경작의무라는 매개를 통해 토착 자바농업에 영향을 미쳤다.[9] 이 제도의 뒷받침 위에 당시 이윤이 남으리라 생각된 거의 모든 작물, 인디고, 사탕수수, 커피, 차, 담배, 후추, 기나나무cinchona(키니네의 원재료-옮긴이), 계피, 면, 실크, 코치닐cochineal(염료의 일종-옮긴이) 등이 재배되었다. 치르본에서 정부는 세금으로 쌀을 징수하고 개인업자와 정미精米 계약을 맺기도 했지만 그 결과는 비참하였다.[10] 가장 돋보였던 사탕수수와 커피를 제외하고 이러한 실험은 거의 대부분 궁극적으로 실패하였다. 하지만 확립된 생태계에 대한 어설픈 실험의 결과는 심대하였다. 이 작물들 중—광물을 제외하면—고무와 코프라가 주도하는 오늘날의 인도네시아 수출에서 핵심을 차지하는 것은 없다. 하지만 이 실험은 이윤이 없는 작물을 점차 이윤이 있는 작물로 대체함으로써 현재의 영농체계가 성숙해지고 더 나아가 과도하게 완숙해지는 기반을 확립하였다.

이러한 면에서 보았을 때, 경작체계를 통해 강제된 작물은 크게 두 범주로 나뉠 수 있다. 쌀과 윤작해서 사와에서 생장할 수 있는 일년생 식물(사탕수수, 인디고, 담배)과 윤작할 수 없는 다년생 식물(커피, 차, 후추, 그리고 중요도가 떨어지는 기나나무와 계피)이다.[11] 왕의 명령으로 기존 생물군집에 끼어들게 된 두 범주의 작물은 매우 상이한 상호작용 양식을 발전시켰다. 일년생 식물은 기존의 군집과 서식지를 공유하게 되면서 갈등이 전혀 없지는 않지만 최소한 어느 한 편의 악화 없이 그리고 실제로 어느 정도 서로에게 좋은 영향을 주면서 공생관계를 이루는 경향을 보였다. 다년생 식물(네덜란드가 오기 오래전부터 화전지역에서 생장해온 향료를 제외하고)은 기존 군집과 배타적 관계를 이루는 경향을 보였는데, 미사용 서식지를 점유하고 토착체계에서 분리됨으로써 독자적 영역을 확립하였다. 미리 이야기하자면, 장기적으로 보았을 때 인도네시아의 경제적 활력에 더 많은 해를 끼쳤다고 판명된 것이 공생관계였다는 사실은 일종의 자연의 아이러니, 내재적 우화라 할 수 있다.

넓은 토지를 점유했고, 상당한 양의 노동을 흡수했으며, 많은 이윤을 낳았고, 농민 경제의 일반적 구조에 지속적인 영향력을 행사했던 주요 작물은 일년생 식물 중에는 사탕수수, 다년생 식물 중에는 커피였으므로 이들을 전형적 사례로 들어 보겠다.[12]

사탕수수는 벼와 거의 유사한 일반적 환경과 관개(그리고 배수)를 필요로 한다. 따라서 대체적으로 토지세 5분의 1 면제라는 조건하에서 사탕수수는 처음부터 거의 필연적으로 사와에서 경작되었다.[13] 커피나무는 고지대 환경에 적합하고, 관개가 필요 없으며, 계절에 따라 노동력 수요가 달라지는 사탕수수와 달리 상대적으로 일정한 노동력을 필요로 한다. 따라서 전체적으로 노동이 세금을 대체하도록 만들어진 조건하에서 커피나무는 소위 '불모지'(즉 경작되지 않았거나 경작할 수 없는 토지)에서 경작되었다. 의무적으로 재배해야 할 사탕수수 생산량은 마을 내의 경작될 토지규모에 기초하여 정해졌다. 커피나무 재배량은 징집된 가족이 돌보아야 할 나무의 수에 기초하여 할당되었다.[14] 이럴 경우 사와체계에 통합된 사탕수수가 농민의 작물이 되고, 농민경제에서 분리된 커피가 농장의 작물이 되리라 예상할 수 있다. 하지만 식민시기의 마지막 30년 동안, 인도네시아 커피 생산량의 60퍼센트가 (거의 대다수가 외곽 도서에 거주하는) 소토지자작농에게서 나온 반면, 사탕수수 생산량의 95퍼센트 이상이 (모두 자바에 소재한) 네덜란드 소유의 기업농장에서 나왔다.[15]

하지만 이러한 역설은 공생적 그리고 '배타적' 관계를 고려하면 해소될 수 있다. 공생적 관계에서 사탕수수 경작의 확대는 벼 재배의 확대를 수반한다. 논이 더 많아지고 관개시설이 향상됨에 따라 더 많은 사탕수수를 경작할 수 있다. 그리고 사탕수수 휴경기간 동안 논에서 벼를 재배함으로써 더 많은 사람을 먹여 살릴 수 있으며, 늘어난 인구—계절적이고, 항시 이용 가능한 현지주거형 노동력(일종의 시간제 노동자)—는 다시 사탕수수 경작에 투입된다.

이러한 기묘한 생태적 연결에서 각각에 존재하는 동학으로 인해 양편 모두는 각자 성장할 수 있었다. 더 많고 더 좋은 관개시설을 통해 논이 개선되거나 확대된다면, 두 작물 모두가 같은 토지에서 생장할지라도 식량생산과 상업적 영농 모두 증가할 수 있다. 이러한 상황에서는 최대한의 토지와 노동을 임시로 상업 부문에 강제투입하는 일이 가능해진다. 동시에 시장조건에 따라 '도덕적으로' 문제 없이 상업 부문을 축소시키는 일 역시 가능한데, 이는 농민이 전체 경제에 오로지 수동적으로 참여하고 있으므로 상업 부문이 축소하면 이들에게 경작할 땅과 시간이 더 많아질 것이라는 이론에 기반한다. 홍흐레이프가 판 덴 보스에 대해 지적한 것처럼, 모든 생각과 감정이 수출통계에 쏠린 사람에게 이는 매력적인 제도였다.[16]

이 그림이 보여 주는 보기 좋은 균형에 따르면 인구증가가 사와의 집약적·조방적 성장에 대응하리라 가정할 수 있지만, 앞으로 살펴볼 것처럼 현실에서는 그렇지 않았다. 또 다른 가정에 따르면, 사탕수수(혹은 다른 생산물)에서 얻는 이윤이 그렇게까지 매력적이지 않기 때문에 사탕수수 경작이 농민을 희생시킬 정도로 과도하게 확대되지 않을 것이다. 정부는 항상 이 위험을 인식했던 것 같지만, 이를 회피할 능력 그리고 회피하고자 하는 의사가 항상 있었던 것 같지는 않다. 그리고 당면한 문제와 관련해서 이 그림은 수출-생계 사이의 분리선을 가로지를 만한 시장중심적 사고의 흐름이 존재하지 않는다고 가정한다. 즉 자바 농민은 자기 토지에서의 벼 재배를 포기하고 소규모 사탕수수 생산자로 전환하지 않을 것이다. 만약 그렇게 된다면 생계 기반에 대한 압력으로 인해 토지와 노동을 징집하기가 더욱 힘들어질 것이다. 요약하자면, 전체 공생 관계의 작동 가능성은 양측이 "각자에게 부여된 일―생계 경제는 노동력을 먹여 살리고 상업 부문은 국가 예산을 만들어 내는 것―을 수행하는 것"에 달려 있다.

얼마 지나지 않아 실제로 발생했지만, 강제노동이 임노동으로 대체되었다면, 토지 이용에 대한 세금부과 대신 토지를 임대하는 형식이 취해졌다면, 개인사업체가 정부 관리자를 대신했다면, 변화는 필연적이지 않았을 것이다. 만약 그랬다면 현금노동과 현금임대료를 낮추고, 생계를 유지할 생산수단을 갖지 않은 진정한 프롤레타리아의 형성을 억제하는 것이 문제로 떠올랐을 것이다.[17] 경작체계와 부속정책에 있어 농민의 사탕수수 재배 확대를 저지하려는 정치적 통제가 특히 사와 지역에서 매우 광범위하게 이루어졌다. 가장 핵심적인 문제는 농민이 토지를 버리고 도망가는 것을 막을 수 있는 수준으로 상업적 압력을 억제하는 것이었다. 이후 네덜란드 정부가 시행한 설탕공장 통제, 법적 제약, 반강제적 압력은 소토지자작농을 사탕수수 재배사업에서 배제하려는 목적을 효과적으로 이루기 위한 것이었고, 이를 통해 농민이 도망갈 장소는 존재하지 않게 되었다. 식민지 정치체계의 틀에서 볼 때 사탕수수와 쌀의 긴밀한 생태적 연결은 이들을 경제적으로 명확하게 분리해야 하는 이유가 되었다.

커피의 경우 상황이 달랐다. 커피는 동인도회사 시절 경작체계의 초기 형식에 기반하여 순다의 프리앙안 고지대에 처음 도입되었고, 이후 인구밀도가 매우 낮은 동부 곳의 산간지역과 크자웬 지역으로 일부 확대되었으며, 19세기 초 가장 이윤이 높은 인도네시아의 수출품이 되었다(파드리 전쟁Padri war을 통해 1837년 이후 네덜란드가 파당 고지대로 침투하면서 이곳에도 커피 강제경작이 도입되었는데, 이는 자바 외부지역에 경작체계 형식이 적용된 유일한 사례이다). '불모지'에서 경작되었기 때문에 커피의 성공과 농민의 생계농업 간의 관계는 간접적이었다. 커피 경작 방식은 개미떼처럼 조직된 엄청나게 많은 농민-쿨리의 주기적 노동을 단기간 동안 집약적으로 행해지는 '작전'에 투입하는 식이 아니라 반숙련 노동력을 지속적이고 집중적으로 투입하는 식이기 때문에 사탕수수 경작과 비교해 노동력의 규모와 변동성이 작았다.

이러한 체계는 영주적永住的이고 완전히 프롤레타리아화된 노동자가 배치된 고립적 농장을 자연스럽게 형성하였다. 경작체계하에서는 저지대에 위치한 쌀 생산 마을에서 거의 전적으로 노동력을 충원해야 했지만 얼마 안 가 농장이나 그 주변에 쿨리 거주지를 갖춘 진정한 의미의 농장이 발달했으며, 이는 인구가 많지만 사와가 거의 없는 마두라Madura 출신 무토지 농민이 공급된 동부 자바에서 특히 눈에 띄게 늘어났다. 식민시기 말기에 들어서자 이 같은 유형과 사탕수수 경작에서 특징적으로 나타난 유형의 분리가 사실상 완결되었다. 1939~1940년 쿨리예산위원회 보고서에 나온 설탕공장 네 곳 중 공장 거주 노동자가 있는 곳은 없었다. 커피농장의 경우 세 곳 모두 쿨리가 농장 안이나 그 주변에 거주하였다.[18]

하지만 동시에 네덜란드는 농민의 커피 경작을 사탕수수와 달리 철저하게 금지하거나 억제하는 데 별 관심이 없었다. 커피는 다년생 식물로서 사와에서 생장할 수 없으며, 정부가 모든 '불모지'를 국유재산으로 취급했기 때문에 농장이 미경작토지를 이용하는 상황을 쉽게 관리할 수 있었다. 다른 한편으로 커피 경작은 화전, 특히 산비탈에 있는 화전과 잘 어울렸는데, 이곳에서는 생계농업에 대한 압력 없이도 소규모 정원식garden 경작이 가능했고, 커피나무가 폐쇄적 덮개 문제를 해결하는 데 도움이 되었기 때문에 생계농업에 일정 정도 이득이 될 수도 있었을 것이다. 커피나무는 화전경작지에 심을 수 있었다. 화전작물─곡물, 콩과식물, 근채류─의 경제성이 사라져 다른 경작지로 '이동하고 난' 자리에 심어진 커피나무는 생산을 시작하기 전 3~4년 동안 정원수처럼 유지하면 되기 때문에 화전경작의 단계적 간작 유형에 매우 잘 들어맞았다. 이전 작물인 후추, 이후 작물인 고무와 같이 커피는 화전농업 구조 안에 직접 끼어들 수 있었고, 그에 따라 커피 경작은 서부 수마트라, 북중부 술라웨시, 그 외 다른 지역처럼 네덜란드가 확립한 외곽 도서 내 거점지역에서 퍼져나가 소토지자작농에게까지 확대되었다. 이는 샴쌍둥이에 비견될 만한 의존과 분리의 비참한 조합으로서 사와와 연계된 사탕수수가 결코 할 수 없던 일이었다.[19]

고립농장의 완전한 발달과 마찬가지로 커피재배 확대는 경작체계가 쇠퇴한 후에 이루어졌는데, 당시 외곽 도서는 서구의 상업적 관심이 미친 영향을 더 직접적으로 느끼기 시작하였다. 하지만 경작체계의 쇠퇴기에 이미 커피재배 확대의 기초가 마련되어 있었다. 이후 재배된 고무의 경우와 마찬가지로 커피가 고립된 유럽농장에서만 재배되었다는 사실은 농민 부문으로 상업적 지향이 확대되는 데 장애물로 작용했지만 사탕수수-벼 재배의 공생적 통합보다 그 정도가 훨씬 덜하였다. 최소한 인도네시아 수출경제에서 농민농업이 단순한 안전장치이기보다는 하나의 기능적 요소가 되었다는 의미에서 생태적 분리는 궁극적으로 경제적 대비를 약화하였다. 농민농업은 일종의 야외 부조물로 굳어지기보다는 최소한 부분적으로나마 하나의 사업안으로 발전하였다. 식민지 말기, 금액을 기준으로 할 때 외곽 도서 농민농업의 약 45퍼센트를 식량작물이 아닌 수출작물이 차지했는데, 자바가 차지한 비율은 9퍼센트 정도였다. 다른 방식으로 표현하면 (금액 기준) 일인당 식량작물 생산량은 거의 비슷했지만 일인당 수출작물 생산량은 외곽 도서에서 7배 정도 높게 나타났다.[20]

기존 생태 유형과의 관계에서 나타나는 차이에도 불구하고, 네덜란드의 후원 아래 생장한 일년생 식물과 다년생 식물은 (그것이 작물이고 같은 목적으로 재배되는 경우에도) 농민작물이 가지지 못한 중요한 속성을 공유하였다. 즉, 이들은 근대화되고 있는 경제에 잘 통합되어 있었다.

이러한—이제는 생태학적이 아니라 사회학적이 된—기본적 차이로 인해 네덜란드 동인도 농업은 완전히 차별적인 두 층위로 나뉘었는데, 부커J. H. Boeke의 반대에도 불구하고 이를 '토착적'과 '외래적' 혹은 더 구체적으로 '인도네시아적'과 '네덜란드적'이라고 부를 수밖에 없다.[21] 1900년에 이르러 금액 기준으로 인도네시아 수출의 90퍼센트(외곽 도서 소규모자작농이 제대로 확립된 시기인 1938년경에는 60퍼센트)를 차지했던 고도로 자본화되고 합리적으로 조직된 대규모의 농장농업은 공간적·지리적 측면을 제외하면 인도네시아가 아닌 네덜란드 경제의 일부였다.[22] 네덜란드 동인도 경제와 네덜란드 본국의 경제를 각각의 단위로 취급하여 양자를 대립시키려 했던 식민지 역사학자들의 보편적 관행은 이러한 핵심적 사실을 모호하게 만들 뿐이다. 통합적이고 분석적인 의미에서 네덜란드 동인도 경제는 회사 시기에도 존재하지 않았다. ('열대 네덜란드'라고도 불리는) 네덜란드 동인도에 위치한 매우 자율적이라고 인정되는 네덜란드 경제의 지점 支店만이 존재했으며, 자율적인 인도네시아 경제 역시 그 지점에 착 달라붙어 있었다. 양자가 지속적으로 상호작용을 한 결과, 이것이 각자의 분리된 역사적 과정을 형성하는 데 중요한 영향을 미쳤을지라도, 양자는 구조적으로 확연히 대조될 정도로까지 점차 분기해 나갔다. 부커가 인도네시아 (혹은 동양의) 경제적 삶의 내재적이고 영속적인 특성으로 지적한 '근본적으로 정신적인spiritual 현상'은 실상 역사적으로 창조된 조건이었다. 이는 서구의 역동성이 구현된 정신과 접촉한 동양적 영혼의 변하지 않는 본질이 아니라, 인도네시아의 전통적 농업유형에 강제된 식민지 정책의 의도하지 않았던 형태에서 성장하였다.[23]

경제적 이중성dualism은 식민지배를 받지 않은 국가(예를 들어 이탈리아)에서도 발견되고 독립한 식민지(예를 들어 필리핀)에서도 지속되기 때문에 일련의 식민지 정책으로 인해 인도네시아에 극단적인 경제적 이중성이 야기되었다는 시각은 잘못된 주장처럼 보일 수도 있다. 하지만 인플레이션의 사례가 너무나 잘 논증하듯이, 일반적인 현상이더라도 상황에 따라 다르게 표현될 수 있다. 기본적으로 경제적 이중성은 한편으로 자본집약도가 더 높은 사업에서 고정(혹은 고정되어 있다고 가정하는) 기술계수technical coefficient(단위당 산출에 드는 기술—옮긴이)로 나아가는 경향, 다른 한편으로 노동집약도가 더 높은 활동에서 가변 기술계수로 나아가는 경향, 그리고 지속적으로 확대되는 이 격차가 야기한 매우 불균형적인 투자, 생산성 및 고용의 유형 등을 통해 발전한다.[24] 여러 지역에서 나타나는 형식적 동일성에도 불구하고, 경제적 이중성은 역사적으로 매우 다양한 방식으로 출현하였다. 그리고 인도네시아와 관련하여 우리가 이해하고자 하는 점은 이러한 발전이 단순히 존재했다는 사실이 아니라 지극히 가혹했다는 사실(말하자면 '폭주적暴注的 성격의 이중성')이기 때문에, 자본집약적 편의 결정적 힘인 네덜란드 식민정책의 본질을 반드시 분석하고 넘어가야 한다.

자바를 효율적으로 착취하기 위해 필요한 자본을 네덜란드 민간기업을 통해 공급받을 수 없다는 사실은 경작체계를 처음 입안할 당시 주요한 동인 중 하나였다.[25] 1816년(영국의 임시통치가 끝남)부터 1830년(판 덴 보스가 계획을 가지고 자바에 도착)까지 인도네시아의 네덜란드인은 오늘날 신생 독립국가가 직면한 것과 유사한 상황에 맞닥뜨렸다. 한때 외화 획득을 위해 효율적이던 메커니즘—회사—이 활력을 소진한 채 신용 추락으로 인해 결국 사라졌으며, 이는 섬의 수익성

제고방안과 관련된 격렬한 이론적 논쟁을 불러일으켰다. 토지와 노동은 충분했지만 자본이 부족했고, 이는 판 덴 보스의 적수인 자유주의자가 원했던 (최소한 네덜란드 사람 소유의) 민간기업의 급속한 확장을 가로막았다.[26] 이러한 배경을 놓고 볼 때, 경작체계는 저개발 지역에서 빈번히 제기되고 이따금 시도되었던 정부의 '잉여'노동 동원을 통한 자본증식 프로젝트를 의미한다. 강제적 노동동원이라는 토착귀족의 전통적 권력을 모방한 노동-세금 체계를 통해 정부는 도로와 교량을 건설하고, 관개시설을 확장하고, 넓은 면적의 '불모지'를 개량하고, 건물을 건축했으며, 비록 왜곡되었지만 급속한 경제성장의 초석을 까는 데 부족한 자본을 자바인의 노동으로 대체하였다.

애초 정부 프로젝트에 잉여노동을 투입함으로써 사회적 자본을 축적하려던 시도는 강제경작노동과 마찬가지로 항상 성공적이지는 못하였다(언뜻 생각하기와는 달리 노동력이 항상 남아돌지는 않았는데, 이는 1840년대 벼농사 실패에 따른 기근을 통해 명백히 드러났다). 드막Demak의 관개시설에 투입된 약 10만 일에 달하는 무보수 노동의 대부분은 북부 해안에서 전형적으로 발생하는 우기 몬순에 따른 홍수로 인해 주요 시설물이 휩쓸려 내려가게 되자 문자 그대로 허사로 돌아갔다.[27] 남부 해안가 칠라찹Cilacap에서는 항구로 이어지는 수로를 건립하기 위해 대규모 공사를 두 번 계획했으나 한 번은 불가능한 노선을 선택해서, 또 한 번은 제방이 무너져 내려 실패하는 바람에 많은 노동력을 낭비하고 말았다.[28]

하지만 경작에서와 마찬가지로 경험은 스승이 되어 이러한 프로젝트는 곧 점점 더 효율적으로 변했고, 보다 광범위하게 진행되었다. 크자웬 지역 욕야카르타 서부의 소위 바글렌Bagelen 지역에서는 커다 란 관개수로가 만들어져서 인디고 강제경작의 기반이 되었고 푸르워 르조Purworejo 지역의 새로운 '중심지'에 용수를 공급하였다. 루콜로 Lukolo 강의 하류를 직선화해서 바다로 흐르도록 바꾸었고, 그 결과 해안가 늪지대 대부분에서 물이 흘러나감으로써 해안경작의 장애물 이 사라졌다. 그리고 네 개의 큰 인디고 공장과 수많은 소규모 인디 고 공장이 세금 대체 노동taxation labor으로 지어졌다.[29] 데이Clive Day는 영국정부 자료를 인용하여 당시 1,200명의 남성이 악사와 여성 무희 의 격려를 받으며 댐 하나를 3개월 동안 자바의 어떤 곳에 건설했다 고 적었다. 시도아르조Sidoarjo 부근의 브란타스 삼각주에서는 한 '민 간' 기업이 정부가 공급한 노동력을 사용하여 1852년 이후 인도네시 아에서 기술적으로 근대화된 첫 번째 관개체계로 자리 잡게 될 시설 을 건설하기 시작하였다.[30] 도로, 교량과 관련해서는 구체적인 자료 가 훨씬 적지만, 퍼니벌에 따르면 (내륙으로 통하는 간선도로가 단 한 개 뿐이었던) 경작체계 초기에 교통문제는 자바의 발전에 있어 토지비옥 도보다 더 큰 장애물이 되리라 우려되었다.

…… 하지만 판 덴 보스의 행정기구는 정부에 거의 무제한적인 자 유노동 지배권을 주었는데, 항상 그렇지는 않았지만 노동력이 낭비되 는 경우가 많았고, 1847년 판후벨van Hoevell은 수많은 개울에 놓인 다 리들을 거쳐 프리앙안의 농촌지역을 교차하는 잘 닦인 도로와 위압적

인 공공건물들을 언급하였다. 그리고 몇 년 후 머니Money는 영국령 인도보다 월등한 자바의 교통시설에 깊은 감명을 받았다.[31]

발전론의 관점에서 볼 때 경작체계는 농민의 힘으로 농장경제를 일으켜 세우려는 시도를 나타낸다. 그리고 이런 의미에서 경작체계는 매우 성공적이었다. 사회적 자본의 형성, 섬 전체로 강제전파된 농장작물 및 관련 노동기술, 그리고 정부에 의한 일정 정도의 직접원조 등으로 창출된 외부경제적 혜택을 통해 민간기업은 꾸준히 증가하였다. 곧 이들의 수익은 매우 커져서 특히 설탕공장의 경우처럼 필수 조건이 되어 가는 자본금의 질적 변화를 위한 투자액 중 대부분을 직접 충당할 수 있었다.[32] 레인스마Riemer Reinsma가 적절하게 주장했듯이, 오랜 기간이 소요된 (1850년에서 대략 1915년까지 지속된) 경작체계의 '종말'과 기업농장체제로의 점진적 전환은 크게 보았을 때 자생적인 현상이었는데, 경작체계가 수출경제의 기반을 확립하는 데 성공함으로써 자본 부족으로 인해 초기에 극히 억제된 민간기업의 활동이 점점 더 실현 가능해졌기 때문이다.

자신들의 성공과 관련하여 많은 [네덜란드 동인도의 개인] 농장주들은 네덜란드의 경제적 르네상스가 아니라 '동인도 자체의 투기적 요소에 도움을 받은 개척자들의 노고'에 감사해야 한다. 자본 공급의 측면에서 볼 때, 경작체계의 후계자를 지원하는 데 있어 본국 민간기업의 역할은 기존 연구에서 흔히 주장하는 것보다 훨씬 적었다.[33]

대다수 자유주의적 분석과 마찬가지로 이 설명 역시 실제 전개된 것보다 개인적 특성을 더 많이 강조하고 사회적 맥락은 소홀히 하였다. 하지만 그 핵심은 명확하다. 운송과 무역 면에서 네덜란드의 투자가 중요한 역할을 했지만, 인도네시아 이중경제의 자본집약적 부문은 거리의 수로나 당구처럼 네덜란드에서 통째로 수입된 것이 아니라 1830년경 이후 경작체계 운영의 직접적인 산물이었다.

19세기의 선도적 상업작물인 커피와 사탕수수를 다시 검토하면, 경작체계의 '강한 압박'이 창출한 발전유형을 구체적으로 보여 주는 그림(그림 5)이 나타난다.[34] 경작체계의 영향을 가장 직접적으로 받은 커피는 대규모 노동징발이 시작된 첫 10년 동안 자바의 미개척 고지대로 넓게 퍼져나갔으며 새로운 단계로 도약했다고 할 정도로 생산량이 급증하였다(1833년에 대략 1억 주株 이상의 커피나무가 자바에 있었다고 한다. 2년 후인 1835년에 커피나무의 수는 2배나 증가했고 1840~1850년경에는 3배에 이르렀다).[35] 하지만 질적 기술 개선에 민감하지 못했기 때문에 커피 경작의 확대는 거의 한계치에 도달한 후 지속되지 않았다. 즉 높은 수준의 생산량에 도달한 후 계속 그 주변을 맴돌았다(1880~1890년의 급속한 감소는 병충해 때문으로, 종자를 전환해 1890년대에 해결되었다). 진정한 의미의 경작체계 시기라 할 수 있는 19세기 중반경 커피와 자바의 관계는 마치 섬유와 영국의 관계와 같았다. 커피는 사실상 농장경제를 주도했고, 인도네시아 수출소득의 4분의 1~3분의 1을 차지하였다.[36]

하지만 설탕 생산은 다른 방식으로 움직였다. 우선 경작체계하에

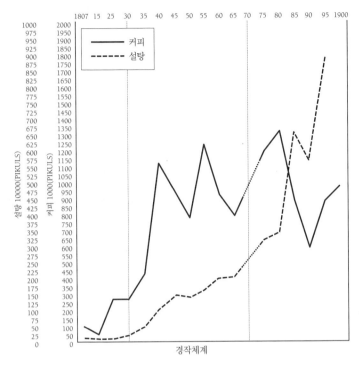

출처: J. S. Furnivall, *Netherlands India*, Cambridge(England): Cambridge University Press, 1944, pp.75, 109, 129, 171, 207.

그림 5. 커피와 설탕의 생산량 변화

서 설탕 생산량은 훨씬 덜 폭발적으로(훨씬 더 규칙적으로) 증가했는데, 경작과 가공 모두 자본과 시간을 필요로 하는 기술적 진보에 주로 기반하여 성장했기 때문이다. 1833~1861년에 사탕수수 재배면적이 대략 18퍼센트 증가했을 뿐이라면, 헥타르당 정제 설탕 생산량은 대략 3배 증가하였다.[37] 그리고 커피 확대와 달리 이러한 성장세는 일단 제 궤도에 오른 후에는 점점 더 속도가 빨라졌다. 1900년까지 생산성은 또다시 2배 증가했고, 근대 관개시설이 대규모로 출현함에 따라 재배지가 거의 3배로 늘어나서 그래프에서처럼 생산량 증가율이 5배에 달하였다.[38] 따라서 1880년까지 커피가 담당한 선도적 산업으로서의 역할을 설탕이 19세기 마지막 사반세기 동안과 20세기에도 하게 되었는데, 1920년 그 수출수익은—광물을 포함해 모든 수출품을 합한 것보다 더 많은 금액인—백만 길더 이상이었다.[39]

요약하자면, 대체로 '도약take-off'을 자생적이고 상대적으로 급격한 지속적 경제성장으로의 전이로 정의한다면, 적어도 이러한 변화가 경작체계 기간, 혹은 (만일 이 체계가 그 선결조건을 확립하는 역할만을 했다고 간주된다면) 그 직후에 이중경제 중 농장 측에서 발생했다고 적어도 추정할 만한 증거가 존재한다.[40] 농장 부문이 (화석화되는 자바 경제와 점차 분리되면서) 근대화되는 네덜란드 경제에 점점 더 긴밀하게 통합되었다는 사실은, 그것이 네덜란드 경제의 단순한 창조물이라는 주장을 뒷받침하지는 않는다. 그것은 네덜란드 식민지의 정치적 통제하에서 조직된 자바의 토지와 노동의 산물이었다. 실제 원조의 흐름은 반대방향, 즉 자바가 네덜란드를 원조하는 상황이었다. "〔판 덴 보스의〕 위대함을 보여줄 진정한 척도는 네덜란드의 르네상스이다"라는 퍼니벌의 서술은 공정하다.[41]

하지만 판 덴 보스의 악의를 보여 주는 진정한 척도는 인도네시아가 얻은 것이 전혀 없다는 사실이다. 자바인은 농장 부문을 일으키도록 도와주었음에도 불구하고 그 부문의 온전한 한 부분이 아니었고,

그렇게 되도록 허용되지도 않았다. 농장 부문은 이들이 여유시간에 행한, 더 정확하게 말하면 행하도록 강제된 어떤 것이었을 뿐이다. 자신들에게 주어진 시간 동안 이들은 수적으로 증가하였다. 그리고 농민 측의 '도약'은 급속하고 지속적인 인구성장이라는, 수지가 맞지 않는 종류의 것이었다. 1830년 자바에는 대략 700만 명의 인구가 있었던 듯하다. 1840년에는 870만 명, (인구조사가 처음으로 상당히 체계화된) 1850년에는 960만 명, 1860년에는 1,270만 명, 1870년에는 1,620만 명, 1880년에는 1,950만 명, 1890년에는 2,360만 명, 1900년에는 2,840만 명으로 70년 동안 연평균 인구증가율이 2퍼센트 정도였다.[42] 그리고 일단 이러한 패턴이 확립되자 (증가율은 낮아졌지만) 1920년에는 3,440만 명, 1930년에는 4,170만 명으로 인구증가가 지속되었다. 이러한 '폭발'의 진정한 원인이 무엇이며, 특히 경작체계 정책이 이러한 현상을 과연 직접적으로 촉발했는가라는 문제는 신뢰할 만한 자료가 부족한 상태에서는 논쟁거리이다. 하지만 "네덜란드인은 부가 증가하고 자바인은 수가 증가한다"라는 속담이 사회적 현실에서 처음 발생한 시기가 경작체계 기간이었음에는 거의 의문의 여지가 없다. 이 기간이 끝날 즈음, 자바인들은 오늘날과 마찬가지로 정체된 경제와 폭증하는 인구라는 최악의 두 상황에 직면해 있었다.

토지경작 규모나 식량작물 생산량과 같은 농업 부문 관련 농업통계를 (쉽게 찾을 수 없을 뿐만 아니라) 신뢰할 수 없는 19세기에 자바 사람들이 점점 심각해지는 인구학적 딜레마에 어떻게 대처했는지를 정확하게 추적하기는 힘들다. 하지만 이들이 거쳐간 적응과정의 단계를 단편적이고 간접적인 자료와 냉정한 추론에 기초하여 사변적으로 설명할 수밖에 없을지라도 적응의 전체적 성격과 방향은 명확하며, 이는 이후 내가 '농업의 내향적 정교화agricultural involution'라 부를 개념을 구성한다.

직접적이 아닌 우회적인 방법을 통해 이 문제를 해명해 보자. 신뢰할 만한 농민 관련 농업통계가 있는 시기의 상황을 일반적으로 보여줄 그림에서부터 시작하여 우선 이 시기를 특징짓는 모습의 형성과정을 이해한 후, 흩어져 있는 역사적 자료를 통해 그 형성과정을 입증할 수 있는지 확인해볼 것이다. 이러한 과정은 의심할 바 없이 역사를 거꾸로 탐구하는 것이다. 하지만 이는 어디까지나 역사를 탐구하는 작업이며, 현재에서 과거를 논리적으로 연역하는 것이 아니다. 나는 알려진 결과에서 시작하여 그 결과를 야기한 과정, 사료 면에서 훨씬 불충분하게 설명된 과정에 대한 분석으로 이동하는 작업을 통해 보다 구체적인 내용을 제공하여 그 과정을 뚜렷하게 설명하고자 한다.

어쨌든 내가 먼저 검토하려는 놀라운 수치는 인도네시아 식민경제가 아마도 정점에 올랐던 1920년에 자바 사탕수수 지대의 특성을 섬 전체의 인구 및 미곡 생산과 비교한 것이다(표 1, 표 2). 넓고 포괄적인 행정 단위인 도道, regency 수준에서 규모가 더 작은 구성단위인 군郡, district으로, 그다음 선택된 몇몇 군 순으로 내려가는 이 표는 자바의 사탕수수 지대에 초점을 맞춘 통계이다.[43]

표 1. 1920년 자바 사탕수수 지대의 토지, 인구, 미곡 생산

	자바의 총면적에 대한 비율	자바의 총 논면적에 대한 비율	자바의 총인구에 대한 비율	자바의 총 미곡 생산량에 대한 비율
37개 주요 사탕수수 재배 도 (전체 도의 47%)	34	46	50	49
98개 주요 사탕수수 재배 군 (전체 군의 22%)	15	22	24	24
19개 선도적 사탕수수 재배 군 (전체 군의 4%)	2.6	4.6	5.3	5.2
	자바의 총면적에 대한 비율을 기준치(100)로 할 때의 지수			
37개 주요 사탕수수 재배 도	100	131	143	140
98개 주요 사탕수수 재배 군	100	147	160	160
19개 선도적 사탕수수 재배 군	100	178	204	200

출처: *Landbouwatlas van Java en Madoera. Mededeelingen van het Centraal Kantoor voor de Statistiek*, No. 33, Weltevreden: Nijhoff, 1926, Part II, Table I, II, III, IV, V. (1920년 자바의 다른 지역과 조금 다른 방식으로 조직된) 토착왕국 마타람에 속한 반툴Bantul, 슬레만Sleman과 칼라산Kalasan은 군에 포함했으며 마타람 지역은 도에 포함함.

표 2. 1920년 자바 사탕수수 지대의 미곡 생산, 사와 면적, 재배면적, 헥타르당 미곡 생산량과 인구 사이의 관계

	비율: 미곡 생산비율/ 사와 면적 비율	비율: 미곡 생산비율/ 인구비율	벼 재배 사와 비율 (이모작 포함)	(벼) 재배 사와의 헥타르당 평균 생산량
37개 주요 사탕수수 재배 도	107	98	98	110
98개 주요 사탕수수 재배 군	109	100	94	115
19개 선도적 사탕수수 재배 군	113	98	85	128
자바 전체(기준치)	100	100	100	100

출처: 표 1과 같음.

'37개 주요 사탕수수 재배 도'는 1920년 최소 1천 헥타르 이상의 사탕수수가 재배된 지역이다. '98개 주요 사탕수수 재배 군'은 한 해에 전체 사와 면적 중 10퍼센트 이상을 사탕수수 재배를 위해 설탕공

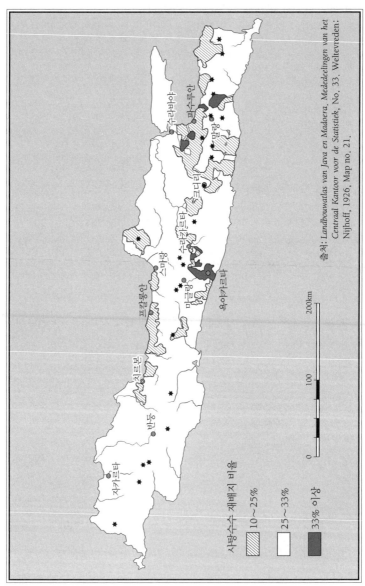

그림 6. 자바의 사탕수수 지대(1920)

출처: *Landbouwatlas van Java en Madoera. Mededeelingen van het Centraal Kantoor voor de Statistiek*, No. 33. Weltevreden: Nijhoff, 1926, Map no. 21.

사탕수수 재배지 비율

10~25%

25~33%

33% 이상

0   100   200km

장에 임대한 지역이다(그림 6의 지역 분포 참조). 두 경우의 기준단위가 다른 점은 유감스럽지만, 원자료가 이런 식으로 정리되어 있기 때문에 불가피하였다. 어쨌든 농장 사탕수수의 약 94퍼센트가 임대된 농민의 사와에서 재배되었으므로 두 기준 사이의 상관관계에는 의심의 여지가 없다. 주요 사탕수수 재배 군 모두는 주요 사탕수수 재배 도에 위치해 있다. 마지막으로, '19개 선도적 사탕수수 재배 군'은 '98개 주요 사탕수수 재배 군' 중 임대된 사와 비율이 25퍼센트 이상인 지역인데, 그중 가장 높은 비율은 무려 44퍼센트에 달하였다. 각 범주는 명확한 기준점에 따라 구분되었기 때문에 주요 사탕수수 지대가 모두 포함된 통계이다(자바 전체에서는 1920년에 단 8퍼센트의 사와에서만 사탕수수가 경작되었기 때문에 이들 지역의 집중도가 매우 높음). 표 2는 사와 면적 대비 미곡 생산량, 인구 대비 미곡 생산량, 벼 재배 사와 비율, 헥타르당 평균 생산량의 측면에서 앞의 세 범주를 전체 자바와 비교한 지수이다.[44]

앞의 자료는 '내인도네시아'에 '내內'인도네시아라고 부를 만한 또 다른 생태적 핵이 존재하고 있음(혹은 1920년에 존재했음)을 보여 준다. 비율상으로 보았을 때 사탕수수 지대의 특질은 ① 더 넓은 사와, ② 더 많은 인구, ③ 비사탕수수 지대와 비교하여 더 넓은 사와에서의 사탕수수 재배 및 더 많은 미곡 생산량 등이다. 게다가 사탕수수 재배 도에서 사탕수수 재배 군을, 이 군에서 선도적 군을 분리하면 그 관계는 훨씬 강하게 나타난다. 이유가 무엇이든지 간에 사탕수수, 벼, 인구밀도 사이의 연계는 의심할 여지가 없다. 이 표현이 적당한지는 모르겠지만, 셋 모두가 '번성한다'.

이처럼 겉으로는 모순적인 듯한 현상을 가능하게 만든 주요 요인, 즉 점차 상승하는 헥타르당 사와 생산성이 표 2에 제시되어 있다. 전체 자바의 평균을 기준으로 삼으면 사탕수수가 집약적으로 재배되는 지역으로 이동할수록 미곡 생산량도 증가하는데, 이는 사탕수수 재배에 수반되는 (속도가 더 느릴지라도) 사와 면적의 증대와 합쳐져서 사탕수수 재배에 따른 벼 재배지 감소분을 상쇄한다. 동시에 이는 전체 사와의 미곡 생산량을 완만하게 증가시킨다. 그렇다면 질문은, 왜 생산량이 더 많아질까?

두 가지 가능성이 있다. ① 사탕수수는 최고의 벼농사 지역에서 재배되는 경향이 있다. ② 벼농사는 사탕수수 지대에서 더 효율적으로 행해졌다. 두 가지 요인 모두가 작용했음은 확실하다. 생태적으로 특화된 벼농사의 '수족관식' 특성을 고려한다면 두 요인을 명확하게 분리하기는 쉽지 않은데, 비옥도가 단순히 자연조건을 반영하기보다는 기술수준과 밀접하게 연결되기 때문이다. 최고의 벼 재배지역은 당연히 더 잘 관리되는 지역이며, 그 반대 역시 성립한다. 앞에서 설명했듯이 사탕수수와 벼의 생태적 필요조건이 유사하기 때문에 사탕수수는 자연스럽게 가장 비옥한(즉, 관개가 가장 잘된) 사와로 유인되었으며, 회사는 용수조절 시설을 재정적으로 지원함으로써 이 지역을 개선하고 확대시켰다.

사탕수수(그리고 이보다 낮은 정도의 공생적 성격을 띠는 다른 농장작물) 재배가 높은 인구밀도, 높은 '사와화', 높은 생산성을 연결하는, 우연하거나 파생된 연결고리가 아닌, 유효한 연결고리였다는 명제는 다음과 같은 주장을 통해서 강화된다. 첫째, 전체적으로 볼 때 사탕수수 재배 군의 인구밀도가 높은 경향을 보였지만(그리고 인구밀도가 가장 높은 군이 사탕수수 재배 군이라는 경향이 나타났지만) 인구밀도가 높은 군 모두가 사탕수수 재배 군은 아니었다.[45] 두 번째, 사탕수수 재배 군이 미곡 생산량이 많은 군이라는 경향이 나타났지만 가장 생산량이 많은 벼 재배 군 모두가 사탕수수 재배 군은 아니었다(설탕산업이 지속적으로 확장되었다면 궁극적으로 모든 군이 그렇게 되었겠지만).[46] 세 번째, 앞서 제시한 것과 유사한 명제가 관개된 전체 경작지 비율에도 적용될 수 있다.[47] 네 번째이자 마지막으로, 사탕수수 재배 군이 고려대상에서 제외된다면 헥타르당 미곡 생산량, 인구밀도, 그리고 관개된 경작지 비율 사이의 밀접한 상관관계는 사라지거나 최소한 눈에 띌 정도로 약화된다. 퀴퍼뤼스[G. Kuperus]가 보여준 것처럼 (그가 '토착지역 내 군'이라 명명한) 비사탕수수 재배 군에서 생산량이 가장 많은 군이 인구밀도가 가장 높은 군이 아니었고, 사와 비율이 가장 높은 군이 인구밀도가 가장 높은 군이 아니었으며, 또한 생산량이 가장 많은 군이 아니었다.[48] 사탕수수 재배는 생태적 조건을 쌀경작에 더욱 적합하게 개선함으로써 앞의 세 요소를 결합시켰으며 이들 요소 모두를 앞서 제시한 것처럼 평균보다 높은 수준으로 끌어올렸다.[49]

하지만 더 효과적인 경작방식을 보유하지 못했다면 자바 사람은 개선된 시설이 가져온 이득을 취할 수 없었을 것이다. 그리고 관개작업을 제외할 경우 섬의 모든 지역에서 사와에 대한 자본투입상의 변이가 사실상 존재하지 않기 때문에, 더 높은 효율성은 거의 대부분 더 높은 노동집약화, 즉 점증하는 인구에 의해 가능해진 동시에 필연적인 결과가 된 집약화에서 도출되었다. 이와 관련된 관행은 앞서 언급한 바 있다. 육묘育苗, 이앙, 보다 완벽한 정지작업, 세심한 모심기와 제초, 면도날이 박힌 손칼을 사용한 수확, 이모작, 더 정확한 용수 관리, 화산 주변에 새로 만든 농지 등.[50] 사와의 집중적이고 팽창적인 성질, 노동흡수 능력은 자본집약적 사탕수수 재배를 보완하는 (사회적이 아닌 생태적 의미에서) 거의 완벽하게 이상적인 조건이었다. 표 2에서 보는 바와 같이, 이로 인해 (최소한 1920년까지) 인구 고밀도 지역과 섬 전체의 일인당 미곡 생산량이 보조를 맞출 수 있었다.

이 과정은 몸을 세운 채 손발을 움직이며 헤엄치는 모습과 매우 흡사하다. 높아지는 인구밀도 수준은 동일 생산체계에 더 많은 노동력을 투여함으로써 상쇄되지만, 일인당 (혹은 한 입당) 생산량은 모든 지역에서 거의 일정하게 유지된다. 하지만 이는 단지 공시적인 그림일 뿐이다. 통시적 시각에서 볼 때 중요한 질문은, 서서 헤엄치기가 얼마나 오랫동안 지속되었는가? 무엇 때문에 시작되었는가? 무엇에 의해 유지될 수 있었는가? 이런 측면에서 보면 서로 연관성이 없어 보이는 두 개의 분리된 사실이 중요해진다. 첫째, 오늘날의 태국과 인구밀도가 거의 비슷했던 19세기 초부터 지역 수준의 인구과밀이 자바에서 보고되기 시작했다는 사실[51]이다. 둘째, 1890년대의 대규모 관개시설 개선 정책에 따라 브란타스 강 유역으로 급속히 팽창했던 경우를 예외로 하면 1860년, 심지어 1833년의 대체적인 사탕수수 재배지가 1920년과 비교해 보면 면적은 6분의 1에 불과하지만 분포는 거의 동일했다는 사실이다.[52]

이 같은 단편적 자료를 통해, 보다 활성화되고 지역적으로 불균형적인 서서 헤엄치기 과정이 19세기 내내 꾸준히 지속되었으며, 그것이 1920년과 그 이후의 인구과밀 및 집약적 논경작을 가져왔음을 알 수 있다. 이러한 관점을 뒷받침해줄 상대적으로 신뢰할 만한 1850년 이후의 통계자료가 약간 있다. 자바 인구가 역사상 가장 빠르게 증가한 1850~1900년에 일인당 미곡 생산량은 뚜렷한 변화의 추세 없이 평균 106킬로그램 정도였다. 1850년 106킬로그램, 1865년 97킬로그램(가장 낮음), 1885년 119킬로그램(가장 높음), 1895년 105킬로그램, 1900년 98킬로그램이었다.[53] 20세기로 접어든 후 1900~1940년에 평균 미곡 생산량은 96킬로그램 정도로 감소하였다.[54] 하지만 앞으로 살펴볼 내용처럼 이 시기에는 밭작물 경작 확대가 이 감소분을 메우기 시작했기 때문에 일인당 전체 생산량은 대략 19세기 수준으로 유지되었을 것이다. 이 문제를 일반적으로 검토하면서 홀링어르William C. Hollinger는 다음과 같이 기술하였다. "모든 이용 가능한 역사적 자료를 고려한다면, 급격한 인구증가 기간을 통해 일인당 음식 소비량은 유지되었지만 최소 필요수준을 뛰어넘지 못했다고 결론지을 수 있다."[55] 홀링어르보다 덜 신중한 부커는 전체 그림을 한 마디 독설로 요약하였다. "정적 확장static expansion".[56]

사와와 인구분포의 균형이 깨어진 자바에 사탕수수 경작이 덮어씌워지자 자바 농민이 현실적으로 인구증가에 대처할 수 있는 방법은 단 하나뿐이었다. 더욱 정성스럽게 논과 모든 농업자원을 활용하여 사와를 더 강도 높게 부리는 것이었다. 이들이 이동할 산업 부문은 존재하지 않았으며, 퍼니벌의 표현을 빌리자면, 이들의 영농수익이 네덜란드를 또 다른 포르투갈로 만드는 것을 막을 만한 정도는 되었기 때문에 어떤 발전도 일어나지 않았다.[57] 커피 재배는 여전히 거의 전적으로 강제노동에 기초한 작업이었기 때문에 생계경작을 실제로 대체할 수 없었다. 그리고 이는 다른 경작체계 작물에도 동일하게 적용되었다. 자바 사람은 농장경제의 일부가 될 수 없었다. 또한 이들은 자본이 부족했고, 과잉노동을 해소할 다른 방법이 없었으며, 커피나무로 채워진 소위 '불모지'라 불리는 미개척 지역에 행정적으로 접근할 수 없었기 때문에 이미 집약적인 영농 유형을 조방적인extensive 방향으로 전환시킬 수 없었다. 1920년 자료가 보여 주는 것처럼 이들은 점점 더 많은 노동력으로 채워지는 사와 유형으로 천천히, 점진적으로 그리고 가차 없이 강제로 떠밀려 갔다. 특히 사탕수수 재배 때문에 관개시설이 개선된 지역에서 이 유형은, 엄청나게 많은 인구가 매우 작은 규모의 벼농사에 흡수됨에 따라 헥타르당 생산성이 증가하고, 1900년경 이후 밭작물 경작 확대의 도움을 받으면서 전체적으로 생활수준이 안정되거나 매우 조금씩 상승하는 등의 특징을 띠게 되었다. 일인당 수입이 크게 하락하지 않으면서도 항상 한 사람을 더 일하게 함으로써 일정 수준의 한계노동생산성을 유지할 수 있는 놀라운 능력을 가진 벼농사는 서구의 침투가 야기한 추가 인구의 거의 전부를 최소한 간접적으로 빨아들일 수 있었다.[58] 이처럼 궁극적

으로 자기파괴적인 과정을 나는 '농업의 내향적 정교화agricultural invo-
lution'라고 명명하자고 제안하였다.

나는 '내향적 정교화' 개념을 미국 인류학자 알렉산더 골든와이저
Alexander Goldenweiser에게서 차용하였다. 그는 완성된 형形처럼 보이는
상태에 도달한 후 안정되거나 새로운 유형으로 변형되지 못한 채 내
적으로 더욱 복잡해짐으로써 발전을 계속하는 문화유형culture pattern
을 기술하는 데 이 개념을 이용하였다.

발전과정상의 문화특질cultural feature에 대한 유형 개념의 적용은
원시문화의 독특성을 설명할 …… 한 가지 방법이다. 유형의 일차적
효과는 …… 발전을 억제하거나 최소한 제약하는 것이다. 유형의 완
성된 형태pattern form에 도달하는 순간, 그 유형의 완강함으로 인해 더
이상의 변화는 억제된다. …… 하지만 유형이 단순히 일정한 경계, 틀
만을 제한하는 경우도 있는데 …… 이 경계와 틀 안에서의 변화는 권
장되지는 않지만 용인된다. 예를 들어 마오리족의 장식예술은 복잡
성, 정교함, 그리고 대상을 장식으로 얼마나 채웠느냐에 따라 구분된
다. 이를 분석해 보면 디자인 단위요소의 종류가 매우 적음을 알 수
있다. 어떤 경우에는 하나의 동일한 단위요소의 배열을 공간적으로
확장시켜서 복잡한 디자인을 만들어 낸다. 여기에서 우리가 발견하는
것은 유형과 그것의 지속적 발전이다. 유형은 다른 단위 또는 단위들
의 사용을 배제하지만, 기존 단위나 단위들 내에서의 움직임에는 적
대적이지 않다. 그로 인해 필연적으로 점진적인 복잡화complication,

균일함 속의 다양함, 단조로움 속의 기교 있음이 생겨난다. 이것이 내향적 정교화involution이다. 후기 고딕양식에서처럼 예술에서 현란함ornateness이라 불리는 영역에서 이와 동일한 사례를 찾을 수 있다. 예술의 기본형은 최종적인 단계에 도달했고, 구조적 특질은 변이가 가능하지 않도록 고정되었으며, 창의적 독창성은 고갈된다. 여전히 발전은 지속된다. 결정화結晶化, crystalized된 유형으로 사방이 둘러싸이게 된 후, 발전의 기능은 정교화됨elaboratedness의 기능을 취한다. 확장적 창조성의 근원은 고갈되고 그 자리를 특별한 종류의 기교, 기술적으로 보았을 때 별로 중요하지 않고 눈에 띄지 않는 사소한 차이를 과도하게 찾으려는 움직임technical hairsplitting이 차지한다. …… 원시문화에 익숙한 사람은 다른 문화적 영역에서 비슷한 경우를 떠올릴 수 있을 것이다.[59]

일반이론의 관점에서 보면 이러한 방식의 설명에는 추상적 개념과 구체적 현실을 혼동하는 오류misplaced fallacy(화이트헤드가 제시한 'fallacy of misplaced concreteness'를 의미하는 듯한데, 이는 추상적 개념을 구체적 현실로 혼동하는 오류를 일컫는다.—옮긴이)가 있다. 하지만 우리의 목적을 이루는 데는 이 개념에 내포된 모호한 문화적 활력론vitalism이 아닌 분석적 개념—기존에 확립된 형태가 과도하게 이용되면서 세부요소의 내향적인 과도한 정교화inward overelaboration를 거쳐 고정됨을 지시하는 개념—만 필요하다.

미학적 현상에 대해 골든와이저가 열거한 내향적 정교화의 일반적 특징은 대략 19세기 중반 이후 사와 체계의 발전을 특징짓는다. 즉 기존 유형의 증가하는 완강함, 내향적 정교화와 현란함, 기술적으로 보았을 때 별로 중요하지 않고 눈에 띄지 않는 사소한 차이를 과도하게 찾으려는 움직임, 끊임없는 기교 등이다. 그리고 이러한 농업의 '후기 고딕식' 속성은 점차 전체 농촌경제로 확산되었다. 토지소유체계는 더욱 복잡해졌고, 소작관계는 더욱 뒤얽혀 갔으며, 협동노동 규정은 더욱 복합적으로 변하였다. 이 모두는 전체 체계 내에서 아무리 적을지라도 약간의 적소適所를 모든 사람에게 제공하기 위한 노력이었다. 자바 내륙의 소규모 강 유역에 논이 처음 확립된 것이 수도작 적응형식의 최초 밑그림이었고 토착국가와 회사시대에 그 그림이 충실하게 채워졌다면, 경작체계 기간은 기술적·조직적 세부요소의 고딕식 정교화, 과도한 장식화를 가져왔다. 하지만 이러한 발전을 단순한 쇠퇴가 아닌 비극으로 만든 사실은, 1830년경 자바(그리고 결과적으로 인도네시아)의 경제가 고통이 없지는 않았겠지만 오늘날보다 훨씬 쉽게 근대적 형태로 전이할 수 있었으리라는 점이다. 하지만 이러한 상황의 전개과정을 이해하기 위해서는 군도를 착취하기 위한 마지막 주요 식민정책인 기업농장체계를 검토해야 한다. 경작체계에 의해 강력히 추진된 모든 고정화과정immobilizing process이 이 제도의 뒷받침하에 최종적 형태로 자리 잡게 되었다.

제5장 식민시기: 번영기

기업농장체계

19세기 후반 설탕 제조공정의 급속한 기계화는 (네덜란드) 자본을 (자바인) 노동으로 대체한 경작체계를 점차 쓸모없게 만들었다. 기술진보로 인해 이러한 대체가 점점 더 비실용적으로 변하자, 효율적인 식민지 관리를 위해서는 노동력 동원의 문제보다는 고도로 자본화된 설탕 '공장'이나 다른 농작물 가공기업과 이들이 공생관계로 얽혀 있는 농촌마을 사이의 관계를 규제하는 문제가 더욱 중요해졌다.[1]

이를 위해 네덜란드 정부는 1870년 농지법을 도입하였다. 다양한 보조 규정과 함께 이 법은 자바에서의 이윤을 지켜낼 직접적 책임을 민간기업에 넘길 수 있도록 했지만, 동시에 이들 기업이 이윤창출의 기반이 되는 마을경제를 파괴하는 일을 금지하였다. 이러한 규정을 통해 19세기 초 래플스^{Thomas S. Raffles} 총독의 임시통치기 이후 유포된 편리한 개념, 즉 경작되지 않는 모든 '불모지'는 양도할 수 없는 국가의 자산이라는 개념이 공식적으로 처음 법제화되었고, 민간기업이 정식계약을 통해 정부로부터 이 토지를 장기임차하고 그 법적 임차권을 대출 목적으로 이용할 수 있게 되었다. 또한 외국인에게 농지를 완전 양도하는 것을 금지하는 자바의 관습법 규정이 정부의 법적 뒷받침을 받게 되었으며, 수백만 명의 소규모 토지소유자가 상업적 목적으로 토지를 이용하려는 농장기업에 자신의 토지를 장기임대하는 데 필요한 규칙과 규정이 체계화되었다. 기본적으로 동인도 경제사에서 기업농장 시대의 막을 연 이 법률은 상업경제를 촉진하는 동시에 생계경제를 안정화하는 방식으로 전자를 후자에 덮어씌우려 한 시도였다.

법적 개혁의 직접적 수혜자는, 경작체계의 운용과정에서 형성되었지만 그에 대한 혐오감을 공공연하게 드러낸, 동인도의 민간 농장주였다. 이 점은 특히 설탕산업에서 명확하게 나타났다. 1870년 전체 생산량의 9퍼센트 정도를 차지하던 민간 농장주의 비중은 20년이 지난 후 커피, 연초, 쌀과 같은 다른 작물을 경작하는 기업이 출현했음에도 불구하고 97퍼센트로 증가하였다.[2] 하지만 1880년대 중반의 불황(커피 가격이 절반으로 추락하고 설탕 가격은 이보다 더 많이 떨어짐)[3]과 커피 및 사탕수수 병충해의 창궐로 인하여 날림으로 지어진 동인도의 재정구조는 복구가 불가능할 정도로 파괴되었다. 레인스마^{Riemer Reinsma}가 찬미한 동인도 내의 자칭 개척자와 투기적 요소는 결과적으로 네덜란드의 대규모 자금의 영향력 아래로 떠밀려 들어갔고 곧이어 네덜란드에 그리고 몇몇은 다른 유럽국가에 기반을 둔 다방면의 사업체를 소유한 대규모 주식회사에 흡수되었다. 대규모 무역을 하던 암스테르담과 로테르담의 상인들은, 이후의 주장과 달리, 네덜란드 동인도의 농장경제를 창출하지 않았다. 그들은 창출에 필요한 사회적 경비를 고려할 때 오히려 저렴하게 농장경제를 경매에서 사들였다.

재조직화는 1900년까지 무리 없이 진행되었고, 국가상업주의는 거의 민간으로 대체되었다. 영국 상선이 극동에서 우위를 점하지 못하도록 1824년 윌리엄 1세가 제국해운회사를 설립했고, 이 시도가 실패하자 경작체계의 생산물을 네덜란드로 운송하는 데 주력한 네덜란드 무역회사Nederlandsche Handel Maatschappij; NHM는 국왕의 대리인에서 절반은 은행, 절반은 농장주로 구성된 민간투자회사로 변모하였다. 1915년까지 이 회사는 16개의 설탕공장을 완전히 혹은 부분적으로 소유했고, 설탕공장 22개, 담배농장 14개, 차농장 12개, 고무농장 14개에 실질적인 통제력을 행사하였다.[4] 1878년에 설립된 암스테르담 페레이닝언 무역회사Handels Vereeningen Amsterdam; HVA는 1915년 설탕농장 14개를 통제하고, 타피오카tapioca(카사바 뿌리에서 채취한 식용 녹말－옮긴이) 농장 1개, 커피와 고무를 함께 재배하는 농장 1개, 사이잘삼sisal 농장 2개를 운영하였다.[5] 간접통치한 토착왕국 지역의 경우 경작체계 기간 중 활동했던 수십여 명의 독립농장주들이 공국公國문화회사Cultuur Maatschappij der Vorstenlanden에 합병되어 사라졌는데, 이

회사는 1913년까지 설탕농장 20개, 커피농장 3개, 담배농장 1개, 차농장 1개를 소유하였다. 1864년 동북부 수마트라에 담배가 도입된 후 델리 회사Deli Maatschappij가 번영했고, 사업영역은 궁극적으로 고무, 기름야자나무, 사이잘삼, 차와 커피로 확대되었다.[6]

금융 네트워크—자바은행, 네덜란드 동인도상업은행 등과 같은 본국의 은행뿐만 아니라 차터드은행 같은 몇몇 외국은행—의 지원을 받으면서 기업들은 19세기의 주요작물인 설탕과 커피 이외의 작물을 재배함으로써 농장 생산을 다양화하고, 제한적으로만 이용되던 외인도네시아 지역으로 농장을 확장하고, 철도와 근대적 관개시설을 건설하고, 산출량 증가를 위해 농업시험장을 구축하는 등, 복합성, 효율성, 규모 면에서 세계 어느 지역에서도 찾아볼 수 없는 포괄적인 농산업구조를 창출하였다. 1938년까지 인도네시아에는 자바와 외곽 도서에 절반씩 분포한 250만 헥타르 규모의 2,400여 개 농장이 존재하였다. 이 농장들은 주로 대규모 카르텔이나 신디케이트 같은 연합으로 연결된 몇몇 대기업들이 통제하였다.[7]

하지만 대규모 기업활동으로의 전환에 따라 이중경제의 네덜란드 측에서 발생한 모든 구조적 변화와 관련하여 농민들은 어떤 본질적 차이도 알아채지 못했던 것 같다. 이들은 단지 자신에게 가해지는 압력이 훨씬 더 조직화되었다는 사실만을 감지했을 것이다. 실제로 네덜란드의 존재가 사라지기 시작한 독립혁명 이후에도 나이 많은 인도네시아 사람들은 정치적인 것이건 경제적인 것이건 간에 전쟁 이전의 식민제도 전체를 모두 '회사'라 불렀다. 내부적 관점에서 본다면 언뜻 드러나는 모습과 달리 이들이 시대에 많이 뒤떨어지지는 않았다. "변해 봤자 그게 그거다"라는 격언은 네덜란드 상인과 자바의 수도작 농민의 만남을 표현하는 데 적당한 말이다.

1930년까지 인도네시아의 가장 주요한 수출작물이었던 사탕수수와 벼의 공생관계는 큰 변화 없이 유지되었다. 사탕수수를 더 이상 정부 허가에 의존하여 농지에서 경작할 수 없었고 자바의 인구가 증가하면서 경작에 적합한 '불모지' 지대가 부족해졌기 때문에, 논의 사용권을 획득하기 위한 복잡한 토지임대 시스템이 발전하였다. 하나의 마을은 때로는 기꺼이, 때로는 마을지도자와 지역관료에 의해 강제적으로 21년 반에 이르는 임대계약을 농장과 체결하였다. 그 후 농장은 마을 논의 3분의 1에 사탕수수를 심었다. 사탕수수는 대략 15개월 동안 논을 점유하였다. (3개월의 토지전환 기간이 추가되어—옮긴이) 18개월이 지난 후 논이 소유주에게 반환되고 또 다른 3분의 1의 논에 사탕수수가 경작되는 방식으로 경작주기가 이어졌다. 그러나 보통 사탕수수를 수확하기 전에 새로운 사탕수수를 심는 작업이 진행되었기 때문에, 하나의 논을 기준으로 삼자면 사탕수수 경작 시기는 한 주기의 3분의 1이라기보다는 대략 2분의 1이었다. 혹은 전체 토지를 대상으로 설명하면, 대략 마을 토지의 평균 2분의 1, 즉 한 번은 3분의 1, 다른 한 번은 3분의 2에서 사탕수수를 경작했고, 나머지 2분의 1에서 농민의 작물—쌀 혹은 콩이나 땅콩 같은 건기의 이차 작물—을 경작하였다. 따라서 한 번의 주기가 완전히 종결되기까지 3년이 소요되었고, 한 차례의 임대기간 동안 이러한 주기가 일곱 번

표 3. 1900년 이후 설탕회사에 임대된 자바의 논에서 나타난 전형적인 경작주기

	사와의 첫 번째 1/3 구역	사와의 두 번째 1/3 구역	사와의 세 번째 1/3 구역
동東몬순(건기) 첫째 해	새로 심은 사탕수수	수확 가능한 사탕수수	건기작물
서西몬순(우기) 첫째 해	생장 중인 사탕수수	벼	벼
동몬순 둘째 해	수확 가능한 사탕수수	건기작물	새로 심은 사탕수수
서몬순 둘째 해	벼	벼	생장 중인 사탕수수
동몬순 셋째 해	건기작물	새로 심은 사탕수수	수확 가능한 사탕수수
서몬순 셋째 해	벼	생장 중인 사탕수수	벼
동몬순 넷째 해	동몬순 첫째 해와 동일		

출처: Koningsberger, V. J., "De Europese Suikerrietcultuur en Suikerfabricatie," in van Hall, C. and C. van de Koppel, *De Landbouw in De Indische Archipel*, s'Gravenhage: van Hoeve, part IIA, p.326.

순환되었다. 표 3의 경작주기 모델을 보면 표면적으로 복잡해 보이는 체계를 쉽게 이해할 수 있다. 이 체계는 형식미학적 면에서 수비학적數祕學的 성향을 띠는 자바 사람의 흥미를 끌 수 있었을 것이다(수비학numerology은 숫자와 사건, 사물, 사람 사이에 신비적 관계가 존재한다고 주장하는 믿음체계이다. 자바사회에서는 전통적으로 수비학이 발달했는데, 자바 사람들은 표 3과 유사한 도식, 즉, 숫자가 열에 제시되고 그와 연관된 사물이나 사건이 그 옆에 제시되는 도식을 이용한다. 이러한 관행에 빗대어 저자는 이 표에 제시한 것과 같은 토지임대 체계가 자바 사람의 흥미를 끌 수 있었으리라 설명하고 있다.-옮긴이).

대규모 기업 농업의 엄격한 경작주기 그리고 전통 농가의 유연한

경작주기 사이의 복합적이고 긴밀한 결합이 가져온 결과는 엄밀한 의미에서 농장도 아니며 그렇다고 농민사회도 아닌, 둘 모두와 다른 기묘한 반인반수적半人半獸的 사회단위였다. 반인반수의 머리는 설탕 공장이었다. 농촌지역에 세워진 고도로 자본화된 공장은(1930년대 단일 설탕업체의 평균 투자액은 약 백만 달러에 이르렀던 것으로 추산됨) 증기나 전기로 작동하는 파쇄기, 여과기, 원심분리기, 증발기와 진공제조기를 갖추고 있었다. 공장 주변을 따라 옹기종기 지어진 품격 있는 방갈로식 주택에서 가족과 함께 거주하는 20여 명의 유럽인 관리자들이 공장을 운영했고, 연간 대략 1천 헥타르에서 생산된 사탕수수를 처리하였다.[8] 반인반수의 몸체는 농민이었다. 농민은 토지뿐만 아니라 농지를 정리하고, 고랑을 파고, 사탕수수를 심고, 수확하고, 수확물을 공장으로 옮기는 데, 그리고 설탕산업과 관련해 계절적 수요가 들쑥날쑥한 임시작업에 필요한 노동력을 제공하였다. 1930년까지 설탕회사는 한 해의 한 시기 또는 다른 시기에 80만 명 이상의 자바인들—남성과 여성, 아이까지—을 고용하였다. 다른 식으로 말하면, 대략 180개의 공장이 있었으므로 공장당 평균 4천~5천 명을 고용하였다.[9] '간접통치', '원주민 복지', '동양은 동양, 서양은 서양' 등과 같은 세계의 식민정책 중 어느 것도 거대기업과의 이러한 규모의 만남이 농촌의 삶에 미치는 심대한 영향을 막을 수 없었다. 또한 침투 정도가 더 낮은 다양한 형식의 임대계약을 다른 일년생 작물—담배, 카사바, 용설란agave, 심지어 쌀까지—에 적용했기 때문에, 거대기업의 영향은 농촌지역으로 상당히 널리 확산되었다.[10] 판 데르 콜프G. H.

van der Kolff의 지적처럼, 자바에서 문화 간 충돌은 경작방식 간 충돌이라는 형식으로 나타났다.[11]

자바적 상황—경작방식 간 충돌이 다른 지역에서도 발생했고 자바보다 더 격렬하게 일어났음을 고려할 때—의 두드러진 특징은 경작방식 간 충돌이 사회체계가 확립되고 고착화된 농촌마을 내에서 발생했다는 점으로서, 이 체계는 설탕공장에 의해 압박되고 변형되고 약화되었을지라도 파괴되지는 않았다. 사탕수수-농지 임대체계 그리고 이보다 정도는 덜하지만 다른 작물과 관련된 유사한 관행은 마을을 상업자본주의의 파괴적 힘으로부터 보호하지 못하였다. 이 체계는 회사와 경작체계가 열어 놓은 경로를 따라 상업자본주의를 마을 중심부로 유입시켰다.[12] 자바의 설탕산업은 자메이카와 달리 농민 전통을 갖지 못한 수입 노예에 기초하여 세워지지 않았다. 푸에르토리코와 달리 초기 발전단계의 농민을 고립된 농장에 강제이주시킴으로써 이들을 완전히 프롤레타리아화된 무토지 노동력으로 강등시키지도 않았다. 자바의 사탕수수 노동자는 쿨리가 되는 동시에 농민으로 남아있었고, 산업노동자가 되는 동시에 공통체 지향적인 가족농으로 존속하였다. 이들은 한쪽 다리는 논에, 다른 쪽 다리는 공장에 놓아두고 있었다. 이들이 이처럼 불확실하고 불편한 자세를 유지하기 위해서는 설탕공장이 '윤리적인' 식민정부가 강제한 토지임대체제나 다양한 '원주민보호' 정책을 통해 마을에 적응해야 했지만, 포괄적으로 본다면 마을이 농장에 적응해야 하였다.

마을의 적응양식은 역시 내향적 정교화였다. 마을생활의 기본 유형은 유지되거나 어떤 의미에서는 강화되었으며, 기존 제도와 관행을 복잡하게 만듦으로써 고도로 발전된 자본주의의 침입에 적응하였다. 토지소유체계, 농작물체제, 노동조직, 그리고 경제적인 면과 덜 직접적으로 연결된 사회구조적 영역에 있어 (또다시 골든와이저를 인용하면) "고정된 유형으로 사방이 둘러싸이게 된" 마을은 인구증가, 확대되는 화폐화, 점점 심화되는 시장 종속, 대규모 노동 조직, 관료적 정부와의 긴밀한 접촉 등에서 야기된 문제를 해결하기 위해 전통적 유형을 개인주의적인 '농촌 프롤레타리아식' 아노미anomie로 해체하거나 근대적인 상업농 공동체로 탈바꿈시키지 않았다. 오히려 '특별한 종류의 기교', '기술적으로 보았을 때 별로 중요하지 않고 눈에 띄지 않는 사소한 차이를 과도하게 찾으려는 움직임'을 통해 마을은 전통적 유형의 전체적 윤곽을 유지하는 동시에 그 구성요소를 더욱 높은 수준의 현란한 정교화와 고딕적 복잡함의 수준까지 몰아갔다. 1830년 이전에 자생적으로 성취한 평형화된 수도작 체계를 확립할 수도 없었고, 일본식 모델과 같은 근대적 양식을 성취할 수도 없었던 20세기의 저지대 자바 마을—극단적으로 주변화된 농업인, 소규모 상인과 일용 노동자로 구성되고 불규칙하게 뻗어나간 대규모 공동체—은 불충분하지만 '탈전통적post-traditional'이라 부를 수밖에 없을 것이다.

어느 측면에서 보더라도 탈전통적 농촌경제의 기본적 틀이 갖는 지속성은 명백하다. 토지 소유 면에서 본다면, 하나의 집합체로서의 마을이 농지와 관련된 여러 종류의 잔여지배권residual rights of control(어떤 자산에 대한 사용과 관련하여 법률이나 규정에 명시적으로 나타나지 않거나 또는 계약에 의해 명확하게 규정되지 않은 것에 대해 어떤 결정을 내릴 수 있는 권리―옮긴이)을 행사하는 소위 '공동소유제'가 사탕수수 재배 마을에서 최소한 상대적으로 사실상 강화된 것 같다.[13] 설탕공장은 분리되고 개별화된 수많은 토지소유권에 방해받지 않고 한 구역에서 다른 구역으로 자유롭게 이동하며 사탕수수를 경작할 수 있는 단순 하고 유연하며 포괄적인 토지소유 단위를 필요로 하였다. 마을의 입 장에서 보면 한 구역에서 다른 구역으로 경작지가 이동함에 따라 생 기는 부담을 공동체원 간에 적당히 균등하게 분배해야 할 필요가 있 었다. 이로 인해 전통적 공동토지소유 관행 중 하나였던 집단 할당 방식은 양쪽 모두에게 유용하였다. 설탕공장은 마을의 장(長)이라는 대 리인을 통해 마을을 하나의 전체로서 상대할 수 있었고, 이익을 남길 정도로 규모가 큰 생태적 단위를 기준으로 하여 경작을 계획할 수 있 었다. 마을은 설탕공장이 농지를 우선적으로 이용함으로써 경작주기 의 특정 시점에 '농지소유자'가 경작지를 보유하지 못하는 상황이 발 생하지 않도록―토지소유 자격을 가진 가구 사이에서 농지를 주기적으로 순환시키거나 재분배하는 방식 혹은 각 가구에 배분된 토지가 3등분된 구역 모두에 위치할 수 있도록 주의 깊게 토지를 할당하는 방식 중 하나를 선택하 여―조정할 수 있었다. 요약하면, 공동 토지소유권으로 인해 설탕공 장은 사탕수수 농장에 부합하는 대토지 체계에 기초하여, 마을은 논 농사에 부합하는 소토지 체계에 기초하여 운영될 수 있었다.

이처럼 뒤죽박죽된 세계에서는 주요한 농업기술상의 혁신―쌀과 함께 주식으로 이용되기 시작한 일년생 밭작물의 출현―조차 농촌경제의 구조적 변화를 가속화하기보다는 억제하는 방향으로 작용하였다. 콩을 제외하고(그리고 물론 밭벼) 오늘날 자바에서 중요한 일년생 밭작물인 옥수수, 카사바, 고구마, 땅콩 등은 모두 유럽과 접촉한 이후에 도입되었으며, 이들이 오랫동안 확립되어 온 벼 생태계로 침투하는 데는 오랜 시간이 걸렸다. 1817년 래플스는 '충분한 쌀을 논에서 얻어낼 수 없는 자바의 인구밀집 지역' 중 과거에 경작되지 않던 척박한 토질의 산기슭에서 최근 옥수수 재배가 증가하고 있는 반면, 다른 밭작물은 매우 제한적이라고 지적하였다.[14] 1852년 수리남에서 보이텐조르히Buitenzorg 농업시험장으로 모종이 수입된 카사바는 반탐, 스파라, 스마랑과 프리앙안의 덜 비옥한 일부 지역으로 확산되기 시작했지만 20세기에 들어와서야 중요한 일반 식용작물이 되었다.[15] 밭작물—통틀어 폴로위조Polowijo라 부름—은 1885년의 불경기 후 식민관료들이 식량 생산량을 늘릴 목적으로 재배를 적극 권장한 이후에야 농민경제에서 핵심적 역할을 하기 시작하였다.[16] 20세기 첫 10년까지 밭작물은 마을 농업에서 없어서는 안 될 부분으로 완전히 자리 잡았는데, 동東몬순기 동안에는 논의 이차 작물로, 경작–휴경이 순환되는 트갈tegal이라 불리는 밭에서는 주 작물로 경작되었다. 1915년 이전의 농업통계는 희소하고 모순적이며 신뢰할 수 없지만, 표 4를 통해 최소한 이러한 변화의 성격과 규모를 개괄적으로나마 알 수 있다.

기간과 분류방식이 상이한 자료를 이용할 수밖에 없기 때문에, 이 표를 해석하는 과정에 자료의 불충분함 외에도 불확실성이 개입할 여지가 크다. 하지만 19세기에서 20세기로 전환되는 시기에 폴로위

표 4. 자바의 밭작물 경작의 성장

	자바와 마두라의 재배면적 증가 추정치(퍼센트)	
	사와	트갈(밭)
1888~1900[1]	8	24
1900~1915[1]	16	150
1916~1928	10	26
1928~1938	3	5
	수확면적 증가 추정치(퍼센트)	
	벼	폴로위조[2]
1888~1904[1]	7	32[3]
1903~1920	15[4]	191
1916~1928	13	81
1928~1938	19	16
	쌀과 쌀 이외 작물의 수확면적 비율 추정치(퍼센트)	
	쌀[5]	쌀 이외 작물
1888	65	35
1910	58	42
1920	51	49
1938	45	55

1 토착왕국과 외국인 소유 농지에 설립된 농장은 제외함. 이들 지역을 포함하면 표의 비율이 조금 낮아지리라 추정됨.
2. 자바인의 이용방식과는 차이가 나지만 생태적 현실에 부합하도록 밭벼gaga를 포함함. 자바에서 밭벼의 규모는 상대적으로 매우 적음.
3. 1888~1903.
4. 1904~1920.
5. 1910년 자료에서는 논벼와 밭벼를 구분하지 않았기 때문에 모든 해의 자료에 밭벼를 포함함.
출처: Scheltema, A. M. P. A., *De Sawahoccupatie op Java en Madoera in 1928 en 1888. Korte Mededeelingen van het Centraal Kantoor voor de Statistiek*, Buitenzorg, 1930; Huender, W., *Overzicht van den Economischen Toestand der Inheemsche Bevolking van Java en Madoera*, s'Gravenhage: Martinus Nijhoff, 1921, pp.35~37; Van Hall, C. J. J. *Insulinde, De Inheemsche Landbouw*, Deventer: Van Hoeve, n.d., pp.216~217; Cabaton, A., *Java, Sumatra, and the Other Islands of the Dutch East Indies*, New York: Charles Scribner's Sons, 1911, p.213; *Statistical Pocketbook of Indonesia*, 1957, Jakarta: Biro Pusat Statistik, pp.47~48.

조 경작이 급증했다는 사실에는 의문의 여지가 없다. 전반적인 발전 유형은 폴로위조 경작의 점진적 확산이라는 형식을 취한 듯하다. 경작체계 시기가 끝날 때까지 폴로위조는 관개가 불가능한 토지에서 벼를 보완하려는 목적으로 비집약적으로 경작되었다. 대략 1870년부터 1900년까지—생태적으로 보았을 때 중요한 발전인—이차 작물의 형식으로 벼농사 복합complex에 침투하였다. 20세기 이후, 트갈 개간이 보다 집약적으로 확대되어서 자바에 남아 있던 경작 가능한 토지는 대부분 개간되었다. 이 기간 동안 관개시설의 대규모 확충으로 인해 특히 브란타스-솔로 삼각주와 북서부 해안을 따라 논면적도 확대되었다. 또한 1930년의 공황 이후 설탕공장에 임대된 토지의 4분의 3 이상이 반환되고 건기 몬순 작물체제가 확립되었기 때문에 벼와 폴로위조 경작지역이 최종적으로 확대되었다. 하지만 진정 중요한 변화는 동남아시아 저지대의 전형적 특징인 벼 단작에서 벗어나 이곳에서 쉽게 찾기 어려운 작물로 경작 종류가 다양해지는 움직임이었다. 표 4에 제시한 것처럼 1930년대 중반 자바의 벼농사 농지 비율은 45퍼센트, 태국의 비율은 90퍼센트, 인도차이나의 비율은 85퍼센트였으며, 버마(현재 미얀마—옮긴이)와 필리핀의 비율은 1888년의 자바와 동일한 65퍼센트였다.[17]

하지만 앞에서 지적했듯이, 이와 관련하여 가장 놀라운 사실은 이 발전이 마을 경제생활의 일반적 유형에 얼마나 많은 영향을 미쳤는지가 아니라 얼마나 적은 영향을 미쳤는지이다. 농업혁명agricultural revolution은 거의 형성되지 않은 반면, 전통적 단작의 철저한 다양화를 통해 이미 상당히 진전된 내향적 정교화 과정이 확장되었을 뿐이다.

옥수수, 콩, 땅콩 및 다른 작물들의 침투는 논 생태계의 기본구조를 변화시키지 않았다. 이 작물들은 벼농사의 틀로 편입되어 그 틀을 강화하였다. 이로써 이미 극도로 집약화된 생산체계에 더 많은 노동력이 투입되었고, 이는 인구증가와 사탕수수 지대에서 설탕공장의 농지 점유 확대라는 현실에 발맞추어 농지 경작의 강도를 더욱 높이는 역할을 하였다. 따라서 몇몇 지역—우리가 생각하듯이 주로 사탕수수 지역—에서 감소한 재배면적을 다른 지역에서 증가한 재배면적이 상쇄하여, 1888~1928년에 자바의 전체 논면적 대비 전체 벼재배면적은 대략 1 대 1의 비율을 유지할 수 있었다. 하지만 전체 논면적 대비 (서몬순기 동안 벼를 경작한) 논에서의 폴로위조 재배면적은 대략 0.33 대 1에서 0.42 대 1로 약 25퍼센트 증가했는데, 건조한 마두라와 척박한 름방같이 특별한 지역을 제외하면 대부분 주요 사탕수수 경작지에서 재배면적이 증가하였다.[18] 요약하면, 폴로위조 경작 확대가 야기한 결과는 1830년경 이후 농민 부문에서 기술적 혁신이 가져왔던 결과와 동일하였다. 즉, 한계노동생산성을 조금 낮지만 거의 일정한(혹은 아마도 조금씩 감소하는) 수준으로 유지시켰다. 이는 인구가 늘어가는 자바인들에게 서서 헤엄칠 수 있을 공간을 넓혀 주는 데에 불과하였다.

이러한 사실은 논에서 재배되는 폴로위조뿐만 아니라 관개되지 않은 밭에서 경작-휴경 방식으로 생산되는 동몬순기 작물에도 적용된다. 밭농사는 눈에 띨 정도로 조방적이거나 고도로 자본화된 영농 유형으로 나아가지 않았으며, 시장에 좀 더 쉽게 진입할 수 있는 작물들이 있었음에도 불구하고 상업적 농업으로 향해 가지 않았다. 오히려 집약적이고 소규모적인 벼농사는 이를 거의 완전하게 모방한 집약적이고 소규모적인 밭작물 재배에 의해 보완되었다. 개별 밭면적은 매우 작았다. 서몬순 우기가 되면 사와가 확장되면서 밭이 축소되었고, 동몬순 건기가 되면 사와가 축소되면서 밭이 확대되었다. 하지만 밭농사는 본질적으로 같은 종류의 영농이었다. 사실상 20세기 초밭이 확대되기 전에 존재했던 영농과 본질적으로 같은 종류의 것이었다. 벼의 생태적 탄력성이 드디어 실패하기 시작하자 자바 농민은 다변화된 밭농사로 전환하여 밭작물이 버텨낼 수 있는 가장 노동집약적인 방식을 통해 만성적으로 궁핍한 삶의 부족분을 채우고자 하였다. 이 문제를 소비의 측면에서 접근하면 네덜란드 농업경제학자 테르하스트 G. C. W. Tergast와 같은 결론에 이르게 된다.

인구밀도가 높은 자바에서 (1990년 이후) 미곡 생산은 인구증가와 보조를 맞출 수 없었다. 다른 식용작물을 벼와 윤작하거나 밭에 경작함으로써 증가하는 식량수요를 충족시켰다. 1900년경 일인당 연간 이용 가능한 양은 대략 쌀 110킬로그램, 덩이줄기 작물 30킬로그램, 콩과 작물 3킬로그램이었다. 1940년경에는 쌀 85킬로그램, 옥수수 40킬로그램, 덩이줄기 작물 180킬로그램, 콩과 작물 10킬로그램 정도로 바뀌었다. 이로 인해 지역에 따라 식단의 질이 심각한 수준으로 떨어졌다. 섭취 열량은 1900년에서 1940년까지 거의 변화가 없었다. 일인당 하루 섭취량은 2,000칼로리보다 조금 낮은 수준에서 유지되었다. 인구증가가 심각하고 경작지 확대 가능성이 낮음에도 불구하고 자바에서 섭취 열량 수준이 유지될 수 있었던 주요 원인은 논 윤작의

집약화 그리고 집약적인 밭 이용이었다.[19]

토지소유체계, 토지 이용의 측면에서뿐만 아니라 분배의 측면에서도 내향적 정교화 과정은 변화 없는 변화라는 독특한 유형을 확립하였다. 농업생산물이 그것에 기초하여 살아야 하는 많은 인간집단에 완전히 공평하지는 못할지라도 최소한 상대적으로 고르게 배분되는 메커니즘이 점진적 인구증가와 함께 확대되고 정교화되었다. 증가하는 인구와 제한된 자원이라는 압력하에서 자바 농촌사회는 다른 많은 '저발전된' 국가에서 나타난 양상과 달리 대토지 소유집단과 농노에 가까운 억압받는 집단으로 분화되지 않았다. 오히려 경제적 파이를 점점 더 많은 수의 조각으로 나눔으로써 상대적으로 높은 정도의 사회적, 경제적 동질성을 유지했는데, 이 과정을 나는 다른 논문에서 '공유된 빈곤shared poverty' 이라 명명하였다.[20] 가진 자와 가지지 못한 자라기보다는 우아하게 완화된 농민의 토착적 표현에 따르면 추쿠판cukupan('겨우 충분한 사람')과 크쿠랑안kekurangan('그다지 충분하지 않은 사람')이 존재하였다.

대체로 생산물의 파편화fractionization를 야기한 일련의 메커니즘은 토지소유보다는 토지이용에 중심을 두고 있었던 듯하다. 균등상속, 더 많은 주민을 동일한 면적의 마을 토지에 포용하기 위한 공유농지 지분 규모의 축소, 마을 내부에서의 소규모 농지 판매 등의 관행은 모두 의심할 바 없이 개인의 농지소유 규모를 어느 정도 축소시켰다. 하지만 자바의 농지는 규모가 너무 작았다. 지역에 따라, 특히 농민에게 극단적인 방식이 강제되었던 사탕수수 지대의 경우 놀랄 만한 예외가 있을지도 모르지만, 식민시기 전체를 통해 자바 전체의 평균 농지규모가 장기적으로 크게 감소(혹은 증가)했다는 증거는 거의 없다. 1817년 래플스가 제시한 평균—그리고 최빈—개인소유 농지 추산치와 1940년 부커가 제시한 수치는 거의 차이가 없는데, 1헥타르보다 조금 작은 규모였다.[21] 여러 상황을 고려할 때 발생할 수밖에 없었던 이 같은 생산물 배분은 대부분 소유권 통제의 일반적 구조의 변화가 아닌 전통적 노동관계 체계, 특히 소작제의 두드러진 정교화와 확장을 통해 성립되었던 듯하다.[22]

자바의 소작제는 소수의 구조적 원리에 기초한 다수의 임시변통식 변이형으로 구성된다. 거의 모든 계약은 각각의 특수한 상황에 대응하는 독자적인 것으로 인정되는 동시에, 잘 규정된 일반적 형식을 표현하는 구체적 사례로 간주된다. 이와 같은 고정됨 속의 유연함으로 인해 소작제에는 내향적 정교화 메커니즘으로서의 특별한 유용성이 존재한다.

전통에 기반하며 세밀하게 형식화된 몇몇 전형적 절차(예를 들어 마론maron 혹은 50:50 관행)를 기초로 하여 토지소유주와 소작인은 투입비용(볍씨, 소, 노동, 토지세) 부담과 관련된 특정한 결정에 이를 수 있다. 기존에 존재하는 그들 사이의 사회관계나 토지형태, 농작물 형태 등등에 따라 소출의 배분방식을 조정한다. 독특한 지역 관습, 개인의 도덕심, 일시적인 경제적 상황도 고려한다. 또한 이러한 절차를 서로 결합하거나 이것과 다른 종류의 노동계약 방식—도급 계약, 임대차, 저당, 노동교환, 집단 수확, 그리고 최근에는 임노동——을 결합함으로써 투입, 산출과 관련한 분할방식의 수는 무제한적이었다.

매우 정교하게 엮어진 노동에 대한 권리와 책임의 촘촘한 연망連網으로 발전한 탈전통 마을의 생산체계는 손등의 그물 모양 정맥처럼 마을 토지 전체로 확산되었다.[23] 어떤 사람은 자신의 1헥타르 농지의 일부를 한 명 혹은 두세 명의 소작인에게 임대하는 동시에 타인의 농지에서 소작을 구하려 할 것이며, 이를 통해 자신의 생계를 유지하고 타인에게(자신의 친척에게, 피부양자에게, 혹은 가까운 친구와 이웃에게까지) 일감을 제공할 의무 사이에서 균형을 잡고자 할 것이다. 어떤 사람은 현금을 구하기 위해 자기 땅을 다른 사람에게 임대하거나 저당을 잡힌 후 그 땅에서 소작인으로 일할 것이며, 아마도 이 땅을 다른 사람에게 재임대하고자 할 것이다. 어떤 사람은 수확량의 5분의 1을 받기로 하고 모내기나 제초작업을 하기로 합의하거나 그 기회를 얻은 후 다른 사람에게 작업을 맡길 것이며, 이 사람은 필요 노동을 구하기 위해 이번에는 임노동자를 고용하거나 이웃과 노동교환 관계를 맺을 것이다. 따라서 토지소유 구조는 농업활동의 사회적 유형을 보여 주는 그다지 중요하지 않은 길잡이일 뿐이며, 그 구체적 형태는 토지와 노동이 실제 결합되는 얽히고설킨 제도화된 과정 속에서만 드러났다.[24] 인구증가에 떠밀린 수도작 마을은 증대하는 경제적 파이를 전통적으로 규정된 더 많은 수의 조각으로 나눌 수 있는, 따라서 열악하지만 상대적으로 매우 동질적인 생활수준으로 많은 인구를 토지에 묶어 놓을 수 있는 수단을 토지임대 및 관련 관행에서 발견하였다. 다른 국가에서 토지개혁을 통해 추구한 목표—농업자원에 대한 차별적 통제권에 기초하여 형성된 사회경제적 차이의 최소화—를 성취하기에는 가진 것이 오직 최소한의 토지뿐이었던 자바 농민은 가난한 사람의 훨씬 오래된 무기, 즉 노동분배를 통해 이를 얻어냈다.

기술적인 면에서 보았을 때, 헥타르당 증가한 생산성을 노동인구에 전체적으로 배분함으로써 노동자 일인당 일정한 혹은 거의 일정한 생산성을 유지하려 한 선택—이 단어로 부를 수 있다면—은 농민 측의 생산계수를 농장의 생산계수—더 정확하게 이야기하자면, 한쪽 방향에서만 변하는 계수—와 (정반대되는 방향에서) 유사해지도록 더욱 고정된(혹은 고정되었다고 가정되는) 쪽으로 이끄는 효과를 가져왔다. 농업의 급격한 집약화가 완성되면 이전으로 되돌아가는 것은 불가능하다. 사와는 산기슭, 강 유역으로까지 확장되는데, 이러한 좁은 농지는 때로 쟁기 없는 농경으로의 회귀를 의미한다. 농지분할 역시 지금까지 일어난 양상을 고려해 보면 효과가 비슷한데, 논 가장자리는 거의 항상 괭이로 작업해야 하므로 논의 면적이 작을수록 쟁기를 사용하기가 불리해진다(농지소유권이 분할되지 않더라도 현물에 기반한 소작 유형의 번성은 노동집약적 방식이 일반적으로 그러했듯이 개별 논면적을 축소시켰지만 이 점은 증명하기가 불가능하다). 이모작, 논과 주변의 관개와 관련된 주의 깊고 미세한 조절, 낱알은 아닐지라도 줄기를 단위로 하여 경작하고 수확하며 탈곡하는 방식, 발전된 소작방식, 그리고 노동과 관련한 혁신들은 모두 일단 한 번 확고히 자리 잡히면 포기되기가 힘들다. 따라서 네덜란드 농장주가 합리화를 촉진할 유일한 방향을 기계, 현대식 관개, 과학적 실험 등에 대한 더 많은 투자라고 느꼈던 것처럼, 자바 농민은 생활수준을 향상시키지는 못하더라도 유지하게 해줄 유일한 방법이 정성을 더 많이 기울이는 농업방식이라고 느꼈으며, 기계화를 통한 개선 가능성에 대해 점점 더 회의적으로 기울어 가는 경향을 띠었다. 농장 부문이 자본에 중독되고 있었다면, 농민 부문은 노동에 중독되고 있었다. 더 많이 사용하면 할수록 더 많이 필요하였다. 비유방식을 바꾸면, 일종의 좌우대칭적 래칫효과 ratchet effect(소득수준이 낮아져도 예전의 소비성향이 떨어지지 않도록 억제하는 작용-옮긴이)가 시작되어서 농장주에게 자본투입의 증가는 상대적으로 용이했지만 축소는 어려웠다. 마찬가지로 농민에게 노동투입의 증가는 용이했지만 축소는 어려웠다. 한 부문의 생산과정은 꾸준하게 더 자본집약적으로, 다른 부문은 더 노동집약적으로 변하여, 이들 사이에 넓게 벌어진 이중적 간극은, 부커에게 그러했듯이, 좁혀질 수 없어 보였다.

전통적 토지소유체계의 유지, 밭작물의 벼농사식 토지이용 방식으로의 동화, 그리고 기존에 확립되어 있던 노동관계의 정교화는 동일한 성격의 현상이었다. 이것은 인구증가와 덮어씌워진superimposed 농장경제라는 두 압력에 대한—감탄할 만큼 독창적이지만 거의 전적으로 방어적인—반작용이었다. 하지만 이러한 반작용은 멈추지 않았는데, 그것이 경제적이고 생태적인 과정일 뿐만 아니라 사회문화적인 구조적 과정이었기 때문이었다. 자바 농업에서 생산과정의 내향적 정교화는 농촌 가족생활, 사회계층, 정치조직, 종교관행, 그리고—내가 다른 데에서 아방안abangan 세계관이라 명명한— '민속문화적folk-culture'가 치체계에서 이루어진 이와 유사한 내향적 정교화와 함께 진행하고 뒷받침되었으며, 이를 통해 생산과정의 내향적 정교화는 규범적으로 통제되고 윤리적으로 정당화되었다.[25]

따라서 지금까지 논과 사탕수수 경작지의 수준에서 검토된 각각의 발전단계와 유사한 과정을 마을생활의 중추를 구성하는 다양한 사회문화적 제도에서 찾아볼 수 있을 것이다. 농지 공동소유와 연결된 복잡한 위계체계의 정교화, 친족, 후견인-피후견인과 지역적 유대 사이의 가변적 관계, 마을의 장長과 참모 자리의 순환, 집합적 단위로서 마을이 갖는 권리의 변동, 그리고 다양한 외적 요인의 흡수와 자체 목적에 부합하는 방식으로 외적 요소를 변경하는 등의 아방안 '소전통little tradition'의 변형. 이 모든 것은 인간 생태계의 역사를 서술하는 데 있어 '문화핵심'의 실질적 구성물로 추가되었다. 하지만 20세기 이전의 통계가 불확실한 수준이라면 공동체 수준의 민족지는 전무하다. 식민시기가 종결될 무렵 마을 수준에서 수행된 몇몇 연구는 그 자체로는 뛰어나지만 사회구조와 문화유형에 대한 미세한 분석보다는 전적으로 경제적이고 농업적인 문제— '원주민 복지'라는 애매모호한 실체에 대한 과도한 관심—에 집중되어 있다.[26] 현재 농촌마을에서 보이는 다양한 변이를 검토하고, 식민지 시기에 작성된 지역 수준의 민족지에 제시된 단편적 자료를 철저히 이용하며, 몇몇 일반사회학적 원칙을 연역적으로 이용한다면 우리는 탈전통의 방향으로 나아가는 자바 농촌에서 발생했음에 틀림없는 현상을 대충 이해할 수는 있겠지만, '무엇이 발생했는지' 같은 세부 내용에는 접근이 불가능하다.

19세기와 20세기 중반까지 내인도네시아 마을의 발전경로처럼 보이는 모습을 요약한 가장 신랄한 표현은 '막연함을 향한 전진'이다. '내' 내인도네시아에서 농촌사회가 감내했던 매우 수동적인 사회변동 경험은 전통적 유형을 변형하기보다는 유지하는 무기력함indeter-minateness을 유도했던 듯하다. 이러한 이완된 무기력함은 사회에 매우 기능적이어서 사회가 회피하고 순응하고 수용하고 적응하는 것을 허용하지만 변화하는 것은 사실상 허용하지 않았는데, 이는 '전체주의적 기관'—감옥, 정신병원, 포로수용소 등등—에 갇혀 있는 사람에게나 유용한 속성이다.[27] 이런저런 식으로 끌어당겨지고, 통제할 수 없는 힘에 두들겨 맞고, 자신을 적극적으로 재건할 수단이 거부된 상태에서 마을은 확립되어 있는 선택된 제도의 표피에 매달리거나, 혹은 일반적으로 규정된 틀 내에서 사회관계를 더 자유롭게 활용하는, 즉 더 많은 융통성을 허용하는 방식으로 이 제도를 내적으로 유연화하였다. 그 결과는 축소되고 정교화된, 대단히 복잡하며 놀랄 정도로 단순한 아라베스크식 삶의 유형이었다. 이 유형은 개인 간 유대의 다양성, 변하기 쉬움, 부서지기 쉬움, 유동적임, 얄팍함, 불확실성이라는 면에서 복잡하였고, 이러한 유대를 조직화하는 제도적 자원의 빈약함이라는 면에서 단순하였다. 완전히 내향적으로 정교화된 자바 마을 주민의 일상생활은 사회적 외관의 풍부함과 사회적 본질의 단조로운 궁핍함을 특징으로 하는 무정형적 인간공동체, 예를 들면 미국 도시 근교 지역 주민의 일상생활에 비견될 수 있다.[28]

외인도네시아의 발전

자바가 내향적 정교화의 수준을 점점 더 높여 가는 동안 이와 상이한 과정이 외곽 도서에서, 더 정확하게 말하면 외곽 도서의 협소한 몇몇 구역에서 일어나고 있었다. 이곳에서는 공생적 유형이 아닌 고립적 유형이 번성했는데, 수입된 쿨리 집단에서 진정한 프롤레타리아가 형성되고 있었고 소토지자작농에 의한 수출작물 경작이 가속적으로 증가하고 있었다. 표 5의 간략한 통계는 자바의 공생적 발전보다는 말레이시아의 차별적 발전에 비견될 만한 이중적 발전 유형의 윤곽을 보여 준다.

자바적 유형과 뚜렷하게 대비되는 외곽 도서(혹은 외인도네시아) 발전의 세 가지 특징을 통해 그 발전유형을 정의할 수 있다.[29] 첫째, 발전은 특히 자본집약적 측면에서 볼 때 지리적으로 놀라울 만큼 지역화되어 있었다. 외곽 도서의 1930년도 수출액 6억 길더 중 3분의 1 정도를 생산한 수마트라 동부 해안에서는 대규모 담배, 고무, 차, 기름야자나무 농장이 전체 외곽 도서 면적의 1퍼센트도 안 되는 1만 제

표 5. 자바 대 외곽 도서의 9개 주요 수출품의 수출액(1870~1930)

	지수		9개 수출품 비율	
	자바	외곽 도서	자바	외곽 도서
1870	100	100	87	13
1900	172	400	70	30
1930[1]	555	3671	44	56

1 석유는 모두 외곽 도서에서 수출됨.
출처: J. S. Furnivall, *Netherlands India*, New York: Macmillan, 1944, p.337의 내용에 근거하여 계산하였다.

곱미터의 지역(델리Deli와 주변)에 집중되어 있었다. 나머지 3분의 1은 남수마트라의 팔렘방–잠비Palembang-Jambi 주변과 동칼리만탄의 발릭파판Balikpapan에 밀집한 유전지대에서 생산하였다. 주석이 차지한 10분의 1은 수마트라 남부 해안의 방카Bangka, 블리퉁Belitung, 싱큽Singkep 등 세 곳의 작은 섬에서 생산하였다.[30] 둘째, 이 발전유형은 향신료, 당분, 각성제보다는 산업용 원자재 생산이 중심이었다. 이는 베르트하임W. F. Wertheim의 지적처럼, 19세기 중반 이후 서구의 놀라운 대규모 제조업 성장에 따른 세계시장 조건의 변화가 반영된 것이다.[31] 거의 모두가 외곽 도서의 생산물인 고무, 주석, 석유는 1900년에 인도네시아 수출액의 약 17퍼센트를 차지하였다. 1920년에는 약 20퍼센트, 1930년에는 약 37퍼센트, 대공황에 따른 설탕 가격 폭락 이후인 1940년에는 약 66퍼센트를 차지하였다.[32] 세 번째, 앞서 지적했듯이, 수출경제에서 농민의 역할이 상대적으로 더 컸는데, 1930년 자바에서 소토지자작농의 점유비율이 대략 15퍼센트였다면 외곽 도서에서의 (물론 당연히 광물 생산이 아닌 농업 생산) 수치는 대략 35퍼센트에 이르렀다.[33]

17세기 초반부터 방카에서 채굴되기 시작한 주석을 제외하고, 사실상 전체 외곽 도서가 발전하기 시작한 때는 정체가 불분명한 담배 농장주 야코프 닌하위스Jacob Nienhuys가 동부 자바에서 델리로 이주한 시점인 1863년이다.[34] 슘페터적 사업가였던 닌하위스는 수라바야의 무역소에서 아랍인 압둘라Abdullah를 만났는데, 수마트라 왕자 행세를 하던 그는 거의 알려지지 않은 수마트라 북동부 해안에서 자생하는 연초의 상업적 이익에 대해 열정적으로 이야기하였다. 왕자는 아니었을지라도 그는 아랍 사람이었고 상업적 가능성에 대한 감각은 틀리지 않았다. 자바에서 실패를 경험한 닌하위스는 출처가 의심스러운 빚을 약간 얻어서 즉시 델리로 떠났으며, 조만간 세계에서 가장 높은 이윤을 가져다줄 담배사업체 중 하나—단위생산량으로 보면 최고의 이윤을 내는 회사—를 설립하였다.[35]

생태적 관점으로 볼 때 담배는 여러 측면에서 내인도네시아의 사와와 외곽 도서의 화전을 연결해 주는 이상적인 작물이었다. 관개가 필요 없고 생육기간이 짧으며 기존 경작과 기술적 불연속성이 없는 일년생 상업작물로서 담배는 사실상 인도네시아에서 발견되는 거의 모든 종류의 농업유형에 잘 들어맞았다. 자바에서 담배는 소토지자작농이 건기 몬순기의 사와와 관개되지 않은 밭에서 재배할 수 있었기 때문에 비식량작물 중 대규모로 경작된 유일한 작물이었다.[36] 수마트라와 외곽 도서의 산개한 지역에서 담배는 화전체계의 다작물 구조에 통합되었는데, 닌하위스가 이 패턴을 발견하여 델리에 자리잡아 놓았다.[37] 거의 모든 농장에서도 비슷한 경향이 나타났다. 중부 자바의 토착왕국(욕야카르타와 수라카르타)의 농장들은 앞서 설명한 순환임대체계 형태를 이용하여 농민의 토지와 노동을 징집하고 유럽인의 지도하에 매 2년마다 담배를 경작하였다.[38] 자바의 주요 담배농장 지역 중 하나인 동부 곳에서는 농민이 담배를 재배하여 농장에 판매했는데, 농장은 모종을 제공하고 토지세를 지불하고 사례금을 선불하는 계약을 체결해 농민들이 담배를 경작할 수밖에 없도록 이들의 손발을 묶어 놓았다.[39] 마지막으로 수마트라에서는 독창적인 임대체계가 고안되어서 네덜란드 농장주가 지역 농민처럼 화전민이 될 수 있었다.

> …… 유명한 델리의 엽궐련은 최소한 7~8년 휴경한 숲 속의 토지에서만 생장한다. …… 따라서 8년 주기 동안 단 한 차례 담배를 재배하는 이동경작자인 동수마트라의 담배농장주는 한 해 동안 요구되는 재배 면적보다 8배나 더 많은 토지가 필요하다. …… 담배회사가 경작에 필요한 조차지를 술탄에게 처음 요청했을 당시의 계약에 따르면 회사는 농민 가족이 전통적 농업 형태를 계속 유지할 수 있도록 4바우bouw(2.9헥타르)의 토지를 제공해야 했지만 이 토지를 따로 챙겨 놓지 않았다. 농장주는 자신의 조차지에서 정해진 규모의 토지를 각 가족에게 배분하여 전체 면적을 축소하는 방식 대신, 토지 전체를 사용한 후 담배 수확이 끝난 부분을 농민에게 빌려 주어 한 차례 쌀을 경작하게 하는 방식을 선호하였다. 이로 인해 농장주는 실제 마을 토지를 제외한 조차지 내 모든 토지에 접근할 수 있었던 반면, 동부 해안 농민은 더 이상 [화전]경작을 위해 개간할 필요가 없어졌다. 그 대신 이들은 담배 조차지 내에 살지 않았더라면 자신들이 개간했을 규모의 땅을 매년 5월이나 6월에 농장으로부터 불하받아 고지대 벼를 심었다.[40]

언뜻 보았을 때 화전 담배와 화전 벼 사이의 관계 역시 공생적인 듯하다. 펠저K. J. Pelzer는 이 관계를 설명하기 위해 '공생'이라는 단어를 사용하였다.[41] 하지만 이 단어가 한쪽 혹은 양쪽 생태계가 이익을 얻고 어느 한 쪽도 손해 보지 않는 관계를 의미한다면 화전 담배와 벼는 생태적 혹은 최소한 문화적-생태적인 면에서 공생적이지 않았다.[42] 차라리 이 관계는 중립적이거나(즉 양쪽에 중요한 효과를 가져오지 않는 관계) 조금 적대적이었다(즉 한쪽 혹은 양쪽에 불리하게 작용하는 관계)고 볼 수 있다.[43] 자바에서 사탕수수 농장과 벼농사 마을은 긴밀하게 통합된 보다 큰 하나의 생태계에서 상보적인 적소를 차지하였다. 각각이 서로의 생존력에 긍정적으로 공헌할 수 있는 방식으로 이들은 서로에게 적응하였다. 델리에서 담배 농장과 토착 농민은 평행선 상에서 움직였다. 이들은 하나의 생태계가 아닌, 형태가 유사한 두 개의 독립된 생태계에 통합되었다. 이들은 보완물이 아닌 기능적 대안물이었으며, 이들의 공존은 긍정적 상호적응의 결과가 아닌 서로의 길을 회피하도록 만들어진 정교한 프로그램의 결과였다.

물론 담배 농장주의 길을 회피하도록 강제된 측은 대체로 화전민이었으며, 그 반대 상황은 전개되지 않았다. 하여튼 화전민은 그리 많지 않았다. 1915년, 동수마트라의 토착인구 밀도는 제곱킬로미터당 6명 이하였던 듯하고 화전지역의 밀도는 훨씬 더 낮았다.[44] 게다가 최소한 담배산업 형성기에는 농민과 담배회사 사이가 아닌 지역의 토착 술탄과 회사 사이에 맺어진 조차지 계약을 규제하는 법적 틀이 진화함에 따라 화전민의 활동영역은 점진적으로 축소되었다. 조차지 내 농민의 권리에 명시적인 법적 형태를 처음 부여한 1884년에 농민은 담배경작 이후 '한 해의 수확'을 보장받았지만, 1892년에는 단 '한

번의 수확'만을 보장받았다. 첫 계약에서 '쌀과 옥수수' 재배를 허용했다면 이후에는 '쌀 혹은 옥수수'만을 허용하였다. 첫 계약에서 토지에 대해 전통적, 관습법적인 소유권을 주장할 수 있는 사람 모두에게 경작권이 허용되었다면, 이후에는 조차지에 실제 거주하는 사람—화전민에게 거주는 때로 상대적인 문제임—에게만 이 권리가 주어졌다. 이전에는 담배를 수확한 농지라면 어디나 접근 가능했다면, 이후에는 농민이 이전에 실제 경작한 토지만을 이용할 수 있다고 간주되었다. 또 이전에는 각 가구에 분배된 토지의 면적이 정해졌다면, 이후에는 전체 토지 중 개간된 담배농지의 절반 이하만 화전경작용 토지로 불하함으로써 조차지의 농민경작자 수를 억제하였다.[45] 따라서 화전민은 담배농장주가 자신들을 실제 원하지 않는다고 확실히 의심하게 되었다. 1919년 토착 지배세력에게 주어진 토지조차제도가 철폐되고—원주민의 관습적 권리라는 장애물에서 법적으로 자유로워진—네덜란드 동인도 정부가 직설적인 '불모지' 형식의 임대를 시행하자, 농장은 조차지의 일부를 화전민에게 무조건적으로 제공하는 대신 이들을 담배경작지에서 완전히 쫓아내 버리는 방식—식민시기가 끝날 즈음 거의 완성된 완전한 분리—을 고려하기 시작하였다.[46]

담배농장과 화전경작 사이의 분리는 노동 측면에서 더 명확하게 드러났다. 자바와 대조적으로 동수마트라의 토착인구는 농장일에 흡수되지 않았는데, 인구수가 많지 않았을 뿐만 아니라 토지와 자유가 충분해서 그 일이 심리적으로 내키지 않았기 때문이었다. 그 대신 초반기에는 중국인 노동자가, 이후에는 자바인 노동자가 완전히 프롤레타리아화된 계약노동력으로 도입되었다. 1913년에는 4만 8천여 명의 중국인 쿨리와 2만 7천여 명의 자바인 쿨리가 동수마트라 담배 농장에서 일했으며, 8만 5천 명 이상의 전체 노동자 중 1천 명 이하만이 이 지역의 토착민이었다.[47] 계약을 맺어 일하러 왔고, 탈주할 경우 수감되는 악명 높은 '형사처벌'로 인해 이곳에 머물러야 했던 정처 없는 이주노동력은 토착 델리사회에서 네덜란드 관리자 계급처럼 고립된 집단이었다. 유럽 농장에 델리 출신의 말레이와 바탁Batak 사람들이 있었지만 자바 농민과 달리 농장의 구성원은 아니었다.

따라서 화전생태계는 농장담배 체계와의 만남을 통해 내향적으로 정교화되는 방식으로 심각하게 변하지 않았다. 무엇보다도 사와체계와 달리 화전생태계는 변화할 능력이 없었다. 관개시설 개선, 토지관리 향상, 작물의 다양화가 자바에서 두 체계 모두를 이롭게 했던 것과 달리, 화전생태계를 집약적으로 이용하려는 시도는 생태환경을 초원으로 변화시킴으로써 두 체계 모두에 해를 끼쳤다. 두 번째, 노동력 부족과 토지과잉—그 반대가 아니라—에 직면한 수마트라 농장은 사탕수수 농장이 자바의 과밀한 농민을 바라보는 방식과 달리, 토착인구를 유용한 자원이 아닌 모기떼같이 골치 아픈 대상으로 간주하였다.[48] 농장체계가 화전에 미친 영향이 있다면 아마도 (내가 아는 한 이 문제와 관련된 자세한 연구는 없다.) 빈곤화일 듯하다. 물론 숲을 개간할 필요가 없다는 사실은 화전민에게 중요한 노동 절약 조건이었다. 하지만 담배재배가 끝난 땅에서만 경작해야 한다는 제약을 받았고, 대부분 단일 작물로 국한되었으며, 경작지역이 제한되었기 때

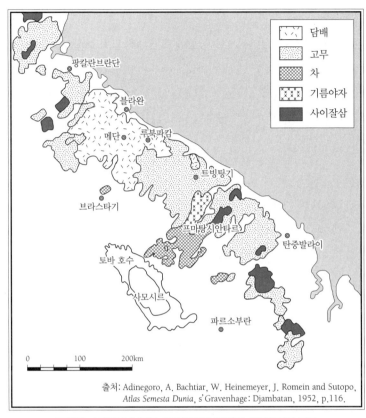

범례:
- 담배
- 고무
- 차
- 기름야자
- 사이잘삼

지도 내 지명:
팡칼란브란단
블라완
메단 루붕파캄
트빙팅기
브라스타기
프마탕시안타르
탄중발라이
토바 호수
사모시르
파르소부란

0 100 200km

출처: Adinegoro, A. Bachtiar, W. Heinemeyer, J. Romein and Sutopo, *Atlas Semesta Dunia*, s'Gravenhage: Djambatan, 1952, p.116.

그림 7. 수마트라 북동부 해안(델리와 주변)의 플랜테이션 지도

문에 일인당 생산성은 감소하였다. 이는 십중팔구 농장 토지에 의존하여 살아가는 농민을 더욱더 여위게 하거나, 기껏해야 이들이 농장 밖의 토지를 개간하도록 유도하는 결과(이를 증명할 구체적 자료는 없지만)를 낳았을 것이다.

델리의 경제가 담배 이외에 다년생 관목과 교목——기름야자, 용설란

agava, 차, 그리고 특히 고무—으로 다각화됨에 따라 농장에서 살 수 없는 화전농민들은 필연적으로 농장에서 생태적으로 격리되는 상황에 처하게 되었다(그림 7 참조). 다각화diversification 움직임은 초기부터 시작되었는데, 무모한 닌하위스는 새로 발견한 땅에서 담배뿐만 아니라 검은후추, 육두구, 벼, 아편, 커피 재배를 시도하였다.[49] 하지만 델리 농업단지complex 그리고 사실상 전체 외인도네시아 경제의 일반적 흐름이 극적으로 변한 시기는 고무산업이 확고히 자리 잡은 이후였다. 1860년대 자바에서 소규모로 처음 경작된 고무(아시아 종인 인도 고무나무ficus elastica)는 담배가 확고히 자리를 잡고 파라고무나무Hevea brasiliensis 종자가 큐왕립식물원을 경유하여 말레이시아로 밀수된 유명한 사건이 발생한 지 한참 지난 후인 1906년에야 수마트라 동부 해안에 도입되었다. 하지만 일단 도입된 후 그것은 '농업사에서 가장 놀라운 발전기 중 하나'를 열었다.[50] 고무나무에서 처음으로 수액을 채취하게 된 1913~1922년, 외곽 도서 농장의 고무생산량(대략 4분의 3이 수마트라 동부 해안에서 생산됨)은 3천 톤에서 4만 3천 톤으로 증가하였다. 10년 후(1931년)에는 9만 5천 톤에 달하였다. 식민시기가 끝날 즈음(1940년)에는 세계 전체 생산량의 약 3분의 1에 해당하는 18만 2천 톤에 이르렀다.[51]

고무와 관련해서 외곽 도서 소토지자작농의 수출경제는 실제로 '도약하였다'. 담배는 화전지대 내 소규모 구역을 제외하고 대다수 열대삼림 환경에서 효과적으로 억제되었다. 담배가 델리에서 번성했던 이유는 이곳의 경작체제가 극도로 조방적인 성격을 띠었고 북동부 해안이 최근의 화산활동으로 인해 비옥해진 수마트라의 몇 안 되는 지역 중 하나였기 때문이었다.[52] 하지만 고무는 열대우림의 전형적인 산물이었다. 사탕수수가 사와복합에 즉각 통합된 것처럼 교목 작물인 고무는 화전복합에 즉각 통합되었고, 동부 해안의 교두보에서 수마트라 대부분 지역을 거쳐 칼리만탄의 일부 지역, 그리고 이보다 적은 규모로는 자바 내 외인도네시아 구역(반탐, 프리앙안, 보이텐조르히, 바타비아)으로 빠르고 쉽게 퍼져 나갔다. 1938년 중량 기준으로 네덜란드 동인도 고무 수출량의 60퍼센트가량을 대략 80만 명에 이르는 소토지자작농이 생산하였다.[53] 식민지적 역설이 다시 한번 적용되었다. 생태적 분리는 경제적 대조를 강화하기보다는 약화시켰다. 농장과 간접적인 관계를 맺은 인도네시아 사람이 농장으로부터 가장 많은 이득을 얻어냈다.

고무의 시범 효과에 자극받고, 20세기 이후 외곽 도서에서 전체적으로 나타난 상업정신의 고조에 발맞추어서, 소토지자작농에 의한 다년생 수출작물 경작이 최소한 1930년 대공황 시기까지 번성하였다. 거의 대부분을 소토지자작농이 생산한 코프라의 수출량은 1900~1930년에 거의 7배 이상 성장하였다.[54] 외곽 도서 소토지자작농의 커피 수출량은 3년(1925~1928)이라는 짧은 기간 동안 수출액과 수출량 모두 거의 2배 이상 올랐는데, 이는 인도네시아 전체 커피 생산량의 거의 절반, 커피 수출량의 거의 4분의 3을 차지하는 양이었다.[55] 회사 시절과 그 이전부터 소규모 화전농의 배타적 작물이었던 후추역시 멈추지 않고 질주해서 1910~1925년의 수출량이 2만 5천 톤에서 4만 톤으로 증가하였다.[56] 대략 1910년 이전까지 거의 완전히 농장 작물이었던 차의 경우에도 특히 서부 자바의 외인도네시아 지역에서 소토지자작농의 경작비율이 점점 더 높아져 1926년까지 소토지자작농의 생산량이 전체 거래물량의 4분의 1을 차지하였다.[57] 이와 달리 내인도네시아의 농민경제는 정적인 확장만을 지속하였다. 벼에 압박되었기 때문에 소토지자작농의 사탕수수 경작은 결코 제궤도에 오르지 못하였다. 소토지자작농에게는 담배가 사탕수수보다 훨씬 더 중요했지만, 폴로위조 식량작물을 경작해야 하는 압박에 시달렸기 때문에 20세기 첫 30년을 거치면서 소토지자작농은—최소한 수출 면에서는—농장에 패배하였다.[58]

이러한 급진적—전체 네덜란드 동인도 수출액에서 농민의 몫이 1894년 약 10퍼센트에서 1937년 거의 50퍼센트까지 증가한—사회변동이 농민생활의 일반적 패턴에 가져온 결과는 자바에서 볼 수 있는 내향적 정교화 유형과는 상이하였다.[59] 하지만 독립하기 전 자바의 공동체에 대한 연구가 희소한 수준이라면 외곽 도서와 관련한 연구는 거의 전무한 수준이므로 상업적 혁명이 화전과 그 문화핵심에 야기한 변화를 추적하는 것은 불가능하다. 이것저것 검토해 보고 단편적인 자료를 추가하더라도 기껏해야 우리는 비록 윤곽은 뚜렷해도 구체적 내용은 흐릿한 개괄적 그림만을 얻을 수 있을 뿐이다.

첫 번째 윤곽은 소토지자작농의 상업화가 외인도네시아 대중에게 미친 영향이 불균등하고 매우 집중적이라는 점이다. 소토지자작농이 소유한 고무나무 중 4분의 1 이상이 남수마트라 팔렘방 도道 한 곳에 있었다. 여기에 수마트라 동부 해안과 잠비(수마트라 중부 해안), 칼리만탄 서부와 남동부 모서리 지역을 추가하면 그 비율은 거의 80퍼센트에 이른다.[60] 전체 코프라 수출량(1939년)의 3분의 1 이상이 북부 술라웨시의 미나하사Minahasa 주에서 생산되었다. 칼리만탄 서부 끝과 조그마한 리아우Riau 군도를 추가하면 그 비율은 5분의 3으로 높아진다.[61] 후추의 85퍼센트(1935년)는 수마트라 남쪽 끝에 있는 람풍Lampung 지역에서, 농민이 재배한 차의 95퍼센트는 서부 자바의 프리앙안 고지대에서 생산되었다.[62] 소토지자작농의 커피 재배는 훨씬 덜 집중적이었지만, 수마트라 중부와 남중부, 그리고 이차 중심지라 할 수 있는 발리 북부, 술라웨시 중부, 티모르에서 대부분 이루어졌다.[63] 외인도네시아 농민사업의 성장 중심지는 본질적으로 변하지 않는 화전경작지라는 대양에 위치한 섬이었다. 내인도네시아의 중심부가 대체로 동질적이고 탈전통적인 농촌 슬럼이 되어 가면서 채워지고 있을 때, 외인도네시아의 중심부는 사회적·경제적 역동성을 띠며 뚜렷이 구분되는 복수의 고립지역으로 분화되었고, 이 지역들은 안정성이 지속되는 단조로운 확장을 통해 이곳저곳에 산개해 있었다.

　소토지자작농의 수출작물 경작 급증에 따른 외인도네시아의 사회경제적 변화를 보여줄 일정 정도의 실질적 자료가 존재하는(네덜란드의 뛰어난 사회학자 스리커B. Schrieke가 1928년에 수행한 독보적 연구 덕분에) 고립지역은 중서부 수마트라 미낭카바우Minangkabau 지역이다.[64] 현재 서수마트라 도道와 거의 일치하는 이 지역은 외인도네시아 발전을 일반적으로 대표할 만한 전형적인 사례는 아니다. 왜냐하면 이 지

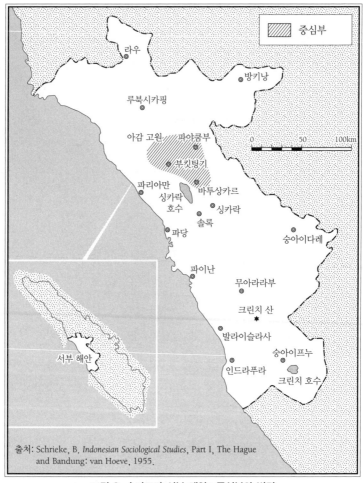

그림 8. 수마트라 서부 해안: 중심부와 변경

역은 (1930년) 자바와 발리를 제외하고 인구밀도가 가장 높은 곳이었을 뿐만 아니라 관개된 벼농사가 상당히 큰 규모로 존재했던(현재에도 그러한) 몇 안 되는 외곽 도서 지역 중 하나이며, 소토지자작농이 커피, 고무, 코프라를 광범위하게 경작한 곳이기 때문이다.[65] 하지만 이와 동시에 사와와 화전경작의 요소가 통합된 생태적 이질성으로 인해 미낭카바우는 화전경작의 상업적 변형을 잘 드러내 준다. 외부로부터의 도전과 압력에 대응하여 상이하게 발전한 미낭카바우 농업은 특히 유익한 사례이다.

미낭카바우의 문화적 중심지는 아감Agam 고원에 있다. 900미터 높이의 이 응회암 고원은 넓고 바닥이 평평하며 기묘한 물결 모양을 띠는 긴 협곡에 둘러싸여 있는데, 이 협곡은 높낮이가 다른 편암질 구릉과 우뚝 솟은 화산추 사이를 꼬불꼬불 이어 나가면서 부킷팅기 Bukittinggi, 파야쿰부Payakumbuh, 바투상카르Batu Sangkar라는 세 고대도시를 연결한다(그림 8 참조).[66] 이러한 지형에서 화산 방출물의 도움을 받아 사와체계가 확립되었으며, 미낭카바우 문화의 특성—이슬람, 모계, 금언적 도덕주의의 독특한 융합—이 형성되었다.[67] 하지만 이 핵심지역 주변—서쪽으로는 좁은 해안지대(파리아만Pariaman, 파당Padang, 파이난Painan), 동쪽으로는 평평한 습지대(방키낭Bangkinang, 탈룩Taluk, 숭아이다레Sungaidareh), 북쪽으로는 높은 고도의 강 유역지대(루북시카핑Lubuk Sikaping, 판티Panti, 라우Rau), 남쪽으로는 거친 크린치Kerinci 산악지대(무아라라부Muara Labuh, 숭아이프누Sungai Penuh)—에는 미낭카바우 사람과 그 문화가 지난 수세기 동안 확실하게 확장시킨 열대삼림의 변경이 존재하였다. 이러한 주변 지역에 화전경작이 집중되어 있었으며, 이곳에서 농민이 농장의 폭발적 확대의 여파를 최소한 멀리에서나마 경험했으며, 스리커가 '농업혁명의 시작'을 발견하였다.

우리가 떠올리는 대조는 …… (논)벼가 주로 생산되는 지역과 상업 작물 재배가 중심이 되는, 말하자면 상품생산이 일어나는 지역 간의 차이이다. 전자와 비교할 때 후자의 지역에서 현금수입은 급증하고 있다. 하지만 이러한 대조는 논리적인 것일 뿐이며 현실에서는 결코 '뚜렷하지' 않다.[68]

스리커는 이러한 '위대한 변화'의 근원을 1908~1912년에서 찾고 있다. 이 시기에 정부가 토착인 농업과 교역에 강제적으로 부과한 제약이 모두 철폐되었으며, 이보다 더욱 중요한 문제는, 급속히 확대되는 수출시장의 자극이 최소한 변경지역에서 느껴지기 시작했다는 것이다. 남쪽의 변경인 크린치 고지대에서 커피 수출량은 1913년 190톤에서 1923년 300톤으로, 1926년에는 거의 3천 톤으로 증가하였다. 크린치라는 이름이 기원한 산의 북쪽 기슭에 위치한 고립된 구릉지 무아라라부에서는 아이들과 심지어 선생님조차 학교를 나와 커피 재배지에서 일했는데, "자기 마을에서 멀리 떨어진 곳에서 일해야 하는 가난한 하위직 공무원보다 커피 농부의 수입이 더 많기 때문이었다." 남부에 위치하지만 해안가 평지인 인드라푸라Indrapura의 경우 "3년 전 커피가 존재하지 않았던 곳에서 거대한 농장이 발견되지만" 7년 이상 된 커피 재배지는 거의 없었다. 인드라푸라처럼 서부 저지대에 위치하지만 훨씬 북쪽에 있는 파이난은 "여전히 꽤나 후진, 좁고 중요하지 않은 해안지역"이지만, 여기에서조차 "주민들이 최근 커피 경작으로 전환하였다." 커피는 북쪽으로 루북시카핑, 동쪽으로 탈룩에서도 번성하였다. 그리고 "과거 식량부족으로 인해 높은 비율의 지역인구가 〔이곳을〕 떠나 말레이시아로 쫓겨났다면, 고향〔마을〕에 새로 농장이 만들어짐에 따라 많은 사람이 지금 돌아오고 있다."

저지대, 특히 동부의 대규모 습지 주변에 위치한 지역에서 고무는 매우 중요했는데, 예를 들어 1925년 인구가 겨우 4만 명에 불과했던 방키낭은 싱가포르에 1,250톤의 고무를 수출하여 18만 영국파운드를 벌어들였다. 12년 전에는 너무 후진적이고 가난해서 "주민들이 매우 낮게 매긴 세금조차 지불하기 무척 어려워하는데도 정부가 고무 경작을 장려할 생각조차 하지 않던" 북쪽 끝과 남쪽 끝에 있는 두 곳의 주변부 저지대 지역에 오늘날에는 "수백 파운드에 달하는 고무 거래량이 일상적인 일인" 사람들이 존재하게 되었다. 코프라 역시 널리 퍼졌는데, 가장 두드러진 지역인 북서부 해안의 파리아만 인근에서 경작자는 직접 코코넛을 가공할 뿐만 아니라 코코넛 과육을 시장에 직접 갖고 와 팖으로써 증오스럽고 비용이 많이 드는 중개인을 제거해 버렸다. 스리커는 이 상황을 "여기에서 우리는 막스 베버Max Weber와 베르너 좀바르트Werner Sombart가 제기한 유럽의 초기 자본주의 시대의 정신혁명과 유사한 현상을 다루고 있다"라고 요약한다.[69]

이 같은 정신적 상태는 사회문화적 결과물을 낳는다. 개인주의의 성장과 확대가족 연대의 이완, 보다 확대된 계급분화 및 계급갈등과 신구 세대 간·근대와 보수 간 대립의 격화, 전통적 권위의 약화와 전통적 사회규범의 동요, '프로테스탄트 윤리'식 종교 이데올로기의 성장 등이다.[70] 이곳에서 (자바와 같았지만 상이한 방식으로) 변화한 것은 토지 이용의 유형 혹은 일련의 생산기술뿐만 아니라 기능적으로 상호 연관되어 있으며 적응적으로 적절한 제도, 관행, 아이디어의 체계—'문화핵심'—였다.

스리커는 문화핵심의 기술적 영역의 변화가 정확히 어떤 성격을 띠었는지를 완전히 설명하지는 않았다. 하지만 그 주요 발전방향은 이동주기의 단축을 통해 화전유형을 다소 고정된 경작형태로 전환하는 것이었던 듯하다. 화전경작지 내에서 혹은 그 주변에서 처음 재배된 고무와 코코넛 나무는 다년생 식물로서 곡물보다 잡초의 피해를 덜 받고 얇은 토양을 덜 유실시키므로 상업적 중요성이 커짐에 따라 영구적 혹은 반영구적 숲을 형성하는 경향을 보였다. 커피는 이보다 문제가 컸는데, 교목보다는 관목에 가까워 토양보호 능력이 낮고 수명이 짧기 때문이다. 하지만 그늘막 역할을 해줄 특별히 고른 나무 밑에서, 좁게 구획되거나 보호된 고지대 경사면에서 재배하면 커피 역시 효과적인 정원작물이 될 수 있었다.[71] 무엇보다도—최소한 동남아에서—이동하여 경작하도록 만든 요인은 햇볕을 필요로 하고 잡초의 생장을 촉진하며 무기염류를 고갈시키는 벼였다.

따라서 나무작물에 비해 벼 생산의 역할이 상대적으로 축소됨에 따라 진정한 화전에서 정주식 혹은 반半정주식 경작으로 전환되는 움직임이 일어났다. 한때 '인구 희소' 지역으로 잉여분의 화전벼가 생산되었던 무아라라부는 "거주민이 커피 생산에 지나치게 많이 종사했기 때문에" 많은 양의 쌀을 수입하는 지역으로 바뀌었다. 인드라푸라의 주민은 노동력이 부족해 "넓은 재배지를 주체할 수 없었으며

…… 〔결과적으로〕—상업작물 재배를 선호함으로써—벼농사를 방치하는 경향을 보였다." 이곳에서 논은 계속 경작되었지만 토착정부의 압력에 의해서만 유지될 수 있었고, 벼농사는 "매우 힘들게 이루어졌다." 크린치의 쌀 수출량은 3년 사이 거의 75퍼센트 가까이 하락하였다. 루북시카핑에서 "고무와 커피 경작은 개간된 숲 지역에서의 벼 재배, 소위 '이동경작'을 완전히 종식시켰다."[72]

상업작물의 선호에 따른 벼 생산의 축소 혹은 최소한 제한은 자연스럽게 쌀 수입량을 늘리는 결과를 낳았다. 처음에는 선도적 변화 지역보다 이 과정이 훨씬 덜 뚜렷하게 전개된 고원의 사와 지역에서, 다음으로는 자체 수요를 충족시키기에도 점점 더 힘들어지던 자바에서, 그리고 마지막으로 군도 외부의 잉여지역(버마, 태국, 인도차이나)에서 쌀을 수입하였다. 이러한 과정은 점증적으로 진행되었다. 1922년경 (인도네시아 내에서) 여전히 서부 해안 지역 전체, 특히 그 중심지에서 상당한 양의 쌀이 수출되었지만 1930년경 "코코넛, 커피, 고무 재배가 쌀을 뒤편으로 밀어 버렸고", 결국 이 지역은 한 해 거의 700톤에 이르는 쌀을 수입하게 되었다. 1938년에는 3,300톤에 이르렀다.[73] 따라서 유럽 자본주의와 어느 정도 거리를 두고 대면한 20여 년 동안 미낭카바우 화전민은 한 세기 이상 근근이 먹고살기 위해 투쟁했던 자바의 사와 농민이 결코 될 수 없었던 존재, 금전적 관계에 완전히 휘말려 들어간 욕심 많은 사업가가 되었다.

다시 말하지만 미낭카바우의 경험은 세부적인 면에서는 외인도네시아 발전의 전형이 아닐 것이다. 소토지자작농의 성장점은 문화적,

사회적, 생태적으로 각기 달랐기 때문에 상업적 기회에 대해 이들이 취한 반응 유형도 달랐다. 코코넛 재배지가 매우 집중된 북술라웨시(미나하사) 마나도 Manado 주변—17, 18세기에 '말루쿠의 쌀 곳간'이던 지역—의 경우 수명이 긴 야자숲 그늘에서는 벼 재배가 불가능했기 때문에 코프라 시장에 전적으로 의존하는 완전한 단일작물 수출경제로 전환되었으며, 수출수익의 감소는 당장 식량부족을 야기하였다.[74] 고무나무가 기존의 화전 복합에 잘 통합된 잠비, 팔렘방, 칼리만탄 해안과 같은 대규모 평지에서의 상황은 이보다 탄력적이었는데, 고무 가격의 하락은 수액 채취 대신 벼 재배를 통해 최소한 부분적으로나마 상쇄될 수 있었다.[75] 하지만 여기에서조차 고무나무 재배는 생계농을 수출농으로 전환시키고 작물 경작을 밀어내는 경향을 보였다. 예를 들어 말라카 Malacca 해협 인근의 벤칼리스 Benkalis에서는 "고무 재배지가 매우 넓은 지역을 차지했기 때문에 식량작물을 경작할 새로운 경작지[화전지]를 만드는 데 적합한 토지가 사실상 부족했고, 이에 따라 고무나무를 벌목해야 하였다."[76] 아체 Aceh, 타파눌리 Tapanuli, 람풍, 그리고 티모르와 같은 소순다 열도의 일부 지역에서는 상업적 수출과 쌀 수입이 함께 증가하였다. 동시에 전통적으로 사고 sago야자를 경작하던 말루쿠에서 코코넛이 상업적으로 재배되면서 일부 지역으로 상당 규모의 쌀이 수입되었다.[77]

따라서 대다수 자바 농민이 농업의 내향적 정교화, 공유된 빈곤, 사회적 순응, 그리고 문화적 모호함을 향해 나아갈 때, 소수의 외곽 도서 농민은 농업 전문화, 노골적인 개인주의, 사회갈등, 그리고 문화

적 합리화를 향해 움직였다. 두 번째 방향은 더 위험했으며, 일부에게
는 도덕적으로 옹호되기가 더 힘들고, 미학적으로도 덜 매력적이었을
것이다. 하지만 최소한 미래를 미리 운명 짓지는 않았다.

제3부

결과

제6장 비교와 전망

미래는 너무 빨리 왔다. 1930년 붕괴가 일어났다. 이후 4년 동안 네
덜란드 동인도의 수출소득은 70퍼센트나 추락하였다.[1] 1940년 5월,
네덜란드는 독일에 점령되었고 인도네시아는 본국이 없는 식민지라
는 익숙하지 않은 상황에 맞닥뜨렸다. 1942년경 공백이 채워졌다.
본국의 수도는 도쿄였다. 1945년 8월, 인도네시아 공화국이 독립을
선언하였다. 1949년 말 독립을 성취하였다. 불황, 전쟁, 점령, 그리
고 혁명이 20년 동안 모두 일어났다.[2] 이제 남은 일은 시민전쟁과 끝
없는 인플레이션이었고, 마침내 1950년대에 그것이 찾아왔다.[3]

현재의 상황

하지만 이러한 일련의 격변이 인도네시아 경제에 미친 영향은 기대할
만한 수준에 이르지 못하였다. 주권이양, 사회의 완전한 정치화, 그리
고 급진적 민족주의의 승리는 경제활동의 도덕적 환경을 심대하게 변
화시켰다. 베르그송Henry Bergson의 기발한 역사주의적 금언이 이 상황
을 매우 적절하게 설명해 준다. "현재에는 과거 외에 아무것도 없다."
경제는 훨씬 더 비효율적으로 기능했지만 (더 정확하게 말하면 기능했기
때문에) 이전과 동일한 경제였다. 회사가 공포하고, 경작체계에 의해
발전되었으며, 기업농장체계에 의해 완결된 세 가지 주요 구조—기술
적 이중성, 지역적 불균형, 생태적인 내향적 정교화—는 지속되었다. 그리
고 이와 함께 인도네시아 사람의 열망은 계속 좌절되었다.

하지만 이러한 전체적 틀 안에서 많은 것이 변하였다. 석유를 제외
하고 이중경제의 자본집약적 부문에서 유럽 사람들의 역할은 전보다
훨씬 제한적이며, 1957년 12월 인도네시아 정부에 재산을 모두 몰수
당한 네덜란드는 이제 어떤 역할도 수행하지 않는다.[4] 불황기에 가장
심각한 타격을 받은 분야는 농장사업이었는데, 한 가지 목적에만 집
착한 일본인에 의해 대다수 설비가 고철로 변해 버렸고, 분노한 인도
네시아 혁명가에 의해 공장 대다수가 불타 버린 설탕산업은 최근의
호전된 상황에도 불구하고 이전 시대의 자취만이 남아 있을 뿐이다.[5]
델리와 그 주변에서 많은 농민집단—실업상태의 자바인 쿨리, 덜 비옥
한 인근 지역에서 이주한 수마트라 사람, 식민지적 통제에서 드디어 자유로

워진 지역농민—들이 과거 농장 농지에 속했던 백만 헥타르 이상의 땅을 생계농업 목적으로 전유했는데, 이는 일본인들이 이용되지 않는 농장에서 농장노동자들에게 식량작물을 경작시켜 이 지역을 자족지역으로 만들고자 했기 때문이다.[6] 1938~1955년에 인도네시아의 경작농장 수는 거의 절반으로 줄었다. 실질 경작면적이라는 면에서 본다면 감소분은 4분의 1을 조금 넘는 규모였다.[7]

이와 동시에 식량, 향료, 섬유 등을 희생하는 대신 산업용 원자재 수출을 지향했던 반세기 동안의 움직임은 신속하게 재개되었다. 1940~1956년에 고무, 주석, 석유의 수출량은 40퍼센트 증가한 반면, 다른 생산물의 수출액은 절반 정도 하락하였다. 그리고 고무, 주석, 석유가 전체 수출에서 차지하는 비중은, 앞서 언급했듯이, 1940년 3분의 2에서 1956년 거의 4분의 3으로 커졌다.[8] 따라서 수출 부문은 외인도네시아, 특히 수마트라의 생산물로 뚜렷하게 축소되었다. 자바에서 근소하게 회복된 사탕수수 생산도 생산물의 대다수가 이제는 국내에서 소비되었기 때문에 이 그림을 바꾸기에는 역부족이었다. 이에 따라 지역적 불균형이 확대되었다. 1939년 인도네시아 수출의 약 35퍼센트(수출액 기준)가 자바의 항구에서 선적되었으나 1956년에는 17퍼센트에 불과하였다.[9]

내향적 정교화 역시 가차 없이 계속 혹은 확장되었다고 말할 정도로 진행되었는데, 처음에는 주로 사탕수수 지역에서만 체감되던 과정이 이제는 거의 자바 전역에서 발견되었다. 1920년 통계를 기준으로 할 때, 1955년 유권자 명부에 기초한 자료(1961년 센서스의 군郡 단

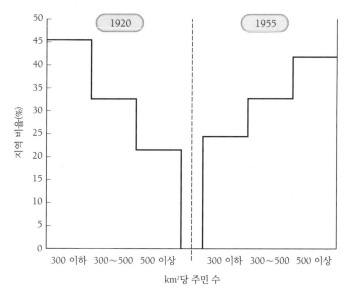

출처: Iso Reksohadiprodjo and Soedarsono Hadisapoetro, "Perubahan Kepadatan Penduduk dan Penghasilan Bahan Markanan(Padi) di Djawa dan Madura," *Agricultura* (Jogjakarta), I (1960), 3~107의 내용을 기초로 계산함.

그림 9. 자바의 인구밀도 변화

위 자료는 아직 이용이 불가능함)에 따르면 초기 인구밀집도가 가장 높던 지역의 인구학적 조건—아마도 사회적 조건 역시—이 더 많은 지역에서 수용되고 있다(그림 9). 두 자료의 평균점은 거의 비슷하지만, 과거 소수였던 초고밀도 지역이 이제는 가장 많아진 반면 상대적으로 인구분포 수준이 보통이었던 지역이 이제는 소수가 되었다. 이 자료를 자세히 분석한 이소 렉소하디프로조Iso Reksohadiprodjo와 수다르소노 하디사푸트로Soedarsono Hadisapoetro의 지적에 따르면, 몇몇 예외가 있지만 인구밀도가 높은 지역은 1920년과 1930년에 동일한 인구밀도 범주에 속한 반면 "1920년에 인구밀도가 낮았던 지역은 1930년에 밀도가 더 높아지는 경향을 보였고, 1955년에 들어서 훨씬 더 뚜렷해졌다."[10] 따라서 1920~1955년에 자바 전체의 인구밀도가 대략 54퍼센트 증가한 반면, (과거의) 주요 사탕수수 재배 군의 인구밀도가 12퍼센트 정도만 증가한 이유는—이를 증명할 통계자료가 존재하지는 않지만—사람들이 불황으로 피폐해진 지역에서 도시로 많이 이주했고 부분적으로는 인구밀도가 낮은 농촌지역으로 지역 내에서 이동했기 때문이었다.[11] 일인당 미곡 생산량 통계 역시 같은 그림을 보여 준다. 지난 35년 동안 생산량은 자바에서 5분의 1 정도 하락했지만 주요 설탕 재배 군에서는 10분의 1만 감소했는데, 부분적으로 이는 사탕수수 강제재배의 해제 때문이며, 이로 인해 몇몇 지역—특히 수라바야 남쪽의 시도아르조 삼각주—에서는 1920년 일인당 미곡 생산량이 유지되었다.[12] 요약하면, 전체적으로 '내내인도네시아'와 '내인도네시아' 사이의 뚜렷한 경계는 완전히 희미해졌다. 한때 특정 지역에 국한되었던 병은 이제 유행병이 되어 버렸다.[13]

따라서 정치적·경제적·지적 혼란이—최소한 국가적 수준에서—거의 파국 단계에 이르렀을지라도, 생태적으로 보면 인도네시아의 전후戰後 모습은 전전戰前과 거의 유사하거나 전혀 변하지 않았다. 자바는 탈전통적 수도작 농민 마을, 즉 거대하고, 인구가 많고, 모호하고, 기가 꺾인—농촌의 비산업화된 대중사회의 상황을 예시하는—공동체로 가득 차 있다. 전통적 수도작 농민마을이 지배적이던 내인도네시아의 나머지 지역—발리, 롬복, 내향적으로 덜 정교화된 자바의 일부 지역—
과 외인도네시아의 몇몇 고립지역(미낭카바우 중심부, 타파눌리바탁
Tapanuli Batak, 술라웨시의 남서부)은 인구밀도가 높지만 아직까지 과도
하지는 않으며, 확립된 친족, 정치 및 종교제도를 강력하게 유지하고
있다. 외인도네시아는 ① 자본집약적 기술과 정처 없는 이주노동력
이 혼재하는 지역화된 농장과 고립된 광산지역, ② 정부의 경제정책
으로 인해 피해를 입고 있으며 몇몇 지역에 밀집한 소토지자작농의
수출작물 경작, ③ 넓은 서부 도서 지역의 열대우림 내륙과 몬순기후
의 협소한 동부 도서 지역의 가파른 삼림 구릉지에 퍼져 있는 전통적
이며 주로 친족조직에 기반을 둔 화전민 등으로 특징지어진다.[14]

인간의 역사에서 '마지막' 그림은 그것이 변화하기 이전까지만
'마지막'이다. 하지만 '변화의 바람', '각성하는 동양', 혹은 '높아지
는 기대에 따른 혁명'과 같은 슬로건에도 불구하고, 그리고 자카르타
에서 전체주의적 정부가 확립될 실질적 가능성에도 불구하고, 인도
네시아의 적응유형 그리고 이를 구성하는 문화핵심의 다원성이 보여
주는 윤곽이 가까운 미래에 변화될 것 같다는 증거는 찾아볼 수 없
다. 최상층부가 선언한 신뢰하기 힘든 낙관론에도 불구하고, 기본적
으로 인도네시아는 상실된 기회의 모음집이며 낭비된 가능성의 저장
소이다.

자바와 일본

발전의 기회와 가능성을 붙잡은—일생일대의 기회를 가리키는 속담처럼 손가락 사이로 빠져나가는 것을 허용하지 않은—다른 지역을 검토하면 인도네시아가 잃어버린 기회와 가능성을 좀 더 심도 있게 이해할 수 있다. 역사적으로 '발생했을 듯한 일'은 실제 일어나지 않은 일이다. 어떤 시각에서 본다면 그 일이 실제 일어나지 않았다는 사실 이외에 달리 이야기할 것은 없다. 하지만 그것이 발생했을 수도 있었다는 사실이 중요하지 않다고 말할 수는 없다. 왜냐하면 "실제 발생한 일에 대한 이야기가 당시 일어난 모든 일들에 대한 기록은 아니며, 발생하지 않은 것을 통해 추정하지 않는다면 그 의미를 밝혀낼 수 없는 역사적 순간이 존재하기" 때문이다.[15] 프로스트Frost가 말한 것처럼, 모든 차이를 불러일으키는 것은 가보지 않은 길이다.

자바의 경우와 비교하기 쉬운 사례는 일본이다. 양자 사이에는 지리, 역사, 문화, 그리고 물론 일인당 소득(일본의 일인당 소득은 자바의 일인당 소득의 2배에 달한다) 등 많은 차이가 있다.[16] 하지만 동시에 많은 점이 유사하다. 양자 모두 인구밀도가 높다. 농업의 영역에서 양자 모두 소규모 농지, 노동집약, 벼를 중심으로 한 다작물 경작체제에 의존한다. 서양과의 폭넓은 만남과 커다란 내적 변화에 직면하여 양자 모두 상당한 정도의 사회적·문화적 전통주의를 어떻게든 유지해 왔다. 농업 부문의 경우 19세기 중반으로 되돌아가면 갈수록 양자의 유사점이 점점 더 많아진다. 메이지 시대가 시작될 때(1868) 일본의 헥타르당 미곡 수확량은 기업농장체계 시작 당시(1870) 자바의 수확량과 거의 동일하다. 오늘날에는 일본의 수확량이 2.5배 정도 높다.[17] 1878년~1942년, 농업에 종사하는 일본 노동력의 비율은 80퍼센트에서 40퍼센트 정도로 감소하였다. 19세기 말 자바의 비율에 대해서는 관련 자료가 없지만, 1930년—그리고 아마 지금까지도—에도 65퍼센트 이하로 떨어지지 않았다.[18] 다음 자료는 훨씬 더 무모한 추정치이지만, 일본에서 1880년대 농업생산이 국민순소득에 기여한 비중은 1950년대 자바의 것과 유사했고, 1950년대에는 1880년대의 3분의 1로 크게 줄어들었다.[19] 일반적으로 고려하는 중요한 배경상의 차이를 전부 인정할지라도 우리는 이 두 사회를 바라보면서 다음과 같은 질문을 억누를 수 없다. 무엇이 한 나라에서는 일어났고 다른 나라에서는 일어나지 않았는가?

이 질문에 만족할 만한 답을 하려면 두 문명의 경제적·정치적·문화적 역사 모두를 고려해야 할 것이다. 하지만 주로 생태적 측면에 한정하더라도 놀랄 만한 차이가 눈에 많이 띈다. 가장 현저한—그리고 가장 결정적인—차이는 급격히 증가한 인구를 이용한 방식이다. 1870~1940년에 자바는 증가한 인구—대략 3,700만 명—의 대부분을 앞서 설명한 농촌마을의 탈전통적 사회체계로 흡수했다. 그러나

근대화의 첫 세기에 일본은 농업 부문에서 상대적으로 고정된 인구를 유지했지만 전체 인구는 2.5배 증가하였다. 실질적으로 증가한 노동력은 모두 비농업 활동에 흡수되었다. 농촌 인구 규모는 거의 변

하지 않았다. 국가인구의 자연 증가분은 대부분 도시지역으로 흡수되었다.[20]

1872년에서 1940년까지 총인구가 대략 3,500만 명 증가했음에도 불구하고 일본의 농업인구는 1,400만 명(혹은 550만 가구) 정도를 꾸준히 유지하였다.[21] 자바의 농업인구에 대해서는 참고할 만한 통계가 없지만, 매우 보수적인 계산에 따르면 이 기간 동안 자바의 농업 인구는 매년 평균 1퍼센트 이상 증가하였다.[22] 요약하면 일본은 내향적으로 정교화하지 않았다. 이는 자바 농민에 대한 분석에 반대하여 제기할 수 있는 논 결정론paddy-field determinism이라는 비판의 허를 찌를 수 있다. 그렇다면 일본은 무엇을 하였는가?

우선 일본은 경작지가 아닌 노동자 일인당 농업생산성을 증가시켰다. '가장 최신의, 최고 수준의 계산법으로' 오카와Kazushi Ohkawa와 로소프스키Henry Rosovsky가 추산한 바에 따르면, 농업노동의 생산성(순생산/노동력)이 1878~1917년에 매년 2.6퍼센트 증가하였다.[23] 따라서 내가 (훨씬 불충분한 계산으로써) 증명하려고 시도한 것처럼, 최소한 제1차 세계대전까지 자바가 노동자 일인당 생산량이 아닌 헥타르당 생산량을 증가시켰다면, 일본은 거의 같은 시기 동안 양자 모두를 증가시켰다. 자바와 마찬가지로 일본에서도 소유권 통제의 기본구조, 생산 단위의 일반 형태, 농촌 문화의 일반적 유형이 상대적으로 변하지 않은 것처럼 보이기 때문에, 두 나라의 대조적인 상황은 매우 인상적이다.

생산량과 생산성의 증가는 주로 도쿠가와 시대에 전승된 전통적 유형의 농촌조직에 기초하였다. 가구당 평균 1헥타르 정도의 소규모 가족농, 농민 토지소유주와 소작농의 구분, 높은 현물 임대료 같은 특징 모두는 그 기간(1878~1917) 동안 유지되었다. 동시에 토지집중화 경향이 강하지 않았으며, 이는 소규모 토지의 분산된 소유방식을 보존시켰다.[24]

농업을 조방화하려는 움직임의 부재, 대토지 소유자와 농촌 프롤레타리아라는 계급적 양극화를 향한 뚜렷한 움직임의 부재, 가족 중심적 생산단위의 급진적인 재조직의 부재는 20세기 이후 자바와 일본에서 공통적으로 나타난 특징이었다.[25] 하지만 일본은 농업노동자 일인당 생산성을 236퍼센트 증가시킨 반면, 자바는—농장을 잠시 제쳐 놓는다면—이를 거의 증가시키지 못하였다.[26] "변하면 변할수록 그대로이다"라는 말은 자바의 상황을 적절하게 요약해 준다. 하지만 일본의 경우에는 "그대로 있으면 있을수록 변화한다"라고 써야 할 것이다.

이러한 차이에 대해 바로 나오는—그리고 가장 흔히 거론되는—설명은 일본 농업의 높은 기술적 진보이다. 관개를 확장하고, 토지를 개간하고, 종자를 개선하고, 비료 이용이 증가하고, 협동적 활동이 보다 효율화되고 광범위해지고, 씨뿌리기가 집약화되고, 제초와 수확 방식이 발전하고, 농업지식이 확대되었다.[27] 두 국가 간의 기술 수준을 과장되게 대조하는 경우가 많긴 하지만, 특정 측면에서 보았을 때 이러한 명제에는 의문의 여지가 없다. 일본의 농민 일인당 생산성의 급증이 "소규모 생산 단위가 유지되는 가운데 농업 관행에서 발생한 본질적 개선"에 기인하고 있음은 확실하다.[28] 그럼에도 불구하고 이 설명은 불만족스럽다. 첫째, 현재에 대한 다소 무비판적인 해석을 과거에 적용한 설명이다. 일본이 돌이킬 수 없을 정도로 '도약'했고 자바가 내향적으로 명백하게 정교화되었던 20세기 초반까지 두 농민경제의 기술적 진보의 수준이나 속도의 차이는 그 이후 시기와 달리 그리 크지 않았다.[29] 둘째, 사실적인 면에서 타당하다는 점을 고려해 보면 이 설명은 같은 질문을 다른 방식으로 바꾸어 말하고 있을 뿐이다. 즉, 우리가 설명하고자 하는 것은 이러한 기술진보상의 차이이다. 예를 들면 1870년—경작체계와 도쿠가와 시대 모두가 종결된 시기로서 양자의 분리는 이 시기의 종결을 통해 설명할 수 있다.—에 두 국가의 기술 수준에는 커다란 차이가 존재하지 않았다.

두 나라가 대조적인 길을 걷게 된 결정적인 원인은, 노동집약적이고 소규모적이고 가족농적이며 벼와 이차 작물의 동시경작 형태를 취하는 전통적 생태계가 일련의 근대식 경제제도와 관련되는 방식이었다. 구체적으로 말하자면, 일본의 농민농업이 토착인 소유 제조업 체계의 확대와 상호 보완적으로 연결되었다면, 자바의 농민농업은 외국인 경영 농공업 구조의 확대와 상호 보완적으로 연결되었다. 일본에서는 자본집약적 부문의 노동생산성이 증가함에 따라 노동집약적 부문의 노동생산성도 증가하였다. 자바에서는 자본집약적 부문의 노동생산성이 증가할 때 노동집약적 부문의 노동생산성은 거의 변하지 않았다. 일본의 농업 부문은 산업 부문이 출현한 30년간의 결정적 기간 동안 주로 매우 과중한 토지세를 통해 산업 부문을 지원하였다. 자바에서 농민 부문은 값싼 노동력과 토지 제공을 통해 산업 부문을 지원하였다. 일본에서 산업 부문은 일단 성장하게 되자 농업 부문에 값싼 상업비료, 좀 더 효율적인 농기구, 기술교육과 관개에 대한 지원, 그리고 제1차 세계대전 이후에는 초보적 기계화를 제공함으로써, 또한 모든 종류의 농산물에 대하여 확대된 시장을 제공함으로써 농민 부문의 활력을 재생시켰다. 자바의 경우 농공업 부문의 번영이 가져온 재생효과의 대부분을 네덜란드가 가져갔고, 우리가 살펴본 것처럼 농민 부문은 오히려 활력을 빼앗겼다. 일본을 지속적으로 움직이게 만들고 궁극적으로 어려운 고비를 넘어 지속적 성장으로 나아가게 했던 두 부문 사이의 역동적 상호작용이 자바에는 부재하였다. 일본은 가지고 있던 통합된 경제를 유지했지만 자바는 이를 상실하였다.

전체적으로 볼 때, 19세기 중반의 매우 결정적인 40년—1830~1870년—동안 일본은 통합된 경제체계를 유지했고 자바는 잃어버렸다. 판 덴 보스가 자바의 전통 수도작 체계 위에 수출작물 경제를 덮어씌우고 있을 때, 일본은 서구의 간섭을 막고자 쇄국을 했고 자체적으로 보다 상업화되고 보다 활동적인 농촌경제를 향해 나아가고 있었다.[30] 두 사회 모두에서 농민농업은 전체적인 수준에서는 불변적인 기본 체계 내에서 점진적으로 보다 노동집약적으로, 보다 기술적으로, 보다 생산적으로 변해 가고 있었다. 하지만 자바에서 생산량의 증가는 그에 수반하는 인구폭발에 압도되었다. 일본에서 인구는 거의 동일하게 유지되었다.[31] 두 사회에서 농민의 농업생산성은 증가하였다. 한 곳에서 그것은, 나중에 판명되었듯이, (주로 공물적 세제의 운영을 통해) 미래에 토착 제조업 체계에 투자하기 위해 말하자면 비축되었다. 하지만 다른 곳에서는 외국인이 운영하는 농장에서 증가하는 비정규 노동력(즉, 강제노역 의무의 5분의 2를 떠맡은 농민)을 보조하는 데 바로바로 소비되었으며, 인도네시아의 '도약'에 적절하게 자금을 공급할 잠재력은 낭비되었다.

하지만 두 경제의 이야기를 완전하게 이해하기 위해서는 결말을, 즉 40년의 결정적 시기에 '도약'을 거쳐 지속적 성장으로 나아간, 내향적 정교화를 거쳐 정태적 확장으로 나아간 후 그 상황이 90년간의 완숙기로 이어진 과정을 비교해야 한다. 대략 1830년부터 제1차 세계대전이 종결되기까지 두 사회에서 나타난 대조적 발전유형을 개괄적으로 요약하면 다음 페이지의 표와 같다.

"홀로 남겨져 있었다면" 자바가 일본의 길을 따라갔다거나 현재 더 높이 성장할 경제적 상황에 있었을 것이라는 식의 가정을 하려고 자바와 일본을 비교하는 것은 아니다. 네덜란드가 인도네시아를 식민화하지 않았다면 무슨 일이 일어났을까라는 물음은 가설의 수준에서조차도 해답을 구할 수 없는 질문이다. 이는 역사적 사건이 어떤 다른 방식으로 일어났을까라는, 경우의 수가 무한대인 문제에 달려 있기 때문이다. 또한 '도약'을 성취하기 위해 어쨌든 자바는 일본의 발전 경로를 좇아가야 한다고 가정하려는 것도 아니다. 자바 내·외

	자바	일본
기술	전체 기간 동안 (그리고 아마도 이전 시기 역시) 전적으로 노동집약적 방식을 통해 점진적으로 개선되었다.	전체 기간 동안 (사실상 도쿠가와 시대 내내) 점진적으로 개선되었다. 대략 1900년까지 주로 노동집약적 방식으로 진행되었지만, 이 시기 이후에는 주로 비료를 통해 자본 투입량이 급속히 증가하였다.
인구	교통시설 개선과 치안 안정에 따른 사망률 하락, 그리고 경작체계하 노동-세금 압박에 따른 출생률 증가로 인해 1830년 이후 인구가 급격히 증가하였다. 하지만 초기의 짧은 기간을 제외하면 인도네시아인 생활수준의 전반적인 향상이 인구증가의 원인은 아니었다.	국가적 생활수준의 향상에 따른 사망률 하락과 (간접적으로) 제조업에서의 고용기회 확대에 따른 출생률 증가로 인해 1870년 이후에야 인구가 급격히 증가하였다.[32]
고용	전통적 농업활동 외부에서 의미 있는 확대는 없었지만, 노동생산성이 아닌 토지생산성을 향상시킨 노동흡수적 생산기술의 완성을 통해 농업 내부에서의 확대는 가능하였다. 농민은 (처음에는 정부, 이후에는 개인) 미숙련 임시노동을 농장에 제공했지만 임금이 한계생산성보다 훨씬 낮았기 때문에 이들의 생계비용은 대부분 마을경제가 부담하였다.	산업 부문의 급속한 팽창이 전체인구 증가를 흡수하였다. 농업 부문의 고용률은 거의 변함이 없었으며, 토지와 노동생산성 모두가 증가하는 상황에서 후자가 70퍼센트 이상 급증하였다.[33]
도시화	지체됨. 도시와 읍이 전체인구 증가 속도보다 훨씬 느리게 성장했으며, 보통 도시생활과 연결되는 출산율 억제효과는 거의 없어서 후기산업사회식 인구성장의 감속이 지연되었다.[34]	메이지 유신 이후 특히 가속화되었다. 도시와 읍이 전체인구 증가 속도보다 훨씬 빨리 성장하였다. 자연증가율이 도시 지역에서 적당히 억제되었기 때문에 도시화는 주로 도농 간 이주 증가에 기인하였다.[35]
일인당 소득	농민 부문의 경우 전체 기간 동안 거의 일정하였다. 농장 부문에서는 급격히 증가하였다.	농민 부문에서 점증적으로 증가했고, 이는 메이지 유신 이후 제조업 부문에서의 급속한 증가를 재정적으로 뒷받침하는 데 이용되었다.[36]
경제적 이중성	점점 더 심각해짐. 농장 부문으로 자본 투입이 증가하고 농민 부문으로 노동 투입이 증가하였다. 중간적 산업활동이 거의 없는 상황에서 두 부문이 문화적·사회적·기술적으로 분리되었다.	두 부문은 뚜렷이 구분되었지만 문화적·사회적·경제적으로 두 부문이 밀접하게 연계되고 소규모 산업활동이 번성함으로써 두 부문의 차이가 완화되었다.[37]

부에서 세계는 계속 움직여 왔기 때문에 오늘날 자바가 대면한 대안은 한 세기 전 일본이 직면했던 것과 다르다. 자바와 일본을 비교하는 이유는, 자바에서 발생한 상황과 현재적 상황의 본질을 이해하기 위해 대조적이지만 비교할 만한 사례를 보여 주기 위해서이다. 슬프게도 일본의 경제사는 자바가 따라가야 할 표준이 아니며, 고맙게도 자바의 경제사는 일본이 벗어나야 하는 병이 아니다. 일본의 경제사는 몇몇 핵심적 매개변수가 바뀐 자바의 경제사이며(이 명제는 반대 방식으로도 진술할 수 있음), 여기에 비교의 중요성이 존재한다.

두 개의 변경된 매개변수가 존재한다. 첫째, 자바의 식민정부는 일본에서 강력한 토착 엘리트로 대체되었다. 둘째, 자바의 자본집약적 농업 발전은 일본에서 자본집약적 제조업 체계의 발전으로 대체되었다. 이러한 주요한 매개변수적 차이의 이면에는 수많은 또 다른 변수들이 존재한다. 일본 엘리트의 힘은 일본 문화의 일반적 특징인 전통적이며 종교적으로 뒷받침되는 정치적 충성 유형에서 성장하였다.[38] 자바의 식민화는 부분적으로 동양의 교차로라는 지리적 위치, 잘못된 시기에 적절한 향료를 가지고 있던 이웃, 인도네시아 고대국가의 내재적 불안정성의 단순한 반영이었다. 앞서 지적했듯이 수출용 설탕과 생계용 쌀을 자연스럽게 이중 파트너로 만들 수 있었던 자바의 열대기후와 여타의 물리적 특성이 일본에는 없었으며, 일본의 온대기후 조건은 농장농업 유형이 적응적이지 않도록 만들었을 것이다. 그 외의 차이—대중과 엘리트의 세계관, 미시생태적 조건, 17세기 이전의 역사적 발전, 사회계층과 사회적 유동성의 유형, 시장체계 등—도 같은 맥락에서 거론할 수 있다. 완전한 비교론적 분석을 하려면 이들 모두를 (주어진 하나의 체계 내에서의 행동에 영향을 미칠 매개변수의 변화가 제한 적이지 않기 때문에 최소한 이들 중 더 중요한 것들을) 추적하고 그 상대 적 중요성을 평가해야 한다.[39] 하지만 생태적 그리고 어느 정도로는 경제적 수준에서, 이들은 앞의 가장 결정적인 두 가지 차이를 통해 표현된다. 단순화로 인해 살아나고 단순화로 인해 시들어 가는 것이 모든 과학의 경향이다.

결정적인 존재는 식민정부였다. 그것은 전통 자바경제에 내재한 성장잠재력—메이지 유신 당시 일본 전통경제의 '불황'을 설명하는 데 쓰 인 표현을 인용하자면, "토지 위의 과잉노동과 토지로 집중된 생산성"—이 자바(혹은 인도네시아)가 아닌 네덜란드의 발전을 위해 이용됨을 의미 했기 때문이다.[40] 이러한 사실은 (생계영농을 제쳐 놓을 경우, 1939년 인 도네시아에 거주하는 유럽인의 일인당 소득 추정치는 인도네시아인보다 100배 이상 많았지만) 단순히 금전적 수익의 문제만은 아니었는데,[41] 농장 산업의 성장에 따라 자바의 '토착인 복지'—건강 수준, 농민 대상 대출 등—관련 경비가 큰 폭으로 증가할 수 있었기 때문이다. 이는 즉 각적인 이익 혹은 손해의 문제만이 아니었는데, 의도하지 않았지만, 성장에 따른 몇몇 부수물이 농민의 단기적 이익—관개조건 향상, 교통 시설 개선, 외국제품 이용 가능성의 확대 등—을 높이는 데 이바지했기 때문이다. 이는 근본적으로 근대산업에 내재하는 사회에 대한 변동 촉진효과transformative impact의 문제였다. 인적 자본의 개선과 물적 자 본의 확대, 근대적 기업가 계층의 형성과 효율적 시장체계의 구체화,

숙련되고 훈련받은 노동인구의 형성과 노동생산성의 증가, 저축성향의 촉진과 실행 가능한 재정적 기관의 구축, 기업가적 사고방식의 주입과 효율적인 경제조직 형태의 발전 등 산업주의에 기반하여 주로 내적으로 창출된 이러한 문화적·사회적·심리적 자원 모두는 농장이 생산한 상품과 함께 수출되었다. 부커가 이중성의 원인으로 설정한 네덜란드인과 자바인 사이의 '경제적 심성'의 차이는 그 결과였다. 자바 사람은 '정태적'이었기 때문에 빈곤해진 것이 아니다. 그들은 빈곤해졌기 때문에 '정태적'이었다.

자바에 도입된 자본집약적 산업의 형태가 농업이었다는 사실은 이러한 과정을 더욱 강화하였다. 제조업 이상으로 농산업industrial agriculture—특히 사탕수수 경작—은 전통적 노동력과 근대화된 관리직 엘리트를 뚜렷이 분리할 수 있다. 도시로 갈 수밖에 없던 일본 농민은 전통적 방식을 좇아 만들어진 공장조직 그리고 이들의 전이를 용이하게 하기 위해 유지된 고향마을과의 연대라는 상황에 놓여 있었지만, 상대적으로 잘 훈련된 제조업체계의 전일제 구성원이 되었다.[42] 자바 농민은 문자 그대로 자기 논에서 나와야 할 필요가 없었다. 산업 특성상 기능적으로 요구되는 규율이 더욱 엄격한 제조업과 비교할 때, 농장농업은 비산업 노동력을 산업생산 장치에 결합시킬 효율적인 방식이었다. 전통적 요소가 아무리 강하게 유지될지라도 제조업은 그와 연계된 모든 수준의 사람에게 생활방식의 심각한 탈구dislocation와 사고방식의 재설정을 필연적으로 결과한다. 1920년 이후, 특히 1945년 이후의 일본 역사가 증명하듯이 제조업은 근대주의를 위한 보통

학교였다. 이러한 효과를 무디게 만드는 것이 농장산업의 본질적 특성인지 아니면 단순한 우연인지는 논쟁의 여지가 있지만, 어떤 일이 진행된 방식이 원리상 진행되어야만 했던 방식이라고 가정하는 것은 너무 단순한 생각이다. 최소한 제조업처럼 농산업체계가 대중의 경제적 근대화를 가져올 효율적 학교라고 가정할 수는 있으며, 이와 유사한 경우를 하와이에서 실제로 발견할 수도 있다. 하지만 이 체계에서는 민츠Sidney Mintz가 농촌 프롤레타리아―문화적·사회적·심리적 결실을 얻지 못하고 산업화에 수반되는 고통만을 얻게 된 불행한 쿨리 노동력―라 명명한 사람들이 자연스럽게 형성될 가능성이 높음을 부정할 수 없을 것이다.[43] 1830년 이후 자바 식민 역사의 진정한 비극은 농민이 고통받았다는 것이 아니다. 다른 지역의 농민이나 19세기 극빈층의 일반적인 비참함을 생각한다면 자바 농민의 고통은 상대적으로 가벼워 보이기까지 한다. 비극은 이들이 고통의 대가를 전혀 받지 못했다는 점이다.

미래의 개관

많은 것이 사라졌지만 또 많은 것이 남아 있다. 인도네시아의 일인당 식량소비량은 상대적으로 안정적이던 기간이 오랫동안 지속된 이후 지금에야 하락하는 듯하지만, 여전히 인도, 모로코, 탕가니카(1964년 잔지바르와 합병해 탄자니아가 되었다.―옮긴이)나 버마(현재 미얀마―옮긴이)보다 낮지 않다. 사실상 서남아시아와 동남아시아에서는 말레이시아와 필리핀만이 인도네시아를 앞지른 것 같다.[44] 그렇다고 국부의 배분이 극단적으로 불평등하지도 않다. 아마 중국 정도를 제외하고 인도네시아는 아시아의 다른 나라에 비해 금권정치 문제가 적은 국가일 것이다. 더 중요한 점은, 150년 동안 경제적으로 정체되었음에도 불구하고 인도네시아 경제는 '지스러기 석탄', 즉 성장하는 데 필요한 잠재력을 어느 정도 가지고 있다는 것이다. 인도네시아가 현재 이러한 잠재력을 헛되이 낭비하고 있다는 점은 좌절스런 현실이다.

석유, 광업, 남아 있는 제조업을 제외하고, 농업경제에 자본이 투자될 주요 가능성은 세 가지이다. 첫째, 일본 농경에서 주요한 기술적 진보 중 하나인 비료가 현재까지 자바에 충분히 적용되지 않았으며 종자선별 기술의 개량 역시 그러하다.[45] 둘째, 외인도네시아 일부 지역에는 화전에서 상업적 영농으로 나아가는 농업혁명이 존재한다. 셋째, 지금은 대부분 인도네시아 정부가 경영하는 오래된 농장 부문이 존재한다. 하지만 이처럼 다양한 기회를 이용하는 일은 농경제학자나 경제학자, 민족주의적 정치인이 생각하는 것보다 훨씬 더 어렵다.

비료와 종자선별 기술의 개량이 자바를 포함한 인도네시아의 농업 생산량을 상당히 증가시킬 수 있다는 점은 거의 틀림없다.[46] 750차례에 걸친 자바에서의 현지실험에서 "적절한 [화학] 비료가 작물 생산량을 최소 20퍼센트, 일반적으로 30퍼센트, 어느 경우에는 이보다 훨씬 높게 향상시켰다"라는 사실이 밝혀졌다.[47] 시험재배보다 실제 재배 시 일부 증가분이 덜 극적이고 덜 지속적인 것으로 판명될 가능성을 인정하더라도, 인공비료는 인도네시아의 식량공급을 확실히 증가시킬 잠재력을 갖고 있다. 하지만 제조, 가격 등의 문제를 제쳐두더라도 단순히 기술적으로 접근하는 방법은 부적절하다. 이전 시기의 관개, 경작기술, 작물 다양화 개선이 그러했던 것처럼 비료를 통한 생산량 증가가 자바의—인도네시아의—농업 딜레마에서 빠져나올 유일한 방법일 수는 없다. 쌀을 제외한 작물의 경작 확대와 관련된 표 4(125쪽)의 자료는 지난 몇십 년간에 걸쳐 20퍼센트 이상 증가한 농업생산성을 보여 주지만, 일인당 소득의 증가, 나아가 지속적 성장이라는 면에서는 궁극적으로 어느 것도 성취되지 못하였다. 1880~1939년에 네덜란드가 관개 및 홍수조절 시설 건축에 2억 5천만 길더를 사용했다고 추정되지만,[48] 자바 농민은 자신들이 처음 존재했던 바로 그곳에 마지막까지 그대로 남아 있었다. 핵심적 문제는 자바가 생산량을 증가시킬 수 있는지가 아니다. (아마도 전통적 논의 마지막 전력투구를 통해 실현될) 이러한 증가가 일본에서와 같이 점증하는 인구가 흡수될 산업부문의 재정적 지원에 이용될 수 있는가이다. 그렇지 않다면 경제는 역시 서서 헤엄치는 식이 될 것이며, 이는 도움의 손길이 없어 당장 물에 빠지는 상황과 비교해 보면 애매모호한 개선일 뿐이다.

혁명 이래, 인구증가분 중 점점 더 많은 비율이 잉여 공무원, 시간을 때우는 학생, 할 일이 거의 없는 상인, 실직한 비숙련노동자로 도시에 흡수—'축적'이 더 나은 표현일 것이다.—되었다. 따라서 인도네시아는 도시화 없는 산업화에서 산업화 없는 도시화로 이동하고 있다.[49] 비농업생산이 성장하지 않는 한, 도시화의 경제적 효과는 도시

유입 인구가 (증가분의 다수를 여전히 흡수하고 있는) 마을체계로 곧바로 수용되는 경우와 상당히 유사한데, 왜냐하면 빈곤의 공유 유형이 농촌과 도시 거주자를 포괄하면서 확장되기만 할 뿐이기 때문이다. 농업 생산성의 증가는 확실히 이러한 상황을 잠시 완화해줄 것이다. 하지만 이는 벌써 오랫동안 미뤄져 온 심판의 날을 잠시 연기하는 것일 뿐이다. 증가한 인구의 대부분이 ('인적 자본'에 대한 투자를 포함한) 산업투자로 흡수될 때에만 비료와 기술 개선이 전체 경제상황에 역동적인 요소로 기여할 것이다. 만약 이런 식으로 흡수되지 않는다면 지금처럼 농업에서뿐만 아니라 전체 사회에서 내향적 정교화의 과정은 더욱더 가속화할 것이다.

비료 사용은 농민농업에 있어 자바의 마지막 카드이지만, 이전의 카드가 모두 그랬듯이 같은 방식으로 낭비될 것이 거의 확실한 정치적·문화적 분위기 속에서 꺼내들어야 하는 카드라는 점은 아이러니하며 우울한 사실이다. 혁명적 포퓰리즘의 수사에도 불구하고, 인도네시아 문명의 진정한 재건이 부재한 상황에서 자바의 소규모 토지에 비료를 쏟아부어 발전의 지속적 방향을 바꾸고자 할 경우 그 결과는 이전의 근대적 관개, 노동집약적 경작, 작물 다양화처럼 무기력이라는 한 측면만 성장시킬 듯하다. 이는 농민농업의 기술적 개선을 반대한다는 주장이 아니다. 인간 역사의 개방성에 반대한다는 주장도 아니다. 이는 단기적 이익에 초점을 맞춤으로써 사건의 일반적 추이를 덮으려는 근시안적인 실용주의적 낙관론에 반대한다는 주장으로서, 이러한 낙관론은 기술 진보의 문화적·사회적·심리적 맥락을 고려하지 않음으로써 치유해야 할 질환을 도리어 악화시키고 말 것이다.

화전경작에서 수출경작으로의 발전이라는 외곽 도서의 내재적 가능성은 비료처럼 실제적이지만, 같은 이유로 인해 동일한 문제를 야기한다. 산업작물의 소규모 상업재배가 인도네시아의 경제적 역동성의 주요 원천이 될 수 있다는 사실은 전전戰前 경험을 통해 충분히 증명되었다. 예를 들어 소토지자작농의 고무재배 면적은 15년 동안 (1925~1940) 300퍼센트 이상 급증했고, "이전까지 인도네시아에 존재하지 않았던 화폐의 흐름을 낳았다."[50] 하지만 이러한 열광은 외인도네시아가 결국 전체 인도네시아의 일부라는 단순한 사실 때문에 사그라들고 만다. 세계적 가격변동이나 기술적 변화보다는 자바의 내향적 정교화 과정이 이러한 영농이 전개되는 경제적 환경을 구성하는 가장 직접적인 요소이다. 이 환경이 성장과 비타협적이라는 사실은 이제 명백해졌다.

전체적인 문제를 가장 잘 보여 주는 사례로서, 압도적으로 중요해진 소규모자작농의 수출작물인 고무에 대해서 살펴보자.[51] 오늘날 소규모 수출농은 주로 고무 경작자(그다음으로 커피나 코프라 경작자)이기 때문에, 인도네시아 경제를 점점 더 견고해지는 틀에서 끌어낼 수 있는 외곽 도서 농업의 힘과 관련된 문제는 지속적 성장을 향한 국가적 전이과정에서 고무가 선도적 부문이 될 수 있느냐라는 문제로 환원된다.

국제정치적 조건을 배제하더라도, 이 문제를 검토하기 위해서는 합성화학제품과의 경쟁에서부터 세계 산업의 고무 투입량 수요 변화까지를 포괄하는 다양한 범위의 특별한 요소들을 고려해야 한다(소토지자작농의 고무 생산량은 한국전쟁 기간 동안 역사상 최고치에 달하였다).[52] 하지만 이 책에서 추구하는 분석을 하려면 두 가지 주요 고려 대상에 초점을 맞추어야 한다. 첫째, 생계경작과 비교해 고무경작이 외곽 도서 토지와 노동을 이용하는 데 얼마나 유익한가, 둘째, 이 차이가 고무산업 자체의 확장과 개선이나 다른 생산적 산업의 성장을 위한 투자로 얼마나 전환될 수 있는가이다. 이러한 면에서 보았을 때 자바의 내향적 정교화 과정은 발전에 반하여 작동한다. 이 과정이 진행될수록 고무와 다른 작물로써 획득한 수출수익의 대부분이 수입식량과 다른 수입 필수품(섬유 등)으로 전환될 것이며, 이미 이 과정에 통합된 관개 개선과 작물 다양화, 통합될 우려가 있는 비료처럼 고무 역시 이 과정에 점차 통합될 것이다. 인구성장률이 상대적으로 변하지 않고 지속되는 상황에서 고무 경작과 수출은 일인당 소득을 거의 일정한 수준으로 유지시키는 또 다른 방식이 될 뿐이다.[53] 외곽 도서의 수출농업은 자바의 생계농업이라는 연의 단순한 꼬리가 되어 버려 생계농업을 새로운 방향으로 이끌기보다는 그것에 끌려갈 것이다. 즉, 충격을 주기보다는 안정시킨다.

이러한 결과는 비료, 관개, 혹은 작물 다양화의 경우에만 불가피하게 일어난 결과이거나 어떤 신비로운 발전적 힘에 내재한 결과가 아니라 인도네시아 국민생활의 현재 상태에서도 나타날 수 있는 일이며, 실제로 이미 나타나고 있다. 특히—쌀 수입 보조를 포함한—적자

재정과 비현실적으로 '유리한' 공식환율의 결합은 외인도네시아 '농업혁명'의 활기찬 힘을 대부분 내인도네시아의 '정태적 확장'으로 전환시킨 메커니즘이었다.[54] 이러한 (그리고 다른) 정책으로 인해 화전경작에서 수출농업으로의 전이가 중간 수준으로 억제되었다. 고무가격보다 훨씬 많이 상승하는 쌀과 소비재의 가격, 가공설비·식재용 종자·노동 등에 투자될 자본에 대한 통제력을 갖지 못한 소규모자작농의 무기력함, 특정 지역에서 얻은 재정수입이 대부분 그 지역 외부에서 사용됨으로써 나타나는 일반적인 의욕상실 등이 합쳐져 생산보다 더욱 중요한 생산성 개선을 억제하였다.[55]

고무재배 지역의 전전 '농업혁명'은 사실상 반쪽짜리 혁명이었다.

〔고무나무 재배에 매우 적합한 광대한 토지의 잠재적 가치를 실현시키기 위해서〕 반드시 오래된 경작체계와 단절해야 하는 것은 아니다. 〔화전경작지가〕 사용되어 버려지면 고무나무 종자가 땅에 남는다. 그 결과 몇 년 후 수액을 받아낼 수 있는 나무가 생장한다. 이런 방식으로 〔화전〕 체계는 수년에 걸쳐 고무나무 숲을 만들어 냈는데 이 과정은 1910년경에 정점에 도달했고 1916년 이후에는 생산량이 급증하였다. 게다가 타파눌리와 수마트라 외부 지역에서는 고무나무를 식량작물과 독립시켜 체계적으로 심으려는 계획이 진행되었다. 하지만 이 경우에도 좀 더 높은 형태의 생산에 대해 이야기하기는 어렵다. 고무나무 숲 소유자는 식량작물에 전통적으로 사용해온 스파로separo(반반) 체계를 적용했을 뿐이다. 이 체계에서 노동자는 생산량의 절반을 보상받는다.

이러한 적응방식의 특징은 소유자가 지역의 시가에 따라 노동자에게서 생산물을 구입한다는 것이다. 따라서 그의 총소득은 모든 노동자들의 총소득과 동일하다. 이들의 임금은 생산물의 시장가에 의해 즉각 결정되었다. 일정 정도의 생활수준을 유지할 만한 임금이 주어진다면 이들은 수액을 채취하는 일에 계속 종사할 것이고 생산도 지속될 것이다. 따라서 토착생산을 유지시키는 하한선은 생산량의 절반이 노동자자 받아들일 최소생계수준을 충족하는 지점이다. 다른 비용은 무시할 만큼 적다. 실제적으로 숲을 체계적으로 유지하고 가공설비를 건설하는 등과 관련한 작업은 전혀 행해지지 않는다. 가장 값비싼 기계는 석판을 누르는 수동 압착롤러이다. 한편 현재 동인도의 상황에서 토착생산의 유지를 위한 상한선은 자연적 한계, 즉 채취할 수 있는 나무의 수와 생산능력이 아니라 이용 가능한 노동량에 따라 결정된다. 채취를 기다리는 넓은 지역이 여전히 존재한다. 식량생산과의 연계는 끊어지지 않았고, …… 사람들은 그들의 식량작물 농지로 언제든 되돌아갈 수 있다.[56]

'한 다리는 논에, 다른 다리는 설탕공장에'라는 자바식 유형에서처럼, 이러한 고무나무 생산방식은 다음과 같은 이유로 식민지 학자와 관료에게 찬양받았다. ① 탄력성, 즉 변화하는 시장조건에 따라 수축하고 팽창할 수 있기 때문에 국제 상품시장의 변덕으로부터 농민을 보호할 수 있고, ② 적응력, 즉 생산요소의 주어진 비율(많은 토지, 적은 노동, 적은 자본) 면에서 보았을 때 이는 자원을 가장 효율적으로 이용하는 방식이다.[57] 하지만 앞서 보았듯이 적응력의 최대화는 활력 없는 목표이며, 지속적 탄력성은 무기력함이 되고, 생산계수가 '주어진' 상태에서 고도로 효율적인 자원의 조합은 이 계수를 변화시키려 하는 진정한 의미의 사업가적 활동의 단순한 대안일 뿐이다. 도약을 선도하는 부문이 되고자 한다면, 소토지자작농의 고무나무 재배(혹은 다른 상업작물)에 모든 것을 걸고—그리고 그에 수반되는 위험을 수용하면서—밀어붙여야 하며, 이를 통해서만 지속적 발전을 이룰 수 있다. 벼를 재배할 수 없는 서식지에서 고무나무 재배는 자바의 사와, 즉 더 빨리 앞으로 나아가려 하지만 항상 같은 장소에 머물게 만드는 고도로 완성된 장치를 기능적으로 대체하는 대안물이 아니라 하나의 성장산업이 되어야 할 것이다. 노동생산성이 '수용 가능한 최소 생계수준'에 맞추어져 있고 (외곽 도서에서 이제 매년 2퍼센트 이상 증가하는) 인구[58]와 총수익이 또다시 같은 비율로 증가하는 상황에서 고무 수액을 채취한다면 '채취를 기다리는 넓은 지역'의 역동적 힘은 증명되지 못하고 묻혀 버릴 것이다.

고무, 코프라, 혹은 커피 중 무엇이든 간에 화전에서 상업농업으로의 혁명을 완성하기 위해서는 식재용 재료, 노동방식의 개선, 세심한 가공, 효율적인 분배망에 대한 투자 확대가 필요하다. 많은 액수의 외환이 수입생필품으로 전환되고 있으며 고무와 쌀의 가격차가 줄어들고 있음을 고려하면, 이러한 식의 투자가 이루어지지 않고 있음은 명백해 보인다.[59] 소토지자작농의 수출작물 경작은 강하게 압박받고 있는 인도네시아 경제를 구할 원천으로 남아 있지만, 원동력으로서의 자리에는 접근조차 못하고 있다.

농업 부문에 활력을 불어넣을 가능성을 가진 세 번째 원천인 농장에 대한 전망은 밝지 않다. 최근까지 농장은 외국인의 손에 있었기 때문에, 강력한 민족주의적 분위기 속에서 농장이 효율적으로 기능하기는 매우 힘들었다. 불법거주자, 불안정, 구인의 어려움, 임대기간 경과 후 갱신이 불허될 가능성, (네덜란드인에게는 이미 실현된) 상존하는 몰수 위협은 외국인 투자에 비우호적인 환경이다.[60] 담배농장은 1955년 생산량이 1939년의 5분의 1로 감소할 정도로—주로 불법거주자에 의해—방해를 받았고, 추락세가 계속되고 있다.[61] 차 역시 큰 타격을 받아서 같은 기간 생산량이 70퍼센트 하락하였다.[62] 모든 농장작물 중 고무만이 증가세(약 35퍼센트)를 기록했으며, 이는 또다시 기만적인 낙관적 전망을 갖게 만든다. 생산성 유지를 위해 농장 측은 1945~1955년에 다시 16만 헥타르에 고무나무를 식재해야 한다고 추정하였다. 실제로 농장이 고무나무를 식재한 규모는 약 3만 5천 헥타르였다.[63] 그 결과 "1930년대에는 기술 면에서 다른 국가를 압도했던 인도네시아가 이제 말레이시아보다도 최신용법 사용에 뒤처졌으며", "합성고무뿐만 아니라 식재용 종자의 품질이 높고 최신 가공공장에 새로운 자본이 투자된 다른 지역의 자연고무와도 경쟁할 수 없게 될 위험에 처해 있다."[64] 전체적으로 1955년 농장 생산물의 수출량은 1938년의 대략 4분의 3 수준이었다. 예상보다 오래 살아남은 고무를 제외한 다른 작물만을 놓고 본다면 그 수치는 절반 이하로 떨어질 것이다.[65] 앞으로 붕괴하지 않는다면, 농장농업은 그 어떤 영역에서도 최첨단 수준에 이르지 못할 것이다.

1957년 네덜란드 농장의 몰수 이후 전체 농장 생산량의 절반 정도가 정부의 직접통제를 받게 되었으며, 나머지 절반은 불안해하는 외국인의 손에 잠시 남아 있다.[66] 이중적인 인종적 요소를 드디어 철폐하고 자본집약적 부문을 엄격한 의미의 인도네시아 경제 안으로 확실하게 통합한 국유화가 농장 부문의 재생을 위한 전주곡이 될지는 두고 볼 일이다. 하지만 숙련된 관리직 직원의 부족, 정부의 복지부동식 태도의 무차별적 확산, 전반적 실패에 기인한 이데올로기적 극단주의의 번성을 보면 농장 부문의 재생은 거의 불가능해 보인다. 1959년 중반, 수카르노 대통령은 '국가의 경제 상태가 악화되고 있다'는, 그가 당연히 알고 있어야 할 사실을 말하였다. "국가의 재정상태가 악화되고 있으며, 사회의 사회적 조건이 악화되고 있다. 모든 영역에서 우리는 악화되고 있다."[67] 따라서 인도네시아 병을 냉정하게 진단하기 위해서는 생태적 · 경제적 과정에 대한 분석을 훨씬 뛰어넘어 국가의 정치적 · 사회적 · 문화적 역동성을 연구해야 한다.

후주

제1부 이론적이고 사실에 기반한 출발점

제1장 인류학 내의 생태적 접근

1 Huntington(1945)과 Semple(1911)을 참조할 것.

2 Kreober(1939, pp.207~212). 제한론의 입장에 대한 설명을 보려면 Forde(1948) 와 Wissler(1926)를 참조할 것.

3 Dice(1955, p.2).

4 Sears(1939), Clarke(1954, p.16)에서 재인용.

5 "형태학이 해부학과 발생학이라는 두 개의 주요 분야로 나뉘는 것처럼, 생리학은 내적 현상과 외적 현상에 대한 연구로 나뉠 수 있을 것이다. ······ 첫 번째는 유기 체 자체의 기능과 관련되며, 두 번째는 외부세계와의 관계와 관련된다. 생태학이 라는 표현에서 우리는 경제, 가정, 동물/유기체에 대한 연구를 생각한다. 이 학문 은, 그것이 직접적인 것이든 간접적인 것이든, 유기적·비유기적 환경과 동물의 관계, 특히 다른 동식물과의 유익하고 해로운 관계를 포함한다." Haeckel(1870). Bates(1953)에서 재인용.

6 Odum(1959, p.25). 하나의 일반 현상으로서 항상성에 대한 가장 체계적인 연구 는 Ashby(1960)이다.

7 Clarke(1954, p.19).

8 Bates(1953)는 생태학이 인간 연구에 대한 명칭으로 사용된 다양한 방식을 검토하 였는데, 이 중 상당수는 그럴싸한 슬로건을 만드는 데 불과하였다.

9 Park(1934, 1936). 좀 더 최근의 경향에 대해서는 Hawley(1950)와 Quinn(1950) 을 참조할 것. 그의 접근 전체에 대한 명석하고 통렬한 비판을 보려면 Firey(1947, pp.3~38)를 참조할 것.

10 Firey(1947, p.3).

11 Steward(1955, pp.30~42).

12 Steward(1955, p.37).

13 Steward(1955, pp.122∼150).

14 Ashby(1960, p.40).

15 Steward(1955. p.15).

제2장 두 가지 형태의 생태계

1 Sumaniwata(1962). 계산 과정에서 마두라Madura는 자바에 포함했지만 과도 지역인 서부 뉴기니(이리안Irian)는 포함하지 않았다. 인도네시아의 인구 상황에 대해서는 *The Population of Indonesia*(1956)에 잘 요약되어 있다.

2 Metcalf(1952). *Statistical Pocketbook of Indonesia*(1957, p.51). 하지만 상업작물의 경작유형은 이와 매우 상반된다.

3 Terra(1958).

4 Conklin(1957, p.149).

5 Gourou(1956).

6 Pelzer(1945, pp.16 ff).

7 Dobby(1954, pp.347∼349).

8 Spate(1945, p.527). Leach(1954, p.22)에서 재인용.

9 이 개념은 Odum(1959, pp.ii, 50∼51, 77, 281∼283, 316, 435∼437)에서 얻었다.

10 van Steenis(1935)와 Dobby(1954, p.61). 이곳은 식물다양성만큼이나 동물군도 다양하다. 부지런하며 명성 있는 박물학자인 월리스A. R. Wallace는 싱가포르의 1 제곱마일(2.6제곱킬로미터─옮긴이)의 숲에서 200종의 딱정벌레를 발견했고, 말레이시아 전역에서 12만 5천 개 이상의 동물 표본을 찾아서 돌아왔다. Robequain(1954, pp.38∼59). 열대림의 식물다양성에 대한 일반적 생태학적 분석과 관련해서는 Richards(1952, pp.231∼268)를 참조할 것. 이보다 대중적이지만 동물군에 대한 약간의 논의가 Bates(1952, pp.175∼211)와 Collins(1959)에 제시되어 있다.

11 Conklin(1954). 말레이시아의 화전에 대한 가치 있는 현지연구로는 Freeman(1955, 다양성과 관련해서는 pp.51∼54)과 Geddes(1954, 다양성과 관련해서는 pp.64∼65) 등이 있다. 동인도네시아의 화전농경에 대한 개괄적 설명은 Goethals(1961, pp.25∼29)에서 찾을 수 있다.

12 Conklin(1957, p.147). 콩클린은 화전주기 중 첫 번째 해와 영농이 가장 활발한 해의 경우 150가지에 이르는 특정한 작물 형태가 한 번씩 재배될 수 있다고 추정한다.

13 Gourou(1953b, p.21).

14 이 절과 다음 절의 내용은 Richards(1952, pp.203∼226), Dobby(1954, pp.74∼

84), Gourou(1953b, pp.13~24)에 주로 기초한다. 하지만 열대지역에서의 토양 요인과 관련해서는 아직도 연구할 것이 많다.

15 Bates(1952, p.209).

16 예를 들어 민다나오 섬의 만다야Mandaya 부족민 중 건기가 없어 불태우기가 불가 능한 1,700피트(약 518미터-옮긴이) 이상 지역에 사는 경작민은 헥타르당 10~ 15카반스cavans(50킬로그램에 상응하는 필리핀의 무게 측정 단위-옮긴이)의 벼 를 수확하는 반면, 불태우기가 가능한 저지대에 사는 경작민은 평균 30~35카반 스를 수확할 수 있다(아람 옝오얀Aram A. Yengoyan과의 개인적 교신). 하지만 일반 적으로 비료 주기 메커니즘으로서의 불태우기의 정확한 효과는 화전에 대한 다른 부분들처럼 실험을 통해 밝혀내야 할 문제로 남아 있다.

17 이 분석은 Conklin(1957, pp.49~72), Freeman(1955, pp.40~48), Hose and MacDougal(1912)에 제시된 화전경작 기술에 대한 설명에 기반을 두고 있다. 생태 적 생산성과 인간을 위한 산출량 사이의 구분에 대해서는 Clarke(1954, pp.482~ 500)를 참조할 것.

18 Gourou(1953b, p.26).

19 Pelzer(1945, p.16).

20 Conklin(1957, p.152); Leach(1954, p.24); Geddes(1954, pp.65~68).

21 Bates(1952, pp.200~203).

22 토착농민의 폐쇄형 농지체계와 새로 이주한 자바 농민의 개방형 농지체계가 공존 하는 상황에서 후자가 제초 문제로 인해 완전히 패배한 남수마트라 람풍Lampung 의 사례를 훌륭하게 기술한 자료는 Kampto Utomo(1957, pp.127~132)이다. 하 지만 부분적 화전농경의 일부 형태, 예를 들면 화전이 다른 경작형태를 보조하는 경우에는 개방형 농지체계를 취한다. 반면 통합적 체계, 즉 화전이 단일한 경작형 태를 구성하는 경우는 별로 없다. 이 사실을 나는 헤럴드 콩클린의 도움을 받아 알게 되었다.

23 Kampto Utomo(1957, p.129).

24 Gourou(1953a, p.288)는 필리핀의 대략 40퍼센트, 인도네시아의 대략 30퍼센트 가 띠속 초본식물로 덮여 있다고 추정하는데, 거의 모두가 인간에 의한 것인 듯하 다. 하지만 이 수치는 조금 높은 것일 수도 있다. Pelzer(1945, p.19)는 필리핀의 초지 비율을 18퍼센트로 추산한다.

25 하지만 화전 주기가 끊어져 경작지가 초지로 천이되는 상황과 관련한 요인을 충 분히 검토하려면 지형적·토양적 변수, 목축의 역할, 관련된 사냥 관행 등등을 고 려해야 한다. 이러한 미세분석과 관련해서는 Conklin(1959)을 참조할 것.

26 Van Beukering(1947), Conklin(1957, pp.146~147), Freeman(1955, pp.134~ 135). 이들은 약간씩 다른 방식으로 계산해 이 같은 수치를 추산하였다.

27 Freeman(1955, pp.135~141).

28 Dobby(1954, p.62, pp.65~70). 열대삼림 구성상의 변이는 고도, 토양, 지역적 토지배열의 영향도 받는다. Richards(1952, pp.315~374)에 이에 대하여 충분한 논의가 실려 있다.

29 Ormeling(1956)을 참조할 것.

30 이러한 연구에 대한 백과사전식 요약을 보려면 Grist(1959)를 참조할 것.

31 인용부분은 Odum(1959, p.10)에 있는 생태계에 대한 형식적 정의이다.

32 Gourou(1953b, p.100; 1953a, p.74).

33 Murphey(1957).

34 앞에서 거론한 Grist(특히, pp.28~49), Gourou와 Murphey의 문헌 외에도 관개된 논의 미시생태학에 대하여 체계적이지는 않지만 유용한 연구는 Pelzer(1945, pp.47~51), 특히 Matsuo(1955, pp.109~112)이다.

35 Grist(1959, pp.28, 29).

36 '토대'와 '매개체'의 차이에 대해서는 Clarke(1954, pp.23~58, 59~89)를 참조할 것.

37 Pendleton(1947). Grist(1959, p.11)에서 재인용.

38 Murphey(1957).

39 Grist(1959, pp.28~32). 실상 영양소를 제외한 관개용수의 일차 기능 중 하나는 잡초 성장의 억제이다.

40 Wittfogel(1957, p.15).

41 최근 통계는 *Statistical Pocketbook of Indonesia*(1957, p.46)에서 인용하였고, 1833년 수치(127만 헥타르)는 van Klaveren(1955, p.23)에서 인용하였다.

42 Leach(1959).

43 Halpern(1961).

제2부 유형의 구체화

제3장 고전기

1 화전경작지 분포는 간단한 검토만으로도 뚜렷하게 알 수 있다. 사와의 비율은 *Statistical Pocketbook of Indonesia*(1957, pp.46~49)에 기초하여 계산하였다.

2 Mohr(1946).

3 인도네시아 지리에 대하여 가장 통합적인 연구는 Dobby(1954)와 Robequain(1954)이다. 자바만을 연구한 것으로는 Lekkerkerker(1938, I, 13~90)와 Veth

(1912, Vol. III)가 있다.

4 일반적으로 인정되는 비농업적인 힌두시대 고고학 유적을 자바의 지형과 연결해 사회경제적 결론을 이끌어낸 최고의 그리고 사실상 유일한 체계적 시도는 Schrieke(1957, pp.102~104, 288~301)이다. 증거자료의 분포에 기초하여 자바 농업사를 흥미롭게 고찰한 연구는 Terra(1958)에서 찾을 수 있다. 인도네시아 신석기 이후의 고고학에 대한 일반적 검토를 보려면 Bernet Kempers(1959)를 참조할 것.

5 인드라마유Indramayu의 치마눅Cimanuk 강은 보통 초당 최소방류량이 600입방피트, 최대방류량이 2만 5천 입방피트였으며, 이따금 홍수 때에는 방류량이 3만 4천 입방피트에 이르렀다. 브르브스Brebes 프말리Pemali 강의 방류량은 250~2만 5천 입방피트였으며, 최대방류량은 3만 4천 입방피트였다. 솔로 강의 방류량은 810~7만 입방피트였고 홍수 시에는 9만 입방피트(!)에 달하였다. 자바에서 강 수위의 극심한 변화와 관련된 일반적 문제, 특히 관개와 관련된 그 의미에 대해서는 van der Meoluen(1949~1950)을 참조할 것. 또한 Dobby(1954, pp.47~60, 225)를 참조할 것.

6 Mohr(1946).

7 "(유기체의) 성장과 확산을 우선적으로 멈추게 하는" 요인으로서의 제한요인과 관련해서는 Clarke(1954, p.20)를 참조할 것.

8 Mohr(1946).

9 Terra(1958).

10 Terra(1958) 및 van der Meulen(1949-50).

11 이 수치는 *Landbouwatlas van Java en Madoera*(1926, I, pp.1~55)에 기초하여 계산한 것이다. 반튼, 보고르와 프리앙안은 순다 지역에, 자카르타Jakarta, 치르본, 프칼롱안Pekalongan, 스마랑Semarang, 즈파라-름방Rembang, 보조느고로 Bojonegoro와 수라바야Surabaya는 파시시르 지역에, 바뉴마스, 크두, 욕야카르타 Yogyakarta, 솔로, 마디운과 크드리는 크자웬 지역에, 말랑과 브스키는 동부 곶 지역에 해당한다. 본문의 자료는 1920년의 수치로, 이 시기 이후 농경지가 전체적으로 확대되었겠지만 지역 간 비율은 크게 변하지 않았을 것이다. 이에 상응하는 남부 발리(타바난Tabanan, 바둥Badung, 기안야르Gianyar, 방리Bangli와 클룽쿵 Klungkung)에서의 수도작 비율은 26퍼센트인데, 이와 관련해서는 Raka(1955, p.28)를 참조할 것.

12 Terra(1958).

13 Schrieke(1955, p.265).

14 Schrieke(1955, p.267). 여기에서 마타람은 8세기에 존재한 힌두 왕국이 아니라 17세기에 있었던 이슬람 왕국이다. 하지만 양국이 위치한 지역은 거의 동일하다.

1 이러한 일반화에 어긋나는 예외적인 사례가 1870년 이후 네덜란드 트벤터Twente 에서 인도네시아로 섬유를 수출한 일이었다. van Klaaveren(1955, pp.133~136, 138, 164, 192)을 참조할 것. 물론 동인도의 생산물이 '재수출'되기 전에 네덜란 드로 반드시 이동하지는 않았으며 외국의 항구로 직접 운송되기도 하였다[1928 ~1939년 90퍼센트 정도의 수출품이 그러하였다. Boeke(1947, p.105)를 볼 것].

2 Boeke(1953). 이중성에 대한 부커의 이론적 설명이 전체적으로 불충분하고, 그것 의 정책적 함의에 대한 그의 비관적 평가가 자의적이며, 인도네시아식(혹은 동양 식) 사고방식mentality에 대한 그의 관점이 몽상적이라는 점[Higgins(1956)을 볼 것] 때문에 다음과 같은 사실을 모호하게 만들어서는 안 될 것이다. 첫째, 네덜란 드 동인도 경제에서 자본집약적 부문과 노동집약적 부문의 부적절한 통합이 일반 적 현상은 아닐지라도 매우 높은 정도로 존재했다는 사실, 둘째, 현대 사회과학의 관심이 쏠리면서 '요인비factor proportions', '다부문모형multi-sector models', '불연속적 투자기능discontinuous investment functions'이 분석적 상투어가 되기 오래전인 1910년에 부커가 이미 레이던 대학 논문에서, 비록 그 이유를 이해하지 는 못했을지라도, 이 현상을 인지하고 있었다는 사실이다. 핵심에서 벗어난 논의 가 대부분이기는 하지만, 네덜란드에서 부커와 비판자들 사이에 전개된 50여 년 간의 논쟁에 대해서는 *Indonesian Economics*(1961)를 참조할 것.

3 Furnivall(1948).

4 물론 회사의 활동은 인도네시아 지역에만 국한되지 않았다. 회사의 상업적 측면 에 대한 최고의 저술은 Glamann(1958)이다. 회사가 인도네시아에 미친 사회적 영향에 대해서는 Gonggrijp(1957, pp.181~321)를 참조할 것.

5 Schrieke(1955, p.62).

6 Gonggrijp(1957, p.40).

7 네덜란드어로 Cultuurstelsel. 이 용어는 당연히 영어로 'Cultivation System'으로 번역되어야 하지만 'Culture System'이라는 오역이 기존 문헌에서 너무나도 많이 이용되고 있기 때문에 혼란을 줄이기 위해 이 용어를 사용하고자 한다. 경작체계 에 대한 글들은 많지만[예를 들면 Reinsma(1955, pp.183~189)의 참고문헌을 참 조], 이 중 많은 글들이 장기적 효과 대신 단기적 충격에 집중하거나, 인도네시아 식민유형이 구체화되는 과정의 일부로서의 중요성이나 이후 근대 인도네시아 사 회 형성에서 수행한 역할보다는 직접적인 도덕적 정당화 가능성(혹은 그 가능성 의 부재)에 특히 집중한 결과, 심각한 결점을 안고 있다. 이러한 경향에서 벗어난 가장 중요한 연구는 Burger(1939, pp.117~160)의 논의이다. (원문의 culture system은 '경작체계'로 번역한다.—옮긴이)

8 de Graaf(1949, p.407).

9 1816년까지 자바 세금제도의 역사에 대해서는 Bastin(1957)을 참조할 것.

10 Gonggrijp(1957, pp.102~103).

11 이 점은 van Kalveren(1955, pp.18~19, 118, 120)이 특히 강조하였다.

12 1830년에 커피는 네덜란드 동인도 수출액의 약 36퍼센트를, 설탕은 약 13퍼센트를 차지하였다. 1850년에는 32퍼센트와 30퍼센트였으며, 1870년에는 43퍼센트와 45퍼센트였다(Furnivall(1944, pp.129, 169)에 기초하여 계산함). 한편 인디고는 특히 사와가 집중된 일부 지역에서 중요한 작물이었다(van Doorn(1926, pp.37~38)을 참조할 것). 하지만 이 작물은 이윤이 높다는 점을 증명하지 못했고, 궁극적으로 사탕수수 재배가 번성함에 따라 거의 완전히 사탕수수로 대체되었다. 1840년 인디고는 수출액의 거의 9퍼센트를 차지하였다. 1870년경에는 대략 3퍼센트를 차지했고(Furnivall(1944, pp.129, 169)), 최종적으로 합성물감이 발명되면서 거의 완전히 무대에서 사라졌다. 주로 커피와 사탕수수가 회사 시기의 후반기를 장악하였다. Day(1904, pp.66~70)를 참조할 것.

13 이 방식이 공식적으로 확대되지 않았던 수라카르타와 욕야카르타 간접통치 토착 왕국에서 사탕수수는 영주식 마을임대 체계(본질적으로 정치적인 마을과 마을 사람에 대한 권리를 개인 경영자가 귀족에게서 임차하는 체계)하에서 경작되었는데, 이 방식은 이 지역에서 북서부 해안으로 확산되었고, 경영자는 중국인에서 유럽인으로 전환되었다. 수라바야 삼각주처럼 인구가 여전히 많지 않던 특별한 몇몇 지역에서 준準개인 경영자는 생산물을 계약가에 판매한다는 조건하에 정부가 선지급한 자금으로 필요한 사와를 임차하고 마을 지도자를 통해 현금지불 방식으로 필요 노동을 고용하였다. 하지만 이 체계는 자바의 생계경제와 네덜란드의 상업경제 사이의 공생관계 확립이라는 기본 접근틀 내에서 단순히 추가된 변이형일 뿐이었다. 이러한 변형된 형태에 대해서는 Reinsma(1955, pp.125~159)를 참조할 것.

14 van Klaaveren(1955, p.120). 물론 필요노동력, 환경요인, 두 종류의 작물을 경작하는 지역 사이의 관계는 단선적이 아니라 체계적이었다. 사탕수수가 저지대에서 재배된 이유 중 하나는 그곳에 이용 가능한 인구가 있기 때문이었고, 커피가 고지대에서 재배된 이유 중 하나는 그곳에 유용한 토지가 있기 때문이었다. 시간이 흐른 지금, 자바 농장농업의 공간적 분포를 밝히는 데 있어 생태적이고 경제적인 변수의 상대적 중요성을 정확하게 결정하기는 힘들다.

15 커피와 관련해서는 Metcalf(1952)를 참조할 것. 소토지자작농의 사탕수수 재배는 주변적이었기 때문에 이에 대해 정확하게 밝혀내기가 어렵다. 필자가 본문에서 제시한 5퍼센트 정도라는 계산은 van de Koppel(1946)의 418페이지에 있는 그래프에 기초하였다. 소토지자작농의 사탕수수 재배와 그 약점의 이유에 대한 논의

는 Ruopp(1953)에 있는 판 데르 콜프van der Kolff의 글에서 찾을 수 있다.

16 Gonggrijp(1957, p.195).

17 경작체계하에서도 일정 정도의 현금 임금과 지대가 지불되었다. Burger(1939, pp.140 ff.)를 참조할 것.

18 *Living Conditions of Plantation Workers and Peasants on Java in 1939-1940*(1956, pp.6, 13). 물론 여기에 제시한 것처럼 항상 뚜렷이 구분되지는 않았지만 전체적으로 그 차이는 명확하였다.

19 화전주기에서 나무작물의 역할 그리고 오랜 기간에 걸친 지속적 수확에 대한 논의와 관련해서는 Conklin(1960)을 참조할 것. 외인도네시아에서 커피나무가 화전유형으로 통합되는 과정에 대해서는 van Hall(n.d., pp.105~106), Paerels(1946) 및 Pelzer(1945)를 참조할 것. 후추와 관련해서는 Rutgers(1946)를 참조할 것. 고무와 관련해서는 van Gelder(1946)와 Thomas(n.d., pp.21~23과 부록 H)를 참조할 것. 물론 화전에서의 나무작물 재배는 체제의 적응적 한계adaptive constraints에서 일반적으로 자유롭지 않았다. 1930년대 초반에 남서 수마트라의 많은 지역에서 재배된 로부스타Robusta 커피나무는 대공황에 이은 커피 가격 붕괴로 인해 버려졌고, 광활한 지역이 띠속imperata 사바나로 되돌아갔다(Benjamin Higgins, 개인적 교신).

20 Boeke(1947, p.25). 부커가 언급하듯 (1939년 농업인구에만 기초해서 계산한) 수치, 특히 식량작물과 관련된 수치는 기껏해야 대략적인 수치에 불과하지만 순서는 올바르기 때문에 전체적인 그림은 뚜렷하다.

21 실제로는 '네덜란드' 측 중 4분의 1 정도가 1937년까지 영국, 미국 등의 손에 있었다(Allen and Donnithorne, 1957, p.288). 부커는 자신의 글(1953, pp.18~20과 여러 페이지)에서 이중경제와 식민주의를 분리하려고 필사적으로 노력하였다.

22 Metcalf(1952, p.8).

23 Boeke(1953, p.14).

24 Higgins(1959, pp.325~340).

25 Reinsma(1955, pp.17~21).

26 이 시기에 자유주의자와 보수주의자 사이의 논쟁(그리고 실제 선택된 보수적 정책에 대해 감정적이라고까지는 할 수 없지만 기백 있는 옹호)에 대한 설명 및 분석과 관련해서는 Ottow(1937)를 볼 것.

27 Gonggrijp(1957, p.103).

28 Day(1904, p.286). 하지만 세 번째 시도는 결국 성공하였다.

29 Van Doorn(1926, p.286). 세 곳의 설탕공장을 건립하려는 계획도 있었지만 실현되지 않았다. 하지만 정부는 자바의 다른 곳에 공장을 건설하기 위해 노력하였다. Reinsma(1955, p.138)를 참조할 것.

30 Day(1904, pp.285~286).

31 Furnivall(1944, p.128). 판후벨은 이 체계를 강력히 반대했으며, 영국인 머니는 이 체계를 열성적으로 옹호하였다.

32 1840년에 농업 부문 수출량 중 17퍼센트를 민간농장의 경작이, 78퍼센트를 정부에 의한 강제경작이 담당하였다. 1850년에는 그 비율이 26 대 73이었다. 1860년에는 58 대 39, 1870년에는 43 대 52, 1873년에는 72 대 19였다(Reinsma(1955, p.157)). '사회자본', '외부경제external economics', 발전에 대한 일반적 논의를 보려면 Higgins(1959, pp.384~408)를 참조할 것.

33 Reinsma(1955, p.171). 네덜란드의 정부 보고서 「인도네시아의 첫 상업단지」에서 인용한 내용이다.

34 Furnivall(1944, pp.75, 104, 129, 171, 207)의 자료에 기초함. 일반적으로 이용되는 방식을 따라 경작체계의 시작과 종결점을 설정했으나 상당히 자의적이다. 1870년의 생산 자료는 사용할 수 없었다.

35 Van Klaaveren(1955, p.123). 네덜란드 공무원조차도 3억 주의 커피나무를 일일이 계산할 만큼 양심적이지 못했을 것이기 때문에 이 수치는 개괄적 추정치로 보아야 한다.

36 각주 34의 자료에 기초함. 이 패턴은 가격 변동을 기준으로 만들어졌지만 가격 변동이 단일한 방향으로 전개되지는 않았다. 1825년부터 1855년까지 커피 가격은 일반적으로 완만하게 하락하는 추세였다. 1860년 이후 1875년까지 가격이 급격히 상승했지만 1875년 다시 하락세로 반전했고, 1890~1895년에 다시 한번 상승했다가 1900년에 하락하였다(퍼니벌의 자료에 기초함). 설탕 가격은 1885년까지는 이보다 덜 요동쳤지만, 이후 커피 가격과 마찬가지로 급변하였다.

37 Burger(1939, pp.130, 154). 소위 레이노소Reynoso(쿠바 출신의 과학자-옮긴이) 체계에 기초한 집약적 식재 및 관리 방법을 적용함에 따라 경작기술이 개선되었다. 공장에서는 좀 더 정교한 기계를 사용해 기술을 개선하였다. 1830~1839년 네덜란드 동인도 (대부분이 사탕수수와 관련된) 기계 수입액은 연평균 148만 길더였으며 1840~1849년에 179만, 1850~1859년에 202만, 1860~1869년에 278만 길더로 증가하였다(Reinsma, 1955, p.159). 다른 작물의 경우에도 자본 투입량이 증가하였다. 민간 담배재배자 조지 버니George Birnie는 1859년 이후 즘버르Jember의 관개작업에 50만 길더 이상을 지출하였다(Boeke, 1953, pp.212~213).

38 Gonggrijp(1957, p.121). 홍흐레이프의 수치는 버거의 것과 완전히 부합하지는 않지만 일반적 방향성은 충분히 명확하게 보여 준다. 1842년 약 20퀸틀quintal(2,000킬로그램-옮긴이)이었던 헥타르당 정제 설탕 생산량이 1937년에는 약 165퀸틀로 꾸준히 증가하였다. 이와 관련해서는 van Hall & van de Koppel (1946)에

실린 Koningsberger(p.291)를 참조할 것.

39 Furnivall(1944, p.337). 이 시기에 자바는 세계 설탕 공급량의 10퍼센트 정도를 생산하고 있었다. *Bulletin of the Colonial Institute of Amsterdam* [3:207(1939)]을 참조할 것.

40 '도약'은 Rostow(1960, pp.36~58)에 기반을 둔 개념이다. 하지만 로스토의 분석은 일반적으로 식민경제의 발전유형을 무시한다.

41 Furnivall(1944, p.152).

42 Reinsma(1955, p.175); *The Population of Indonesia*(1956, p.22); van Alphen (1870, 2부, p.68). 이 자료들이 모두 정확히 일치하지는 않지만 일반적 패턴은 거의 동일하다. 성장률은 물론 안정적이지 않았다. 기근이 일어난 1840년대에 연평균 증가율은 1퍼센트 정도로 급락했고, 1850년대에는 3퍼센트로 상승하였다. 이러한 변이에 인구통계 작업의 불규칙함이 얼마나 영향을 미쳤는지는 밝히기 힘들다. 인도네시아 인구조사 발전에 대한 개관을 보려면 van de Graaf(1955, pp.138~169)를 참조할 것.

43 자바의 지역 행정단위 순서는 province, residency, regency, district, subdistrict 이다. 1920년 평균적으로 regency에는 6개보다 조금 적은 수의 district가 존재하였다.

44 이모작(때로 삼모작) 지역을 수확지역에 포함했기 때문에 그 전체 비율이 100퍼센트를 초과할 수 있다. 예를 들어 수라카르타의 바뉴도노Banyudono 군에서는 설탕 회사가 임대한 사와는 26퍼센트였지만 사탕수수 수확량은 전체 사와 면적의 147.5퍼센트에 달하였다! 하지만 이처럼 높은 비율은 사탕수수가 많이 재배되는 지역에서 특별난 경우이고, 98개 주요 군의 평균은 90.4퍼센트였고 그중 19개 선도적 군의 평균은 81.4퍼센트였다. 하지만 벼가 재배된 사와만을 고려했다면 모든 군의 비율이 100퍼센트를 넘었을 것이다. *Landbouwatlas*(1926)의 표 1과 표 2를 참조할 것. 자바에서 사탕수수가 재배된 사와의 면적을 8퍼센트로 잡은 것은 Huender(1921, p.83)에 기초한다.

45 도시 집중도가 높은 지역(자카르타, 반둥, 수라카르타, 욕야카르타, 스마랑, 수라바야)을 제외하면 1920년 인구밀도가 제곱킬로미터당 700명 이상인 27개 군 중 20개가 '주요' 사탕수수 재배 군이었다. 500명 이상인 78개 군 중에서는 49개가 '주요' 사탕수수 재배 군이었다. *Landbouwatlas*(1926, Vol. II, 'Text and Tables', Table I).

46 자바 전체 평균 미곡 생산량을 20퍼센트 이상 초과한 77개 군 중 38개가 '주요' 사탕수수 재배 군이었고 39개는 포함되지 않았다(*Landbouwatlas*, 1926, Table III). 하지만 후자 중 대다수는 주요 사탕수수 재배 군에 인접해 있었고 부분적으로 동일한 영향을 받았다. 자바 전체 평균 미곡 생산량의 20퍼센트 이하를 생산한

121개 군 중 단 3개만이 '주요' 사탕수수 재배 군이었고 이 지역의 생산량은 평균 치를 약간 밑돌았다.

47 37개 주요 사탕수수 재배 도에서 전체 경작지 중 관개된 비율은 50퍼센트 정도였고, 98개 주요 사탕수수 재배 군에서는 56퍼센트, 19개 선도적 사탕수수 재배 군에서는 64퍼센트, 자바 전체에서는 45퍼센트였다(*Landbouwatlas*, 1926, Table I). 현실적으로 이 부분을 지수화하기는 매우 까다롭다. 경작지가 많지 않고 덜 발전된 군들, 특히 서부 자바의 경우 관개시설이 전체적으로 조금밖에 없었지만 모두 사와에 있었던 반면, 다른 군 지역, 특히 동부 자바의 경우 얼마 안 되는 관개시설이 밭에 있었기 때문에 관개된 농지의 전체 비율 분포만 보면 오해하기 쉽고 이해하기 어려운 그림이 나타난다. 농업 발전의 일반적 수준에 따라 마을을 하위형태로 분류하고 이러한 하위형태 내에서 서로를 비교할 수 있다면 좀 더 명백하고 체계적인 결과를 도출할 수 있을 것이다. 하지만 정부가 발간한 농업지도(*Landbouwatlas*) 자료로는 이 작업을 체계적으로 하기가 어렵다.

48 Kuperus(1930).

49 자바가 진보하지 못한 이유를 식민지의 영향이 아닌 고대 이후 자바 '문화'의 내적 정체성에서 찾으려 했던 퀴퍼뤼스는 사탕수수 지대의 미곡 생산량, 서구식 관개방법, 인구밀도 사이의 연관성을 부정했다〔"마자파힛 왕국이 멸망한 후 자바 문화는 농민 문화였다. 자바인들에게는 그들만의 문화가 있었으나, 지금은 한때 가졌던 문화적 자원을 힘겹게 부여잡고 있을 뿐이다. 자바 문화는 정체되어 왔으며, 인구압 문제는 지난 백여 년 동안의 유럽화보다는 고대와 더욱 밀접하게 연결되어 있다"(Kuperus, 1930, 1938)〕. 하지만 그는 북부 해안 치르본-프칼롱안 평원에 있는 인접 군 세 곳을 연구한 결과에서 이 같은 결론을 도출했고, 그중 두 지역은, 우연이겠지만, 주요 사탕수수 재배 군 중 가장 생산성이 낮은 군이었기 때문에 그의 주장은 설득력이 없다. 여러 결정요인의 상대적 중요성과 상호작용을 제대로 이해하려면 사탕수수 지대 전체를 고려해야 한다. 지역 내 생태적 원인(용수의 풍부함과 화산이라는 비료 공급원까지의 거리)으로 인해 생산량 증가보다 사와 비율의 확대가 명백히 더 중요한 역할을 했던 지역을 선택함으로써 퀴퍼뤼스는 세 요인 사이의 일반적 관계와는 정반대되는 그림을 얻어냈다.

50 노동집약화가 높아지는 경향이 나타났지만 이모작을 하거나 산기슭으로 논이 확장된다고 해서 수확면적당 생산량이 반드시 증가하지는 않으며, 주로 수확지역을 넓혀서 생산량을 높인다.

51 Boeke(1953, pp.166~167). 1817년 래플스는 "자바의 인구가 매우 불균형적으로 분포해" 있으며, 대부분의 미곡이 섬 면적의 8분의 1 정도에서 생산된다고 언급하였다(Raffles, 1830, I, pp.68, 71, 119). 식민지 보고서에 기초하여 Kuperus(1930)는 1827년 자바에서 영양학적 요구를 충족하는 농지면적nutritional density은 일인

당 0.35헥타르라고 추산하였다. 1950년대 중반 영양학적 요구를 충족하는 버마의 농지면적은 0.44였고, 태국은 0.38, 말레이시아는 0.31, 필리핀은 0.27(1956년의 자바 0.15)이었다. Ginsburg(1961, p.46); *Statistical Pocketbook of Indonesia*(1957, p.46).

52 Burger(1939, p.132).

53 A. M. P. A. Scheltema(1936, Table II.10) 및 Hollinger(1953b)에서 인용한 자료 이다. 1880년 이후 이 수준을 유지할 수 있었던 것은 생산량 증가뿐만 아니라 특 히 자바 북서부와 동부에서 관개체계의 확장을 통해 가능해진 논의 확대에 기인 한 듯하다.

54 Hollinger(1953b).

55 Hollinger(1953a). Wertheim and The Siauw Giap(1962)도 참조할 것.

56 Boeke(1953, p.174).

57 Furnivall(1944, p.151).

58 19세기에 인구증가를 야기한 요인이 무엇인가라는 문제는 맬서스가 제기한 적극 적 제어positive check의 소멸이라는 일반적인 해석방식이 설명하는 것만큼 명확 하지 않다. 위생상태의 개선은 19세기 말미에 이르기 전까지 그다지 중요하지 않 았다. 팍스 네덜란디카Pax Nederlandica는 이보다 설득력 있어 보이지만 식민시 기 이전에 많은 사람들이 전쟁에서 사망했기 때문이라기보다는 그로 인해 작물 파괴가 중지되었기 때문인 듯하다. 아마도 가장 중요하지만 거의 논의되지 않았 던 요인은 운송망의 확장으로서, 이는 지역적 수준의 작물수확 실패가 기근으로 이어지는 일을 막을 수 있었다.

59 Goldenweiser(1936). 하지만 후기 고딕에 대한 그의 언급에서 보이는 것처럼 이 과정에 특히 '원시적'이라 불릴 만한 요소는 존재하지 않는다.

제5장 식민시기: 번영기

1 설탕 생산은 꾸준히 점점 더 자본집약적으로 바뀌었지만 경작과정에서 많은 양의 비숙련 계절 노동력을 계속 이용했다는 사실을 기억해야 한다.

2 Burger(1939, p.177).

3 Furnivall(1944, p.196).

4 *Encyclopedie van Nederlandsche-Indie*(II, 53).

5 *Encyclopedie van Nederlandsche-Indie*(II, 53).

6 *Encyclopedie van Nederlandsche-Indie*(II, 53); Allen and Donnithorne(1957, pp.97 ~99).

7 Van de Koppel(1946). 농장이 통제하던 토지 중 47퍼센트 혹은 약 120만 헥타르

198

만이 실제 경작지였다. 네덜란드 동인도 민간기업의 발전사는 아직까지 체계적이고 자세하게 서술되지 않았다. Allen and Donnithorne(1957, 특히 10장, pp.181~199)에서 이에 대해 개괄적이고 정례적인 내용을 볼 수 있다. 1927년 자바라는 회사에 대한 문자 그대로의 조감도, 다양한 회사에 대한 일부 비체계적인 자료에 대해서는 de Vries(n.d.)를 참조할 것. 본문의 인용문은 Wertheim(1956, p.99)에서 가져왔다.

8 설탕가공 기술에 대해서는 Koningsberger(1946)를 참조할 것. 투자액 추산치는 Allen and Donnithorne(1957, pp.288~289) 중 부록 II의 매우 조야한 자료를 참고하여 계산하였다. 유럽인 관리자와 공장당 경작면적에 대한 자료 역시 같은 책(p.84)에서 가져왔다.

9 Allen and Donnithorne(1957); Boeke(1953, p.141).

10 Boeke(1953, p.91).

11 Van der Kolff(1953).

12 Mintz(1951).

13 Van der Kolff(1929); van Gelderen(1929). 판 데르 콜프 역시 이러한 전 과정의 기원을 경작체계 시기로 거슬러 올라가 찾고 있는데, 그 당시 "만약 성공했다면 인디고와 설탕 작물은 다른 장소에서 윤작으로 재배되었을 것이며, 관리와 관개 면에서 볼 때 구역화된 토지를 상대하는 쪽이 훨씬 쉬웠기 때문에 개별 토지소유자보다는 강력한 마을협의회를 통해 이 문제를 규제하는 것이 정부에게 이득이었다"(van der Kolff, 1929, p.111). 자바의 전통 토지소유체계에 대한 개괄적인 조사에 대해서는 Vollenhoven(1906, pp.604~634)을 참조할 것. 좀 더 최근의 논의와 관련해서는 van der Kroef(1960)를 참조할 것.

14 Raffles(1830, I, pp 134~137).

15 Koens(1946). 이때 카사바가 군도에 처음 도입된 것은 아니다. 이미 17세기에 '암본의 장님 관찰자'라 불리는 룸피우스Georg Eberhard Rumphius가 말루쿠에서 카사바의 존재를 보고하였다.

16 De Vries, Burger(1939, p.232)에서 재인용. Scheltema(1930)는 1817~1878년 벼 재배지가 약 8퍼센트, 폴로위조 재배지가 24퍼센트 증가했고, 후자의 증가분 중 대다수(23퍼센트)가 사와에서 이모작 형태로 재배된다는 주장이 담긴 1889년의 식민지 보고서를 인용하고 있다!

17 Wickizer and Bennett(1941, p.31); Thompson(1946, p.295); Scheltema(1930).

18 Scheltema(1930)에 기초하여 계산한 결과이다.

19 Tergast(1950). 물론 테르하스트의 계산은 일반적 추정치일 뿐이므로 경작지와 수확지를 대상으로 구체적으로 측정한 수치에 비해 정확도가 떨어질 것이다. 실제로 1900~1940년에 섭취 열량이 실질적으로 하락했던 듯하다. 일일 섭취 열량에

대한 연구(어떤 연구는 1921년 약 1,850칼로리에서 1939년 약 1,750칼로리로 하락했다고, 다른 연구는 같은 기간 동안 약 2,000칼로리에서 1,900칼로리로 하락했다고 보고하였다.)를 요약한 자료는 van de Koppel(1946)에 실려 있다. 테르하스트의 연구와 거의 유사한 패턴을 보여 주는 자료는 Pelzer(1945, p.259)로, 1913년에서 1940년까지 일인당 이용 가능한 다양한 식량작물의 양에 대한 추산치가 나와 있다. 덧붙이자면, 자바인들은 마당에서 비곡물을 극도로 집약적으로 경작하는데, 그 생산량을 측정하기가 현실적으로 매우 어려워 나의 분석과 앞에서 언급한 측정치들에는 마당의 비곡물 생산량이 포함되지 못하였다. 자바인 가족들은 수십 종에 이르는 과일, 채소, 약초 등을 평균 30제곱미터에 불과한 면적에서 키우는데, 심지어 칼로리 섭취량의 3분의 2를 생산하기도 한다. Terra(1946)를 참조할 것.

20 Geertz, C.(1956).

21 Raffles(1830, I, 162); Boeke(1953, pp.52~143). 최소한 전쟁 전까지 '공유된 빈곤'을 촉진한 요인이 소유권의 변화가 아니라는 또 다른 증거는 농지 분할—하나의 농지를 매우 작은 크기의 구역으로 나눔—이 자바에서 특히 확대되지 않았으며(인도 혹은 중국의 절반 정도의 수준), 전쟁 직전 증가하지도 않았다는 사실에서 찾을 수 있다. 게다가 '외인도네시아'의 프레앙거르Preanger 지역을 제외하고 1925년 현재 18헥타르 이상의 토지를 소유한 자바인은 (극히 대략적으로) 2천여 명에 불과하였다(Scheltema, 1931, p.275). 자바의 평균 농지면적의 급격한 감소라는 개념이 널리 퍼진 이유 중 하나는 현재 그 규모가 작은 데 대한 단순한 놀라움 때문인 듯하다. Mears(1961)는 다음과 같이 기술하고 있다. "자바의 인구밀도 증가와 함께 개별 토지소유 규모는 대략 90퍼센트의 농민이 1헥타르 미만의 …… 토지만을 경작하고 있을 정도로 감소하였다. 약 70퍼센트는 경작면적이 2분의 1 헥타르 이하이다. 대토지 소유는 …… 예외이며, 토지소유자 중 1퍼센트만이 10헥타르를 넘는 토지를 보유하고 있다." 1958년도 인구의 절반에 불과했던 1903년에 실시한 조사에서 (농지면적이 항상 평균 이하였던 간접통치 토착왕국 지역을 제외하고) 농민 중 15.8퍼센트가 0.18헥타르 미만, 32.8퍼센트가 0.35헥타르 미만, 47.2퍼센트가 0.53헥타르 미만, 70.9퍼센트가 0.71헥타르 미만, 89.1퍼센트가 1.42헥타르 미만, 그리고 단 3.9퍼센트만이 2.8헥타르 이상을 보유했다는 사실을 고려해 보면, 실질적으로 하락했더라도 그 추이는 훨씬 덜 가팔랐으며, 증가한 인구의 대다수가 마을경제로 흡수된 원인을 어떤 의미로도 설명할 수 없다. Pelzer(1945, p.166).

22 Scheltema(1931)는 내인도네시아와 외인도네시아의 전통적 소작제 형태에 대한 백과사전식 개관이다. 전통농업의 노동관계에서 나타났던 다양한 형식에 대한 일반적인 논의를 보려면 de Bie(1902, pp.67~74)를 참조할 것.

23 사실상 '소작' 원칙은 농업뿐만 아니라 동물 사육에도 적용되었다. Scheltema (1931, pp.243~252)를 참조할 것.

24 '지주'와 '소작인'이라는 용어가 같은 시점에서 같은 사람을 지시하는 데 자주 쓰인다는 사실뿐만 아니라, 부커의 언급처럼(Boeke, 1953, p.58) 소작인이 더 힘센 편에 속하는 상황이 자주 일어나기 때문에 이 용어의 일반적 의미가 약간 혼동될 수 있다. 이와 관련해서는 Burger(1930)를 참조할 것.

25 Geertz, C.(1960).

26 이에 대해 중요한 연구로 Adam(n.d.), Burger(1928), Burger(1930), van Doorn (1926), van der Kolff(1937) 등이 있다.

27 Goffman(1961).

28 현재 자바 마을의 '도시근교적' 성격에 대한 논의와 관련해서는 Jay(1956)와 Geertz(1959)를 참조할 것. 필자의 논문 중 몇몇 구절을 이 문장에 인용하였다.

29 표 5에 있는 자료를 외인도네시아 대 내인도네시아라는 구분에 따라 재배치하고 서부 자바의 차 수출을 외곽 도서 범주로 옮긴다면 훨씬 더 극적인 그림이 나타날 것이다.

30 Furnivall(1944, p.336); de Ridder(n.d. p.77); van de Koppel(1946, p.393). 1920년대 후반 자바 이외 농장 경작지 전체 중 4분의 3은 수마트라 동부 해안가 주에 있었다(van Gelderen, 1929).

31 Wertheim(1956, pp.67, 97).

32 Furnivall(1944, p.36~37); *Statistical Pocketbook of Indonesia*(p.135).

33 Furnivall(1944, p.337); van de Koppel(1946, p.411). 농업수출만을 놓고 보면 (즉 주석과 석유를 제외하면), 외곽 도서 소토지자작농의 몫은 자바의 17퍼센트와 비교하여 대략 53퍼센트였다(van de Koppel, 1946). 일인당 몫을 비교하면 더욱 뚜렷이 대조된다. 1927년 외곽 도서에서는 일인당 약 21길더였고 자바에서는 약 2길더였다(van Gelderen, 1929). 1939년에는 14길더와 2길더였다(Boeke, 1947, p.25).

34 닌하위스에 대해서는 Boeke(1953, pp.220~221, 223)와 van der Laan(1946)을 참조할 것.

35 1938년에 세계시장에서 델리산 담배 가격은 쿠바산을 포함해 다른 시가 담배들보다 4~5배 높았다(van der Laan, 1946). 20세기 초 델리의 몇몇 담배회사는 111퍼센트에 이르는 배당금을 지불하였다(*Encyclopaedia Britannica*, 1911).

36 Van den Broek(1946).

37 Van den Broek(1946); van Hall(n.d., p.69); Lekkerkerker(1916, p.243).

38 Beets(1946). 간접통치 토착왕국의 임대체계는 토착왕국 마타람Mataram을 지탱 했던 소위 속지屬地, appanage체계, 즉 농민이 수확물의 4분의 3을 왕이나 그의

대리인에게 바치는 체계였기 때문에 농민은 농장에 토지와 노동을 강제적으로 제공해야 하였다. 또한 담배가 건기작물이었기 때문에 농장이 농민의 사와를 보유한 기간에도 벼 재배가 가능했는데(너무나 재미있고 역설적이게도 '허가된 벼'라 불림), 이 경우 농장이 지주가 되고 원래 지주인 농민이 임차농이 되어 일반적 관행에 따라 50 대 50으로 소작이 이루어졌다.

39 Boeke(1953, pp.212~213).

40 Pelzer(1957). 실제로 8년 주기는 그리 엄격하게 지켜지지 않았다. 1940년 담배 농지의 약 7퍼센트가 7년이나 그 이하의 기간 이내에, 33퍼센트가 9년 혹은 그 이상의 기간 이내에 재경작되었다(van der Laan, 1946).

41 Pelzer(1957).

42 Clarke(1954, pp.363~364). 클라크의 개념화는 種種과 관련된 것이지만 생태적 개체군, 군집, 체계 등에도 확장시킬 수 있다.

43 Clarke(1954, pp.363~364). '유익한'과 '불리한'이라는 표현은 인간 복지라는 측면에서의 가치가 아니라 체계의 평형성과 지속성을 위한 관계라는 의미를 함축하기 때문에 '순기능적eufunctional'과 '역기능적malfunctional'이라는 표현이 보다 좋은 용어라고 할 수 있다(Levy(1952, pp.76~82)를 참조할 것). 클라크는 순기능적('유익한') 관계는 플러스 부호로, 역기능적('불리한') 관계는 마이너스 부호로, 기능적으로 중립적인 관계는 영zero으로 표시하여 다음의 패러다임을 제시하였다.

종[생태계] A	종[생태계] B	관계	
+	+	상리相利공생mutualism	공생
+	0	편리片利공생commensalism	
0	0	용인toleration	중립
0	−	항생抗生, antibiosis	적대
+	−	착취exploitation	
−	−	경쟁competition	

완전히 고정된 관계가 아니라 당연히 조금씩 변해 나가는 이 도식에 기초하면 사탕수수-사와 체계는 상리공생으로, 담배-화전 체계는 용인 혹은 (온건한) 항생으로 분류할 수 있다.

44 Lekkerkerker(1916, pp.271, 339)를 기초로 계산하였다. 토착인구 규모를 계산하는 과정에서 수마트라 출신이 아닌 인도네시아 쿨리만을 '토착인' 총계에서 제외하고, 이들과 같이 온 가족, 쿨리 이외의 직업에 종사하는 인도네시아인, 수마트라인, 혹은 '외국인'까지 포함한 수치이기 때문에 토착화전민의 인구밀도 추산치

는 최대치라 할 수 있어서 실제 인구밀도는 제곱킬로미터당 6명보다는 4명에 가까웠을 것이다.

45 De Ridder(n.d. p.45).

46 Van der Laan(1946). 서구기업이 인도네시아 토지의 소유권을 가질 수 있는 다양한 법적 형태에 대한 연구를 보려면 Allen and Donnithorne(1957, pp.67~70)과 van de Koppel(1946)을 참조할 것.

47 Lekkerkerker(1916, p.272). 전체의 95퍼센트 이상은 계약 쿨리였지만, 지역의 소규모 집단 출신자의 95퍼센트는 자유노동자였다[하지만 1931년까지 35만 명 정도에 이른 쿨리의 거의 절반은 자유노동자였다(Furnivall, 1944, p.356)].

48 조금 다른 방식으로 제기된 이와 유사한 주장은 van Gelderen(1929, 특히 p.100)이다.

49 Boeke(1953, p.223).

50 Allen and Donnithorne(1957, pp.117~118).

51 Robequain(1954, p.166); Maas and Bokma(1946); van de Koppel(1946). 농장 생산은 자바에서도 증가했는데, 고무는 때로 하나의 농장에서 커피나 차와 저지대-고지대 조합으로 '혼합'되기도 하였다. 본문의 자료와 비교될 자바의 수치는 1913년 1,000톤, 1922년 29,000톤, 1940년 99,000톤이다(Maas and Bokma, 1946). 다른 농장농업은 네덜란드 사람들이 주도했지만 고무산업의 경우 투자액의 절반 이하만이 네덜란드 사람들 소유였고 가장 큰 단일 고무농장은 미국인 소유였다. 약간 다르게 조직되었지만 다소 유사한 유형이 석유산업에서도 나타났는데, 전체 투자액 중 약 60퍼센트를 앵글로-네덜란드계인 쉘Shell연합이, 3분의 1을 미국이 투자하였다(Allen and Donnithorne, 1957, pp.288~289).

52 Mohr(1945).

53 Van Gelder(1946). 보통 농장의 고무보다 품질이 나쁘기 때문에 금액을 기준으로 한 소규모자작농의 고무 수출비율은 다소 낮아져 1937년 현재 대략 45퍼센트였다(Boeke, 1953, pp.128~129); Allen and Donnithorne(1957, p.291). 1925~1940년에 소규모자작농의 고무 재배지는 30만 헥타르 정도에서 122만 헥타르 정도로 증가하였다(Thomas, n.d., p.21).

54 Reyne(1946); van de Koppel(1946).

55 Paerals(1946); Boeke(1947, pp.23, 68); Allen and Donnithorne(1957, pp.291~292). 같은 기간 소규모자작농의 커피 생산량 중 9퍼센트 정도가 자바에서 생산되었기 때문에 커피 생산량은 절대적으로도 증가하였다. 하지만 전부 국내에서 소비되었다(Paerals, 1946).

56 Rutgers(1946). 공황 이후에도 계속 증가하고 심지어 가속화되어 1935년도 수출량은 거의 8만 톤에 이르렀다.

57 Van Hall(1946).

58 Van de Koppel(1946); van den Broek(1946). 자바의 소규모자작농이 생산한 담배의 대다수는 '직접소비', 즉 지역시장에서 덩어리째 팔리는 잘게 찢은 담배(밀짚에 손으로 말아서 만드는 담배)로 소비되거나 국내 담배공장에 공급되었다. 1935년도 자바의 총생산량 6만 6천 톤 중 대략 55퍼센트가 '직접적으로 소비되었고', 25퍼센트가 국내(중국인과 자바인의) 담배산업에 이용되었으며, 나머지 20퍼센트만이 수출되었다(van den Broek, 1946).

59 Van Hall(n.d., p.205).

60 Van Gelder(1946).

61 Reyne(1946).

62 Rutgers(1946); van Hall(1946).

63 Paerals(1946).

64 Schrieke(1955, pp.83~166). 원래 스리커의 연구("The Causes and Effects of Communism on the West Coast of Sumatra")는 1926년 서부 해안에서 공산주의에 고무되어 발생한 정치적 소요사태를 조사한 네덜란드동인도정부조사위원회의 요약보고서로서, 그는 이 위원회의 위원장이었다.

65 *Indonesia*(1956, I, 81); Schrieke(1955). 미낭카바우 지역은 수마트라에서 인구가 가장 많은 곳으로서 섬 전체 인구의 4분의 1을 차지하였다(Robequain, 1954, p.157).

66 Lekkerkerker(1916, pp.32~25); Robequain(1954, pp.157~158). 아감(혹은 '구舊아감old Agam')은 부킷팅기 주변의 고원지대를 직접 지칭하는 데 자주 쓰였으며, 파야쿰부와 바투상카르를 연결하는 지역은 다른 이름으로 불리었다.

67 Robequain(1954). 이차적 사와의 발전은 싱카락Singkarak 호수 정남향에 위치한 낮은(350미터) 솔록Solok 평원에서 발견된다. 미낭카바우의 수도작 기술은 자바와 달라서 일반적으로 덜 노동집약적이다. Van der Veer(1946)와 Terra(1958)를 참조할 것.

68 Schrieke(1955).

69 앞의 두 문장은 Schrieke(1955, pp.98~106)에서 인용하였다.

70 Schrieke(1955, pp.107 ff).

71 Paerals(1946). 저지대에서 커피는 화전 유형에 완전히 끼워진 상태로 남아 있었지만 농지 이용기간이 2~3년에서 7~8년으로 연장되자 화전을 경작하는 시기를 보다 주의 깊게 조정해야 할 필요가 생겼다. Pelzer(1945, pp.25~26)를 참조할 것.

72 Schrieke(1955).

73 Van de Koppel(1946). 그중 일부는 네덜란드의 관심사인 노동자, 예를 들어 사와룬토Sawah Lunto 주변 들판에 있는 석탄 광부를 먹여 살리는 데 쓰였다. 특히 크린치 주변에는 커피, 차, 키니네 농장이 있었다. 하지만 전체적으로 서부 해안에

서 유럽인의 사업은 제한적이었다.

74 Van de Koppel(1946).

75 Van de Koppel(1946). 델리 주변으로 수입된 쌀은 대부분 유입된 자바인과 중국인 쿨리를 위한 것이었다. 1931∼1938년에 외인도네시아 쌀 수입량의 거의 절반이 수마트라 동부 해안 지역에서 소비되었다(van de Koppel, 1946).

76 Pelzer(1945, p.25). 사실상 노동의 결핍은 토지의 결핍만큼이나 중요한 변수였을 것이다. 그리고 나무의 벌목을 결정하는 쪽은 언제나 농민이 아닌 네덜란드 관리였다.

77 Van de Koppel(1946); Ormeling(1956). 소순다 열도의 많은 지역에서 가축과 목재는 수출품목 중 부차적인 역할을 하였다.

제3부 결과

제6장 비교와 전망

1 Van de Koppel, 1946.

2 이 기간에 대한 가장 완성도 높은 연구는 Kahin(1952)이다. 이 기간 동안의 경제 발전에 대해서는 Sutter(1959, 특히 Vols. I과 II)를 참조할 것.

3 시민전쟁에 대해서는 van der Kroef(1958)와 Hanna(1961, 7장)를 참조할 것. 인플레이션에 대해서는 Higgins(1957, pp.13∼25, 166∼167)를 참조할 것.

4 표면상 서부 뉴기니(이리안Irian) 문제로 촉발된 대규모 국유화는 400곳 이상의 농업농장뿐 아니라 다수의 은행, 산업체, 운송로 등에 영향을 미쳤다. Paauw(출판 예정).

5 1930∼1935년에 설탕 생산량은 거의 300만 톤에서 50만 톤으로 추락했는데 경제위기 과정에서 가장 심각하게 감소한 유일한 주요 농장작물이었다. 1940년까지 생산량은 150만 톤 정도로 회복했지만 1950년 27만 5천 톤으로 감소하였다. 그 후 생산량은 1930년 수치의 4분의 1, 1940년 수치의 2분의 1보다 조금 낮은 정도로까지 증가하였다. Van der Koppel(1946); *Statistical Pocketbook of Indonesia* (1957, p.68).

6 Pelzer(1957). 이와 유사한 현상이 동부 자바의 많은 고립형 농장에서 이보다 작은 규모로 발생하였다.

7 *Statistical Pocketbook of Indonesia*(1957, pp.64∼65).

8 *Statistical Pocketbook of Indonesia*(1957, pp.108, 109, 135).

9 *Statistical Pocketbook of Indonesia*(1957, p.105). 이후 시기 소토지자작농이 생산한

코프라와 외곽 도서에서 들어온 고무의 밀수 규모가 상당했기 때문에 그 차이는 더 컸을 것이다. 전체 수출에서 산업용 원자재가 차지하는 상대적 역할과 관련해서도 같은 점을 지적할 수 있다.

10 Iso Reksohadiprodjo and Soedarsono Hadisapoetro(1960). 특히 관개에 불리한 자연조건을 가진 일부 지역은 낮은 인구밀도를 유지해 왔기에 이 설명에 부합하지 않는다(Iso Reksohadiprodjo and Soedarsono Hadisapoetro, 1960).

11 위의 주 10과 농업지도Landbouwatlas를 기초로 계산함. 1955년 통계는 인도네시아인만을 대상으로 삼았고 1920년 통계는 모든 거주자를 대상으로 삼은 듯하기 때문에 두 자료를 정확하게 비교할 수는 없지만 이로 인한 오류는 적다. 또한 98개 주요 설탕재배 군 중 단 73개 군의 자료만 사용할 수 있었는데, 이는 1955년 자료에서 원자료가 생략되고, 20년 사이에 재조직된 행정구역 때문이었다. 하지만 누락된 25개 군의 분포가 고르기 때문에 이들을 포함하더라도 그 관계를 의미있게 변화시킬 것 같지는 않다.

12 주 10과 같은 자료를 바탕으로 계산함. 1920년 전체 사와의 거의 3분의 1에서 사탕수수가 재배된 브란타스 삼각주의 시도아르조와 모조커르토 道는 일인당 생산량이 약 450킬로그램이었으며, 인구증가율이 10퍼센트에 이른 1955년에는 약 453킬로그램이었다. 주 10과 Wertheim(1956, p.371)을 기초로 계산함. 설탕지대의 생태적 조건이 일반적으로 더 좋았기 때문에 논을 최대한 쥐어짜서 생산성을 높일 수 있었다. 하지만 이는 쌀에만 해당하는 수치로서, 자료가 있다면 비설탕 지역에서는 밭경작의 확대로 상당히 많은 부분이 상쇄되었음을 알 수 있을 것이다.

13 내향적 정교화가 심각한 국면에 진입하고 있음을 보여 주는 또 다른 징후는, 현재 토지소유의 파편화가 진행되어서 경작지를 확대할 여지가 많지 않으며 인구밀도가 섬의 거의 모든 지역에서 높게 나타난다는 점이다. Bennet(1961)은 1942~1953년에 말랑 도의 평균 사와 소유면적이 9퍼센트, 밭 소유면적이 13퍼센트 하락한 반면 인구는 약 11퍼센트 상승했음을 발견했는데, "여기에서 인구밀도의 점증은 무농지 소유보다는 평균 소유면적의 감소를 가져왔음을 보여 주는 듯하다." 그는 85퍼센트의 농가가 약간의 토지를 소유하고 있지만 이들 중 약 64퍼센트만이 생계적 필요를 충족하는 데 적절한 토지규모를 가지고 있다고 추정한다.

14 인도네시아의 지역사회에 대한 H. Geertz(출판 예정)의 차별적 분류에 기반을 둔 이 유형화는 의도적으로 포괄적이며 도시지역을 완전히 무시하고 있다. 혁명 전후에 정부가 노력한 결과, 수마트라의 남쪽 끝인 람풍에는 이주 자바인, 순다인, 발리인이 만든 수도작 정주지역이 존재하며, 이보다 적지만 술라웨시 남서부에도 수도작 정주지역이 일부 남아 있다. 1937년(람풍에 이미 6만여 명의 내인도네시아 이주민이 살았던 시기)부터 1956년까지 대략 28만 6천 명이 자바에서 이들 지

역으로 이주하거나 (자발적으로) 이주되었다(Robequain, 1954, p.162; *Statistical Pocketbook of Indonesia*, 1957, p.17). 식민시기 지역 간 이주를 위한 노력과 관련해서는 Pelzer (1945)를, 공화국 시기의 노력과 관련해서는 Utomo(1957)를 참조할 것.

15 Brinkley(1935, p.299).

16 일본의 일인당 국민소득 추정치(1955)는 대략 미화 240달러이며 인도네시아는 약 127달러이다(Ginsburg, 1961, p.18). 물론 어느 정도인지 정확히 말하기는 불가능하지만 자바의 일인당 생산은 인도네시아 전체의 일인당 생산에 못 미친다.

17 Ohkawa and Orsovsky(1960); FAO Yearbook(1955, pp.36~37).

18 Ohkawa and Orsovsky(1960); *Statistical Abstract for the Netherlands East Indies* (1935, pp.143~146).

19 Ohkawa and Orsovsky(1960); Mears(1961). 자바의 수치는 전체 인도네시아 수치에 기초하여 추산했으며, 농업 수입 비율은 외곽 도서보다 자바의 것이 더 낮을 듯하다.

20 Taeuber(1960).

21 Namiki(1960); Ohkawa and Rosovsky(1960).

22 1920년경부터 처음으로 자바의 도시인구가 전체인구보다 더 빠르게 증가하기 시작했던 듯하며, 이 추세는 혁명 이후 가속화되었다(Wertheim, 1956, pp.185~186; The Siauw Giap, 1959). 하지만 오늘날에도 19세기 마지막 사반세기 이후 일본의 도시들이 그랬던 것처럼 전체인구 증가를 흡수할 정도로까지 이르지는 못하였다.

23 Ohkawa and Rosovsky(1960). 이 시기가 끝날 때쯤 비율이 감소하는 추세를 보였으며 제1차 세계대전 이후 약 1퍼센트로 하락하였다. 하지만 이 시기에 일본의 산업 부문은 안정적인 발전 궤도에 올라섰다.

24 Ohkawa and Rosovsky(1960). 상당히 전통적인 속성을 여전히 띠고 있는—여러 측면에서 자바보다 더 전통적인—일본의 마을생활에 대해서는 Beardsley, Hall and Ward(1959)를 참조할 것.

25 자바식 유형의 근본 토대가 경작체계 시기에 형성되었던 것처럼 일본의 토대는 경작체계와 동등하게 결정적 역할을 한 도쿠가와 시대(1600~1868), 특히 그 후반부에 형성되었다. 이와 관련해서는 Smith(1959)를 참조할 것.

26 Ohkawa and Rosovsky(1960).

27 Ohkawa and Rosovsky(1960); Dore(1960). 이러한 변화는 자바와 같이 이전 시기(여기에서는 도쿠가와 시대)에 시작되었다. Smith(1959, pp.87~107)를 참조할 것.

28 Ohkawa and Rosovsky, 1960.

29 로스토는 일본의 '도약' 시기를 잠정적으로 1878~1900년으로 잡고 있다(1960, p.38). 19세기 말이나 20세기 초까지 자바 농업의 기술적 진보가 일본과 비슷했음을 주장하는 데 충분한 자료를 얻으려면 두 나라의 기술사—특히 아직까지 써지지 않은 자바의 역사—를 철저히 검토해야 하지만 여기에서 시도할 수는 없다. 하지만 20세기 이전에 일본 농업에서 일어난 모든 주요한 기술적 개선이, 인공비료를 제외하고는, 자바에 있었다는 사실은 지적할 만한 가치가 있다. 또한 이 문제와 관련하여 신뢰할 만한 비교자료가 처음 나타나는 1910~1911년에 일본의 헥타르당 미곡 수확량이 자바보다 80퍼센트 높았던 반면, 10년 후에는 300퍼센트까지 크게 벌어졌다는 사실은 주목할 만하다. 이는 명백히 1898~1902년과 1913~1917년에 650퍼센트 이상 증가한 (대부분 상업적 목적으로 이루어진) 급격한 비료 투입에 기인한다(Ohkawa and Rosovsky, 1960).

30 Smith(1959). 이러한 움직임은 19세기에 정점에 달했던 듯하지만 도쿠가와 시대 전체를 통해 지속되었고, 쇄국정책이 최소한 공식적으로 철폐된 1853년 페리 Mattew Perry의 방문 이후 더욱 빨라졌다. 어떤 의미에서 점진적인, 느리고 지역적으로 불균형적인 자바농업의 개선 역시 17세기로 거슬러 올라갈 수 있다. 미곡 재배 면에서 자바보다 자연조건이 불리한 일본이 '더 낮은 상태에서 출발'했을 수 있으므로 자바의 수준을 따라잡기 위해 17세기 초부터 19세기 말까지 일본의 생산성 증가율은 매우 높았을 것이다. Rosovsky(1961, p.81, 주 104)를 참조할 것.

31 일본의 인구는 12세기 후반경부터 18세기 초까지 꾸준히 증가했던 듯하며, 18세기 초 이후 인구수가 안정된 것은 전통 생태계가 극상 평형상태에 도달했기 때문이다. 1726~1852년에 인구는 실제로 일정하였다. 1852년 서구와 접촉한 이후 인구가 다시 증가했지만 그 속도는 느리고 불규칙하였다. 1870년 이후 다시 급속히 증가하여 반세기 이내에(1873~1918) 약 3,500만~5,500만 명으로 증가하였다. Taeuber(1958, pp.20~25, 44~45).

32 자바 인구 대비 일본인구의 변화 비율을 검토하면 인구학적 발전 상황을 통시적으로 단순하게 비교할 수 있다. 1830년 3.8, 1870년 2.1, 1900년 1.6, 1920년 1.6, 1955년 1.6이었다(Taeuber(1958, p.22, 46, 70) 및 이 책 4장의 주 42에 제시한 자료에 기초하여 계산함). 따라서 19세기 초 일본의 인구는 자바의 인구보다 3.5~4배 더 많았지만, 이후 자바의 인구폭발로 인해 1870년에는 그 차이가 거의 반으로 줄었다. 1900년 이후 두 나라의 인구가 거의 동일한 연평균 증가율(1~1.5퍼센트)을 보였기 때문에 양국의 수렴 추세는 이후 완화되었다.

33 Ohkawa and Rosovsky(1960).

34 "농장, 광산, 유전, 원자재 수출에 중심을 둔 〔동남〕 아시아의 발전은 도시화보다는 산업화를 가져왔다. 도시의 산업화 및 신세계가 촉발하는 가족규모 억제는 저개발 국가에서 효과가 떨어졌다. 결국 출산율 감소가 대다수 아시아 국가에서 나

208

타났지만, 계획적 경제발전이 시작하기 전에 발생한 심각한 인구압을 억제하기에
는 너무 늦었다."(Hinggins, 1958)

35 Taeuber(1960). 여기에서 중요한 점은 도시화로 인해 초기에 전체 성장률이 더 높
아졌다는 사실보다는, 이러한 발전으로 인해 1880~1920년에 일본의 과도기적
성장률이 크게 오르지 못했다는 사실 혹은 자바의 과도기적 성장률이 1840~
1880년에 크게 오른 것 같다는 사실이다.

36 "해외 차입이 가져올 정치적 결과를 두려워한 〔메이지〕정부는 거의 전적으로 국
내 원천—주로 농업—에 의존하여 투자자금을 조달하였다. 1868~1881년에 토
지세는 (전체 세입 중 대부분인) 일반세입의 78퍼센트를 차지했으며, 이후 하락
추세에도 불구하고 1890년에도 여전히 50퍼센트에 이르렀다. 토지세 비율이 높
아 보이지만 도쿠가와 시대와 비교해 보면 증가하지 않았다. 도쿠가와 시대 말에
전사계급은 농업 부문에서 막대한 양의 생산물을 거두어들였으며, 메이지 정부는
단지 이를 새로운 통로로 전환시켰을 뿐이다. 따라서 농촌의 생활수준을 떨어뜨
리지 않고서도 혹은 생산성 증가분에 의존하지 않고서도 근대화를 성취할 수 있
었다."(Smith, 1959, p.211) 이러한 시각은 세금징수의 효율성 증가를 무시한 면
이 있어서, 농민에 대한 압력과 관련해서는 다소 낙관적인 견해로 보인다.

37 일본의 소규모 산업의 중요성에 대해서는 Rosovsky and Ohkawa(1960)를 참조
할 것.

38 일본의 충성(혹은 '의무') 개념에 대해서는 Benedict(1946)를 참조할 것. 그 종교
적 기초에 대해서는 Bellah(1957)를 참조할 것.

39 Ashby(1960, 특히 pp.71~79)는 체계분석에서 매개변수parameter 개념의 기능
을 이론적으로 날카롭게 논의하였다.

40 Rosovsky(1961)에 있는 Ranis(1959)의 인용문을 재인용함.

41 Kahin(1952, p.36)을 기초로 계산한 수치임. 이 자료는 소득세 통계로서 900길더
이하의 임금에 대한 소득세를 계산하지 않았기 때문에 그 차이가 다소 과장되었
다. 이 자료에는 외곽 도서의 '상업' 소득에 대한 세금이 포함되어 있으며, 앞서 지
적한 것처럼 이는 자바의 세금보다 훨씬 더 높았다. 마지막으로, 1939년 인구는
추정치이며 식민지 시대 마지막 센서스는 1930년에 이루어졌다. 모든 측면을 감
안해 보면 100배 이상 높았다는 것은 아마도 적게 잡은 수치일 듯하다. 인도네시
아 생계경제가 포함된 추정치에 따르면 1939년 비율은 대략 60 대 1이었다
(Polak, 1942, p.60).

42 일본의 근대적 산업 상황에서 전통적 사회문화적 형태의 지속과 관련해서는
Abegglen(1958)을 참조할 것.

43 Mintz(1956).

44 93개 국가의 일인당 일일 칼로리 섭취량 추정치 조사에서 인도네시아는 2,040칼

로리로 73위였다(Ginsburg, 1961, p.30). 1957년 자카르타 영양연구소는 '이상 적인'(즉 만족스러운) 연간 일인당 탄수화물 소비량을 (쌀의 칼로리 함유량이라는 면에서 표준화된) 160킬로그램 정도로 규정했는데, 같은 해 자바의 추정치는 159 킬로그램, 외곽 도서의 추정치는 170킬로그램, 양자를 평균하면 162킬로그램이 었다. 식량 수입이 없을 때는 각기 155, 159, 155킬로그램이었다(Mears, Afiff and Wreksoatmodjo, 1958). 자료가 불충분한 말루쿠는 제외하였다. 쌀, 옥수수, 카사 바, 고구마만 포함했기 때문에 이는 적게 잡은 수치인데, 일인당 연간 미곡 소비 량 160킬로그램은 대략 일인당 하루 1,600칼로리에 해당한다. 자료의 내적인 신 뢰성 부족이라는 면을 제쳐 놓는다면 칼로리 섭취는 식량 공급량을 보여 주는 매 우 개괄적인 측정방식이지만 인도네시아인의 식단에서 비타민과 미네랄이 크게 부족해 보이지는 않는다.

45 일정 정도의 비료주기는 식민시기 후반에 주로 사탕수수 재배의 부수적 결과로 발생했으며, 미국의 원조 프로그램으로 독립 직후 5천만 달러에 이르는 비료가 공 급되었다. 과학적인 볍씨 종자개량이 어느 정도까지 진행되었는지는 명확하지 않 다.

46 Mears(1957)가 이를 개괄적으로 검토하였다.

47 FAO의 농화학자이며 보고르 토양연구소의 고문인 게오르그 하우저Georg Hauser 의 지적이다. Mears, Afiff and Wreksoatmodjo(1958).

48 Pelzer(1945)의 자료에 기초하였다.

49 산업화가 전혀 없었다는 것은 아니다. 하지만 1940~1952년에 총인구가 대략 10 퍼센트 증가한 반면 '총산업고용'은 대략 7퍼센트만 성장한 듯하다. 이에 상응하 는 도시인구 증가에 대한 자료는 없지만 1930~1952년에 도시인구가 2배 성장했 기 때문에(Paauw(출판 예정); *The Population of Indonesia*) 그 비율이 훨씬 높으리 라는 점은 거의 확실하다.

50 통계치는 Bauer(1948, p.16)에서, 인용문은 van Gelderen(1961)에서 가져왔다.

51 1938년의 소토지자작농 고무 생산량을 100으로 보면 1954년에는 327이었다. 커 피는 68, 코프라는 54, 후추는 23이었고, 고무를 제외한 소토지자작농의 전체 수 출생산량 평균은 48이었다. 생산액을 기준으로 보면 고무경작을 통한 소토지자작 농의 수입은 커피, 코프라, 후추 경작 수입을 합한 것보다 60퍼센트 정도 더 많았 다. Higgins(1957, pp.149, 155)에 기초하여 계산한 수치임.

52 Thomas, K. D.(n.d., 부록 A, 표 I). 국내 마케팅 방식 역시 매우 중요하다. Thomas (n.d., pp.45~58)를 참조할 것.

53 1939년 가장 중요한 필수소비재 네 가지(쌀, 밀가루, 생선, 직물)의 수입액은 전체 수입액의 약 8퍼센트, 전체 수출액의 약 5퍼센트였다. 1950~1956년에는 전체 수입액의 15퍼센트, 전체 수출액의 12퍼센트를 차지하였다. *Statistical Pocketbook* of Indonesia(1957, pp.111, 99)에 기초하여 계산함. 1959년 쌀 수입액만도 전체 수입액의 거의 20퍼센트에 이르렀다〔Paauw(출판 예정)〕.

54 1956년까지의 인도네시아 재정정책에 대한 개괄적 논의는 Higgins(1957, pp.1~36)에 소개되어 있다.

55 1950~1955년에 소규모자작농의 고무생산량은 대체적으로 일정하게 유지되었다(Higgins, 1957, p.149). 이 시기 이후에는 다소 감소했지만 밀수문제로 인해 정확한 현황은 뚜렷하지 않다. 『인도네시아의 인구 *the Population of Indonesia*』의 저자들은 1950~1954년 소토지자작농의 헥타르당 고무 생산량을 (많이 시달린 농장의 생산량 5.8에 대비하여) 4.2로 추정했지만 이는 지나친 추측이다. 품질 면에서도 차이가 있었다. 1951~1955년에 소규모자작농의 생산량은 평균적으로 전체의 65퍼센트 정도를 차지했지만 생산액은 전체의 58퍼센트에 불과하였다 (Thomas, K. D., n.d., 부록 A, 표 I 과 부록 E, 주).

56 Van Gelderen(1961).

57 Van Gelderen(1961).

58 Sumaniwata(1962).

59 고무와 관련한 수치는 모두 생산이 아닌 수출통계이며, 소토지자작농의 고무재배에 대하여 자세한 연구가 없기 때문에 생태적 수준에서 어떤 일이 일어나고 있는지를 파악하기가 힘들다. 하지만 가장 호의적인 자료를 바탕으로 한 추정치에서조차 식재가 기존 생산에 잠재한 대체수요를 따라잡지 못했으며, 조악한 식재 용구만큼이나 '대부분의 토지가 25년 이상(많은 면적이 35년 이상) 경작되었다'는 사실은 분명해 보인다. 품질평가 역시 애매모호한 문제이기는 하지만 현재의 (변하지 않는) 기술 수준을 볼 때, 기술이 떨어지는 소토지자작농의 생산물 품질이 낮으리라는 사실에는 의문의 여지가 없다. 소토지자작농 고무경작의 기술적 측면에 대한 균형 잡힌 시각은 Thomas, K. D.(n.d., passim)에서 볼 수 있다. Allen and Donnithorne(1957, p.137)은 인도네시아 소토지자작농 고무경작지의 5분의 1이 과도한 채취와 노후화로 인해 "사실상 가치가 없으며", "농민의 높은 생산성은 고무에 대규모 자본을 투자해야만 …… 높일 수 있다"고 추정한다.

60 독립 후 첫 5년 동안 농장이 운영된 정치적 맥락에 대한 설명은 Sutter(1959, III, pp.695~766)에 있다. 1955~1959년과 관련해서는 Hanna(1961, 4장)을 참조할 것.

61 *Statistical Pocketbook of Indonesia*(1957, p.61).

62 *Statistical Pocketbook of Indonesia*(1957, p.61).

63 Thomas, K. D.(n.d., p.17).

64 Allen and Donnithorne(1957, pp.136, 137). 인도네시아는 제2차 세계대전 이후 잠시 세계 최대 고무생산국이 되었다가 이제 말레이시아의 뒤를 이어 2등의 자리

로 내려섰는데, 한국전쟁으로 인해 "세계적 생산, 수요와 가격 모두가 성장한" 1951년의 봄 이후로 생산량이 약 7.5퍼센트 하락하였다. Hanna(1961, 4장).

65 Higgins(1957, p.149).

66 Paauw(출판 예정).

67 Hanna(1961, 2장)에서 재인용.

참고문헌

Abegglen, J. 1958. *The Japanese Factory*. Glencoe, Illinois: The Free Press.

Adam, L. n.d. *Enkele Gegevens Omtrent den Economische Toestand van den Kalurahan Sidoardjo*. Weltevreden: Kolff.

Allen, G. C., and A. G. Donnithorne. 1957. *Western Enterprise in Indonesia and Malaya*. New York: Macmillan.

van Alphen, H. 1870. *Java en het Kultuurstelsel*. s'Gravenhage: van Stockum.

Ashby, W. R. 1960. *Design for a Brain*. New York: John Wiley (2d ed.).

Bastin, J. 1957. *The Native Policies of Sir Stamford Raffles in Java and Sumatra*. Oxford: Oxford University Press.

Bates, M. 1952. *Where Winter Never Comes*. New York: Scribners.

————. 1953. "Human Ecology." *In* Kroeber, 1953, pp.700–713.

Bauer, P. 1948. *Report on a Visit to the Rubber Growing Smallholdings of Malaya, July–September, 1946*. London: Her Majesty's Stationery Office.

Beardsley, R. K., J. W. Hall and R. E. Ward. 1959. *Village Japan*. Chicago: University of Chicago Press.

Beets, A. N. J. 1946. "Vorstenlandse Tabak." *In* van Hall and van de Koppel, 1946, IIB, pp.414–486.

Ballah, R. 1957. *Tokugawa Religion*. Glencoe, Illinois: The Free Press.

Benedict, R. 1946. *The Chrysanthemum and the Sword*. Boston: Houghton Mifflin.

Bennet, D. 1961. "Three Measurements of Population Pressure in Eastern Java." *Ekonomi dan Keuangan*, 14:97–106.

Bernet Kempers, A. J. 1959. *Ancient Indonesian Art*. Cambridge: Harvard University Press.

Beukering, J. A. van. 1947. "Het Ladangvraagstuk, een Bidrijfs—en Sociaal Economische Probleem." *Batavia, Mededeelingen v.h. Departement v. Economische Zaken in Nederlandsch-Indie*, No. 9.

Die Bie, H. C. H. 1902. *De Landbouw der Inlandsche Bevolking op Java*. Batavia: Kolff.

Boeke, J. H. 1910. "Tropische-Koloniale Standhuishoudkunde." Amsterdam, dissertation.

—————. 1947. *The Evolution of the Netherlands Indies Economy.* Haarlem: H. D. Tjeenk Willink.

—————. 1953. *Economics and Economic Policy of Dual Societies.* Haarlem: H. D. Tjeenk Willink.

Brinkley, R. C. 1935. *Realism and Nationalism.* New York, London: Harper.

Broek, P. J. van den. 1946. "Bevolkingstabak." *In* van Hall and van de Koppel, 1946, IIB, pp.522-558.

Burger, D. H. 1928. *Rapport over de Desa Pekalongan in 1869 en 1928.* Weltevreden: Kolff (Economische Bischrijvingen).

—————. 1930. *Vergelijking van den Economischen Toestand der Districten Tajoe en Dijakenan.* Weltevreden: Kolff (Economische Bischrijvingen).

—————. 1939. *De Ontsluiting van Java's Binnenland voor het Wereldverkeer.* Wageningen: H. Veenman.

Clarke, G. 1954. *Elements of Ecology.* New York: John Wiley.

Collins, W. B. 1959. *The Perpetual Forest.* Philadelphia, New York: Lippincott.

Conklin, H. 1954. "An Ethnoecological Approach to Shifting Agriculture." *Transactions of the New York Academy of Sciences, Series II,* 17:133-142.

—————. 1957. *Hanunóo Agriculture in the Philippines.* Rome: Food and Agricultural Organization of the United Nations.

—————. 1959. "Shifting Cultivation and the Succession to Grassland." *Proceedings of the 9th Pacific Science Congress* (1957), 7:60-62.

—————. 1960. "The Cultural Significance of Land Resources among the Hanunóo." *Philadelphia Anthropological Society Bulletin,* 13:38-42.

Day, C. 1904. *The Dutch in Java.* New York: Macmillan.

Dice, L. R. 1955. *Man's Nature and Nature's Man.* Ann Arbor: University of Michigan Press.

Dobby, E. H. G. 1954. *Southeast Asia.* London: University of London Press (4th ed).

Van Doorn, C. L. 1926. *Schets van de Economische Ontwikkeling der Afdeeling Poerworedjo (Kedu).* Weltevreden: Kolff.

Dore, R. P. 1960. "Agricultural Improvement in Japan: 1870-1900." *Economic Development and Cultural Change,* 9 (part ii):69-91.

Encyclopedia Britannica (Tobacco). Eleventh Edition, Cambridge: Cambridge University Press, 1911.

Encyclopedia van Nederlandsche-Indie. Leiden: Brill, 1899-1905.

FAO Yearbook of Food and Agricultural Statistics 1955.

Firey, W. 1947. Land Use in Central Boston. Cambridge: Harvard University Press.

Forde, C. D. 1948. Habitat, Economy and Society. New York: Dutton.

Freeman, J. D. 1955. Iban Agriculture. London: Her Majesty's Stationery Office.

Furnivall, J. S. 1944. Netherlands India. Cambridge: Cambridge University Press.

──────. 1948. Colonial Policy and Practice: A Comparative Study. Cambridge: Cambridge University Press.

Geddes, W. R. 1954. The Land Dayaks of Sarawak. London: Her Majesty's Stationery Office.

Geertz, C. 1956. "Religious Belief and Economic Behavior in a Central Javanese Town: Some Preliminary Considerations." Economic Development and Cultural Change, 4:134-158.

──────. 1959. "The Javanese Village." In Skinner, 1959, pp.34-41.

──────. 1960. The Religion of Java. Glencoe: The Free Press.

Geertz, H. "Indonesian Cultures and Social Structure." In McVey, in press.

van Gelder, A. 1946. "Bevolkingsrubbercultuure." In van Hall and van de Koppel, 1946, III, pp.427-475.

van Gelderen, J. 1929. "Western Enterprise and the Density of the Population in the Netherlands Indies." In Schrieke, 1929, pp.85-102.

──────. 1961. "The Economics of the Tropical Colony." Indonesian Economics, 1961, pp.111-164.

Ginsburg, N. 1961. Atlas of Economic Development. Chicago: University of Chicago Press.

Glamann, K. 1958. Dutch Asiatic Trade, 1620-1740. The Hague, Nijhoff; Copenhagen: Danish Science Press.

Goethals, P. R. 1961. Aspects of Local Government in a Sumbawan Village. Ithaca: Cornell University Press, Modern Indonesia Project Monograph Series.

Goffman, E. 1961. Asylums. New York: Anchor Books.

Goldenweiser, A. 1936. "Loose Ends of a Theory on the Individual Pattern and Involution in Primitive Society." In Lowie, 1936, pp.99-104.

Gonggrijp, G. 1957. Schets Ener Economische Geschiedenis van Indonesie. Haarlem: Bohn (4th printing).

Gourou, P. 1953a. L'Asie. Paris: Hachette.

──────. 1953b. The Tropical World (trans., E. D. Laborde). New York: Longmans

Green.

————. 1956. "The Quality of Land Use of Tropical Cultivators." *In* W. L. Thomas, 1956, pp.336–349.

Graaf, E. A. van de. 1955. *De Statistiek in Indonesië.* s'Gravenhage: van Hoeve.

de Graaf, H. J. 1949. *Geschiedenis van Indonesië.* s'Gravenhage and Bandung: van Hoeve.

Grist, D. H. 1959. *Rice.* London: Longmans Green (3rd ed.).

Haeckel, E. 1870. "Ueber Entwickelungsgang and Aufgabe der Zoologie." *Jenaische Zeitschrift für Medicin und Naturwissenschaft,* 5:353–370.

van Hall, C. J. J. 1946. "Bevolkingsthee." *In* van Hall and van de Koppel, 1946, IIB, pp.246–271.

————. n.d. *Insulinde, De Inheemsche Landouw.* Deventer: van Hoeve.

van Hall, C. J. J., and C. van de Koppel, eds. 1946. *De Landbouw in den Indischen Archipel.* s'Gravenhage: van Hoeve, 4 vols.

Halpern, J. M. 1961. "The Economies of Lao and Serb Peasants: a Contrast in Cultural Values." *Southwestern Journal of Anthropology,* 17:165–177.

Hanna, W. A. 1961. *Bung Karno's Indonesia.* American Universities Field Staff.

Hawley, A. 1950. *Human Ecology.* New York: Ronald Press.

Higgins, B. 1956. "The 'Dualistic Theory' of Underdeveloped Areas." *Economic Development and Cultural Change,* 4:99–115.

————. 1957. *Indonesia's Economic Stabilization and Development.* New York: Institute of Pacific Relations.

————. 1958. "Western Enterprise and the Economic Development of Southeast Asia: a Review Article." *Pacific Affairs,* 31:74–87.

————. 1959. *Economic Development.* New York: Norton.

Hollinger, W. 1953a. *Indonesia, Quantitative Studies 2, The Food Crop Sector.* Center for International Studies, Massachusetts Institute of Technology (dittoed).

————. 1953b. *Indonesia, Quantitative Studies 3, Tables on the Food Crop Sector.* Center for International Studies, Massachusetts Institute of Technology (dittoed).

Honig, P., and F. Verdoorn, eds. 1945. *Science and Scientists in the Netherlands Indies.* New York: Board for the Netherlands Indies, Surinam and Curacao.

Hose, C., and W. MacDougal. 1912. *The Pagan Tribes of Borneo.* London: Macmillan.

Huender, W. 1921. *Overzicht van den Economischen Toestand der Bevolking van Java en Madoera.* s'Gravenhage: Nijhoff.

Hungtington, E. 1945. *Mainsprings of Civilization.* New York: John Wiley.

Indonesia. 1956. Human Relations Area File, Subcontractor's Monograph, No. 57. New Haven.

Indonesian Economics. The Hague: van Hoeve, 1961.

Iso Reksohadiprodjo and Soedersono Hadisapoetro. 1960. "Perubahan kepadatan Penduduk dan Penghasilan Bahan Makanan (Padi) di Djawa dan Madura." *Agricultura* (Jogjakarta), 1:3-107.

Jay, R. 1956. Local Government in Rural Central Java. *Far Eastern Quarterly,* 15: 215-227.

Kahin, G. McT. 1952. *Nationalism and Revolution in Indonesia.* Ithaca: Cornell University Press.

Kampto Utomo. 1957. *Masjarakat Transmigran Spontan Didaerah W. Sekampung (Lampung).* Djakarta: P. T. Penerbitan Universitas.

van Klaveren, J. J. 1955. The Dutch Colonial System in Indonesia. Rotterdam(?): no publisher.

Koens, A. J. 1946. "Knolgewassen." *In* van Hall and van de Koppel, 1946, IIA, 163-240.

Kolff, G. H. van der. 1929. "European Influence on Native Agriculture." *In* Schrieke, 1929, pp.103-125.

――――――――――. 1937. *The Historical Development of Labor Relationships in a Remote Corner of Java as They Apply to the Cultivation of Rice.* New York: no publisher.

――――――――――. 1953. "An Economic Case Study: Sugar and Welfare in Java." *In* Ruopp, 1953, pp.188-206.

Koningsberger, V. T. 1946. "De Europese Suikerrietcultuur." *In* van Hall and van de Koppel, 1946, IIA: 278-404.

Koppel, C. van de. 1946. "Eenige Statistische Gegevens over de Landbouw in Nederlandsch-Indie." *In* van Hall and ven de Koppel, 1946, I, pp.361-423.

Kroeber, A. L. 1939. *Cultural and Natural Areas of Native North America.* Berkeley: University of California Press.

――――――――, ed. 1953. *Anthropology Today.* Chicago: University of Chicago Press.

Kroef, J. M. van der. 1958. "Disunited Indonesia." *Far Eastern Survey,* 27:49-63, 73-80.

――――――――――. 1960. "Land Tenure and Social Structure in Rural Java." *Rural*

Sociology, 25:414–30.

Kuperus, G. 1930. De Bevolkingscapaciteit van de Agrarische Bestaansruimte in de Inheemsche Sfeer up Java en Madoera. (Omstreeks, 1930) *Nederlandsch Aardrijks Kundig Genootschap*, LXI:363–409.

————. 1938. "The Relation Between Density of Population and Utilization of Soil in Java." *Comptes Rendus du Congres International de Geographie*, II (section iii):465–477.

Laan, P. A. van der. 1946. "Deli Tabak." *In* van Hall and van de Koppel, 1946, IIB, pp.353–415.

Landbouwatlas van Java en Madoera. Mededeelingen van het Centraal Kantoor voor de Statistiek, No. 33. Weltevreden: Nijhoff, 1926.

Leach, E. 1954. *Political Systems of Highland Burma*. Cambridge: Harvard University Press.

————. 1959. "Hydraulic Society in Ceylon." *Past and Present*, 15:2–25.

Lekkerkerker, C. 1916. *Land en Volk van Sumatra*. Leiden: Brill.

————. 1938. *Land en Volk van Java*. Batavia: Wolters.

Levy, M. 1952. *The Structure of Society*. Princeton: Princeton University Press.

Living Conditions of Plantation Workers and Peasants on Java in 1939–40 (trans., R. van Neil). Modern Indonesia Project, Translation series, Ithaca: Cornell University, 1956.

Lowie, R., ed. 1936. *Essays in Anthropology Presented to A. L. Kroeber*. Berkeley: University of California Press.

Maas, J. G. J. A., and F. T. Bokma. "1946 Rubbercultuur der Ondernemingen." *In* van Hall and van de Koppel, 1946, III, pp.235–426.

McVey, R., ed. *Indonesia*. New Haven: Human Relations Area Files, in press.

Matsuo, T. 1955. *Rice Culture in Japan*. Tokyo: Yokendo.

Mears, L. A. 1957. "The Use of Fertilization as One Means of Reducing the Problems Associated with the Distribution of Rice in Indonesia." *Ekonomi dan Keuangan*, 10:570–580.

————. 1961. "Economic Development in Indonesia Through 1958." *Ekonomi dan Keuangan, Indonesia*, 14:15–57.

Mears, L. A., S. Afiff and H. Wreksoatmodjo. 1958. "Rice Marketing in Indonesia, 1957–58." *Ekonomi dan Keuangan*, 11:530–570.

Metcalf, J. 1952. *The Agricultural Economy of Indonesia*. Monograph 15, U.S. Department of Agriculture, Washington, D.C.

Meulen, W. A. van der. 1949-50. "Irrigation in the Netherlands East Indies." *Bulletin of the Colonial Institute of Amsterdam*, 3:142-159.

Mintz, S. 1956. "Canamelar: the Sub-culture of a Rural Sugar Plantation Proletariat." *In* Steward, 1956.

―――. 1958. "Labor and Sugar in Puerto Rico and in Jamaica, 1800-1850." *Comparative Studies in Society and History*, 1:273-283.

Mohr, E. 1945. "The Relation Between Soil and Population Density in the Netherlands Indies." *In* Honig and Verdoorn, 1946, pp.254-262.

―――. 1946." Bodem." *In* van Hall and van de Koppel, 1946, I, pp.9-62.

Murphey, R. 1957. "The Ruin of Ancient Ceylon." *Journal of Asian Studies*, XVI:181-200.

Namiki, M. 1960. "The Farm Population in the National Economy Before and After World War II." *Economic Development and Cultural Change*, 9 (part ii):29-39.

Odum, E. P. 1959. *Fundamentals of Ecology*. Philadelphia and London: Saunders.

Ohkawa, K., and H. Rosovsky. 1960. "The Role of Agriculture in Modern Japanese Economic Development." *Economic Development and Cultural Change*, 9 (part ii):43-67.

Ormeling, F. J. 1956. *The Timor Problem*. Groningen, Djakarta and s'Gravenhage: Wolters and Nijhoff.

Ottow, S. J. 1957. *De Oorspong der Conservatieve Richting*. Utrecht: Oosthoek.

Paauw, D. "The Indonesian Economy." *In* McVey, in press.

Paerels, B. 1946. "Bevolkingskoffiecultuur." *In* van Hall and van de Koppel, 1946, IIB, pp.89-119.

Park, R. E. 1934. "Human Ecology." *American Journal of Sociology*, 42:1-15.

―――. 1936. "Succession as an Ecological Concept." *American Sociological Review*, 1:171-179.

Pelzer, K. J. 1945. *Pioneer Settlement in the Asiatic Tropics*. New York: Institute of Pacific Relations.

―――. 1957. "*The Agrarian Conflict in East Sumatra*." *Pacific Affairs*, 30:151-159.

Pendleton, R. L. 1947. *The Formation Development and Utilization of the Soils of the Bangkok Plain*. Natural History Bulletin 14.

Polak, J. J. 1942. *The National Income of the Netherlands Indies*. New York: Institute of Pacific Relations.

―――. 1956. "The Population of Indonesia." *Ekonomi dan Keuangan Indonesia*,

9:1-27.

Quinn, J. A. 1950. *Human Ecology*. New York: Prentice-Hall.

Raffles, T. S. 1830. *The History of Java*. London: John Murray, 2 vols.

Raka, I. Gusti Gde. 1955. *Monografi Pulau Bali*. Djakarta: Pusat Djawatan Pertanian Rakjat.

Ranis, G. 1959. "The Financing of Japanese Economic Development." *Economic History Review*, Vol. II, No. 3.

Reinsma, R. 1955. *Het Verval van het Cultuurstelsel*. s'Gravenhage: van Veulen.

Reyne, A. 1946. "De Cocospalm." *In* van Hall and van de Koppel, 1946, IIA, pp.427-525.

Richards, P. W. 1952. *The Tropical Rain Forest*. Cambridge: Cambridge University Press.

de Ridder, J. n.d. *De Invloed van de Westersche Cultures op de Auctochtone Bevolking van der Oostkust van Sumatra*. Wageningen: H. Veenman.

Robequain, C. 1954. *Malaya, Indonesia, Borneo and the Philippines* (trans., E. D. Laborde). New York: Longmans Green.

Rosovsky, H. 1961. *Capital Formation in Japan*. New York: The Free Press.

Rosovsky, H., and K. Ohkawa. 1960. "The Indigenous Components in the Modern Japanese Economy." In Essays in the Quantitative Study of Economic Growth, *Economic Development and Cultural Change*, 9:476-501.

Rostow, W. W. 1960. *The Stages of Economic Growth*. Cambridge: Cambridge University Press.

Ruopp, P. 1953. *Approaches to Community Development*. The Hague and Bandung: van Hoeve.

Rutgers, J. L. 1946. "Peper." *In* van Hall and van de Koppel, IIB, pp.620-654.

Scheltema, A. M. P. A. 1930. *De Sawahoccupatie op Java en Madoera in 1928 en 1888*. Korte Mededeelingen van het Centraal Kantoor voor de Statistiek. Buitenzorg.

——————————. 1931. *Deelbouw in Nederlandsche-Indie*. Wageningen: Veenman.

——————————. 1936. *The Food and Consumption of the Native Inhabitants of Java and Madura*. Batavia: Institute of Pacific Relations.

Schrieke, B, ed. 1929. *The Effect of Western Influence on Native Civilizations in the Malay Archipelago*. Batavia: Kolff.

——————————. 1955. *Indonesian Sociological Studies*, Part I. The Hague and Bandung:

van Hoeve.

─────. 1957. *Indonesian Sociological Studies*, Part II. The Hague and Bandung: van Hoeve.

Sears, P. B. 1939. *Life and Environment*. New York: Columbia University Press.

Semple, E. C. 1911. *Influences of Geographic Environment*. New York: Holt.

Skinner, G. W., ed. 1959. *Local, Ethnic and National Loyalties in Village Indonesia*. New Haven: Yale University Cultural Report Series, Southeast Asia Studies.

Smith, T. 1959. *The Agrarian Origins of Modern Japan*. Stanford: Stanford University Press.

Spate, O. H. K. 1945. "The Burmese Village." *The Geographical Review*, Vol. XXV.

Statistical Abstract for the Netherlands East Indies, 1935. Batavia: Landsdrukkerij.

Statistical Pocketbook of Indonesia, 1957. Djakarta: Biro Pusat Statistik.

van Steenis, G. 1935. "*Maleische Vegetatieschetsen*." *Tijdschrift v.d. Nederlandsche Aardijkskundig Genootschap*, pp.25-67, 171-203, 363-398.

Steward, J. 1955. *Theory of Culture Change*. Urbana: University of Illinois Press.

─────, ed. 1956. *The People of Puerto Rico*. Urbana: University of Illinois Press.

Sumaniwata, S. 1962. *Sensus Penduduk Republik Indonesia, 1961* (preliminary report). Djakarta: Central Bureau of Statistics.

Sutter, J. O. 1959. "Indonesianisasi." Data Paper No. 31-1. Southeast Asia Program, Ithaca: Cornell University, 4 vols.

Taeuber, I. 1958. *The Population of Japan*. Princeton: Princeton University Press.

─────. 1960. "Urbanization and Population Change in the Development of Modern Japan." *Economic Development and Cultural Change*, 9 (part ii):1-28.

Tergast, G. C. W. 1950. "Improving the Economic Foundation of Peasant Agriculture on Java and Madoera (Indonesia)." Unpublished mimeographed paper, trans. by the International Bank for Reconstruction and Development.

Terra, G. J. A. 1946. "Tuinbouw." *In* van Hall and van de Koppel, 1946, IIA, pp.622-746.

─────. 1958. "Farm Systems in South-East Asia." *Netherlands Journal of Agricultural Science*, 6:157-181.

The Siauw Giap. 1959. "Urbanisatie Problemen in Indonesie." *Bijdragen tot de Taal-, Land- en Volkenkunde*, 115:249-276.

Thomas, K. D. n.d. *Smallholders Rubber in Indonesia*. Djakarta: Institute for Economic and Social Research, University of Indonesia (mimeographed).

Thomas, Jr., W. R., ed. 1956. *Man's Role in Changing the Face of the Earth*. Chicago:

University of Chicago Press.

Thompson, W. S. 1946. *Population and Peace in the Pacific*. Chicago: University of Chicago Press.

Veer, van der. 1946. "Rijst." *In* van Hall and van de Koppel, 1946, IIA, pp.7–110.

Veth, P. J. 1912. *Java, Geographisch, Ethnologisch, Historisch*. Haarlem: Bohn (2d ed.).

Vollenhoven, C. 1906. *Het Adatrecht van Nederlandsch-Indie*. Leiden: Brill.

de Vries, H. M. n.d. *The Importance of Java Seen from the Air*. Batavia: Kolff.

Wertheim, W. F. 1956. *Indonesia in Transition*. The Hague: van Hoeve.

Wertheim, W. F., and The Siauw Giap. 1962. "Social Change in Java, 1900–1930." *Pacific Affairs*, 35:223–247.

Wickizer, V. D., and M. K. Bennett. 1941. *The Rice Economy of Monsoon Asia*. Stanford: Stanford University Press.

Wissler, C. 1926. *The Relation of Man to Nature in Aboriginal America*. New York: Oxford University Press.

Wittfogel, K. 1957. *Oriental Despotism*. New Haven: Yale University Press.

옮긴이 해설

이 책은 클리퍼드 기어츠가 1963년에 출판한 *Agricultural Involution: The Processes of Ecological Change in Indonesia*를 번역한 것이다. 기어츠는 20세기 중반 이후 가장 영향력 있는 문화인류학자 중 한 사람이며, 그의 시각과 이론은 학문적 경계를 뛰어넘어 인문학 및 사회과학의 여러 분야에서 광범위하게 논의되어 왔다.

1926년 미국 샌프란시스코에서 출생한 기어츠는 오하이오 주 안티오크 대학에서 영문학과 철학을 전공하였다. 하버드 대학 사회관계학과 대학원에서 인류학 공부를 시작한 그는 1956년 인도네시아에서의 조사를 바탕으로 박사학위를 받았다. 이후 캘리포니아 대학과 시카고 대학 인류학과 교수를 거친 그는 1970년부터 2006년 작고할 때까지 프린스턴 고등연구소Institute for Advanced Study 교수로서 학문 활동을 계속하였다.

기어츠는 세 차례에 걸쳐 장기간의 현지조사를 수행하였다. 첫 번째는 1952년부터 2년여 동안 인도네시아 자바 동부의 파레Pare에서, 두 번째는 박사 학위를 받은 직후인 1957년부터 1년간 발리Bali에서, 마지막 조사는 1963년 모로코의 세프루Sefrou에서 이루어졌다. 문화인류학자들이 역사적·지리적·문화적 배경이 완전히 상이한 지역을 조사대상지로 선정하는 일은 많지 않은데, 기어츠의 경우에는 인도네시아와 모로코가 적도를 중심으로 펼쳐진 이슬람권의 양극단에 위치한 국가라는 사실이 중요한 역할을 하였다.

기어츠는 자바에서의 조사결과를 『자바의 종교*Religion of Java*』(1960), 『농업의 인벌루션[1]*Agricultural Involution*』(1963), 『행상인과 왕자*Peddlers and Princes*』(1963), 『인도네시아 한 도시의 사회사*The Social History of an Indonesian Town*』(1965) 등 네 권의 책으로 발표하였다. 발리에서의 연구는 힐드레드 기어츠*Hildred Geertz*와 함께 저술한 『발리의 친족*Kinship in Bali*』(1975)과 독자 저술인 『느가라*Negara*』(1980)에 담겨 있으며, 자바와 모로코에서의 이슬람 연구를 비교 검토한 『이슬람 관찰*Islam Observed*』(1968), 모로코에 대한 자신의 글을 힐드레드 기어츠, 로렌스 로젠*Lawrence Rosen*의 글과 공저 형식으로 묶은 『모로코 사회의 의미와 질서*Meaning and Order in Moroccan Society*』(1979)를 출판하였다.

세 차례의 현지조사, 특히 인도네시아에서 얻은 자료를 중심으로 자신의 이론적 시각을 체계화한 논문을 모아 펴낸 『문화의 해석*The Interpretation of Cultures*』에서 기어츠는 문화를 바라보고 그에 접근하기 위한 혁신적 관점을 제안한다. 그는 인간을 "자신이 만든 의미의 그물망에 갇힌 동물"로 파악한 후, 문화를 이러한 그물망으로, 문화에 대한 분석을 "법칙을 추구하는 실험적 과학이 아니라 의미를 추구하는 해석적 과학"으로 규정한다(1973:5). 해석적 과학의 방법으로 그

---

1 앞으로 이 개념의 번역어에 대해 논의하게 되므로, 번역어를 정하기 전까지 '인벌루션'이라는 영어 어휘를 그대로 사용한다.

는 길버트 라일Gilbert Ryle의 '중층기술thick description' 개념을 도입한
다. '현상기술thin description'과 대비되는 개념으로서의 중층기술은 예
를 들어 윙크, 눈의 경련, 윙크 흉내내기와 같이 외적으로 동일하게
표현되는 현상을 구분해낼 수 있는 기술을 의미한다.[2] 이 책의 마지
막 장인 '심층놀이Deep Play'는 중층기술의 전형적 사례로서 주목받은
글이다. 여기에서 그는 일상적인 삶의 한 부분인 닭싸움을 둘러싼 다
양한 행위와 믿음을 분석함으로써 닭싸움이 폭력, 사회조직, 도덕성,
믿음, 가치 등과 관련해 발리 사람들이 자기 자신을 어떻게 이해하고
있는가를 드러내는 사회문화적 드라마임을 지적한다.

　이후의 저술에서 기어츠는 자신의 해석적 방법을 구체적인 현실자
료와 다른 학자의 연구에 확대, 적용한다. 이후의 저술이 여러 논문
을 묶은 논문집 형식을 취한다면, 1980년에 출간된 『느가라』는 예외

---

2 '중층기술'이 무엇이며, 어떻게 중층적으로 기술해야 하는가와 관련된 논란은 현재
　까지도 계속되고 있다. 기어츠의 글을 볼 때, 이는 연구대상자들의 사회적 행위와
　대화를 해독 가능한 형태로 고정하는 과정을 지시하는데(1973:20), 연구대상자들
　이 무엇을 하고 있는지 그리고 자신들이 무엇을 하고 있다고 생각하는지, 다른 식
　으로 말하면 특정한 사회적 행위가 그것을 행하는 행위자들에게 어떤 의미를 가지
　고 있는지를 파악하는 과정을 포함한다. '중층기술'은 다음 단계의 작업, 즉 "사회,
　사회생활에 대해 무엇을 보여 주는지를 가능한 한 분명하게 진술하는"(1973:27) 작
　업에 필요한 자료를 제공해 준다. 기어츠는 연구자의 해석의 불완전성을 지적한다.
　연구자는 "연구대상자들이 우리(연구자)를 이해시킬 수 있는 부분만큼만 기술할
　수 있을 뿐"(1973:20)이며 "아무리 오래 고민한다고 하더라도 (해석하려는) 사건의
　바닥 근처에도 가지 못할 것임을 알고 있다"(1973:29). 이러한 설명을 통해 본다면,
　중층기술은 특정 사건을 그와 관련된 다양한 집단의 진술에 기초하여 맥락적으로
　이해하려는 과정을 의미하며, 어떤 수준의 기술이 중층적인가를 규정하는 뚜렷한
　기준은 존재할 수 없다.

적이다. 여기에서 그는 식민지 이전의 발리 정치체계의 작동원리를 규명하기 위해 '극장국가theater state' 개념을 이용한다. 그는 신의 세계를 모방하기 위해 행해지는 화려한 의식은 정치적 목적을 얻는 수단이 아니라 그 자체로서 목적이라고 해석한다. 이러한 주장을 통해 그는 "자신이 만든 의미의 그물망에 갇힌 동물"로서 인간이 형성한 정치체계를 단순히 지배와 복종의 관계로 환원하여 바라보려는 시각에서 벗어나 핵심적 상징과 가치를 통해 그것에 접근해야 할 필요성을 제기한다.

기어츠의 연구에 대한 학계의 반응은 뜨거웠고, 특히 그가 제안한 중층기술, 해석적 접근은 문화인류학자들 사이에서 많은 논쟁을 불러일으켰다.[3] 그의 연구와 관련해 여러 문제점이 지적되었지만, 상징과 의미 체계의 중요성 그리고 그것에 접근하기 위한 맥락적이고 상황적인 자료 수집과 해석의 필요성에 대한 강조는 인간을 이해하려는 인문학적·사회과학적 연구의 폭을 한 단계 확장시켰다고 평가될 수 있다.

기어츠의 글에 대한 평가에서 자주 등장하는 요소 중 하나는 수려하면서도 통렬하고, 생기 있으면서도 도발적이며, 예리하면서도 신랄한 문체이다. 영어를 모국어로 사용하지 않는 옮긴이에게는 이러한 평가보다 그의 글이 사변적이고 비유적이며, 과도한 만연체 문장과 수식어로 가득 차 있다는 사실, 즉 읽고 이해하기가 매우 힘들다

---

3 기어츠의 학문적 경향과 업적에 대해서는 Alexander(2011), Inglis(2000), Shweder & Good(2005), 그리고 한국어로 번역된 오트너(2003)의 글을 참조할 것.

는 사실이 보다 가깝게 다가온다. 자주 거론되지는 않지만 문체보다 더 중요한 측면은 풍부한 민족지적 기술로서, 그는 과도하다는 느낌이 들 정도로 현지조사 자료를 구체적이고 세밀하며 치밀하게 제시한다. 『자바의 종교』와 『인도네시아 한 도시의 사회사』에 뚜렷하게 드러난 이러한 특징을 보면 추상적이고 사변적이며 일반화된 방식으로 전개되는 그의 논의의 저변에 매우 구체적인 자료가 존재하고 있음을 추정할 수 있다. 이런 측면에서 자신의 연구를 회고담 형식으로 저술한 책의 제목을 『사실을 쫓아서*After the Fact*』로 명명한 점은 시사하는 바가 크다. 그는 문화와 그것에 접근할 방법을 체계화한 이론가인 동시에 현실의 '사실' 자체에 지속적으로 관심을 기울인 민족지학자로 평가될 수 있다.

* * *

기어츠의 주된 연구 경향을 보았을 때 『농업의 인벌루션』의 위치는 상당히 독특하다. 먼저, 그의 주요 관심이 종교, 상징, 의미 해석에 놓여 있다면 이 글은 농업, 환경, 경제 발전을 주제로 삼고 있으며, 경험적 자료에 기초하여 인과관계를 규명하려는 접근법을 이용한다. 이 글을 차별화하는 또 다른 요소는 그가 근대화론적 시각을 수용하고 있다는 점으로서, 경제발전이라는 이상이 쉽게 진행되지 못한 데 대한 아쉬움이 책의 곳곳에 산재해 있다. 이는 현실에 대한 이해뿐만 아니라 현실 변혁에 대한 기대가 이 글을 작성할 당시 기어츠의 관심사를 구성하는 요소였음을 보여 준다.

이 책에 대한 학계의 반응은 극과 극이었는데, 기어츠 자신은 이를 "〔이 책은〕 찬미되고 조롱되었으며, 이용되고 오용되었고, 열정적으로 분석되고 막연히 언급되었다"(1984:514)라고 정리하였다.

주로 인도네시아를 전공하지 않은 학자들이 이 글을 긍정적으로 평가하였다. 환경을 연구의 핵심요소에 포함함으로써 환경과 문화의 균형적인 분석틀을 제시한 점(Conklin 1968:599~600), 역사적·정치적·경제적·생물학적·지리적·문화적·사회적 자료를 능숙하게 통합한 점(Jaspan 1965:132; Theodorson 1965:202), 현학적이지 않으면서도 매우 정교한 분석 방식을 이용한 점(Wheatley 1964:406~408) 등이 긍정적 평가의 근거로 제시되었다.

이 글에 대한 부정적 평가, 혹은 기어츠의 표현을 빌리면 이 글을 '조롱하는' 듯한 평가는 주로 인도네시아를 전공한 학자들이 제기하였다. 이들은 기어츠의 연구가 현실 적합성이 없다는 점, 역사적 사실을 간과한다는 점, 역사적 현실의 일부를 전체인 양 왜곡한다는 점 등을 문제점으로 지적하였다.[4] 시간이 지날수록 기어츠에 대한 비판 역시 점증해서, 1970년대 중반에 접어들면 그에 대한 비판이 인도네시아 경제와 농업을 연구하는 연구자의 통과의례처럼 비추어질 정도였다.

이 글의 제목이며 기어츠 주장의 핵심이라 할 수 있는 인벌루션은

---

4 1984년에 출판된 기어츠의 논문에는 인벌루션과 관련된 논쟁과 그에 대한 비판, 그리고 이 논쟁을 유발한 학자들의 글이 요약·정리되어 있다.

문화인류학의 주요 개념으로 정착되지 않았지만,[5] 문화인류학을 포함한 여러 학문분야에서 계속 이용되어 왔으며 적용 영역 역시 확장되고 있다. 사회학자와 정치학자가 '경제적 인벌루션'(Burawoy 1997 & 2002), '정치적 인벌루션'(Guyot 1980; Ventriss 2010), '국가 인벌루션'(Duara 1987), '도시 인벌루션'(Hafner 1980; McGee and Armstrong 1968)과 '산업적 인벌루션'(Weingrod 1979) 개념을, 역사학자가 '농촌 인벌루션'(Huang 1990) 개념을, 중국지역 연구자가 '문화적 인벌루션'(Xie, 2003)과 '조직상의 인벌루션'(Lu 2000) 개념을 제안한다. 이 외에 문화인류학자가 활용한 사례로는 '행정적 인벌루션'(Tambiah 1985), '종교적 인벌루션'(Gale 1997), '수사적 인벌루션'(Csordas 1997) 등이 있다.

이 같은 사실은 이 개념의 유용성이 인도네시아 농업이나 문화인류학적 연구에 국한되지 않고 다양한 학문분야에서 인정받고 있음을 보여 준다. 하지만 모든 학자들이 이 개념을 동일한 방식으로 이용하지는 않았다. 예를 들어 중국 역사연구가인 후앙Philip Huang은 이 개념을 농업에 국한하여 "노동집약화에 따른 한계 수익의 체감"(1990:11~12)으로 규정하는 반면, 중국 공산당 조직을 연구하는 류Xiaobo Lu는 이를 새로운 환경에 직면하여 새로운 형태로 나아가지 못한 채 과거의 형식을 유지, 강화하는 변화의 과정으로 보다 폭넓게 규정한다(2000:263). 인벌루션 개념을 사용하는 학자들은 기어츠가 제시한 개

---

5 10여 권의 문화인류학 개론서 중 한 권(Eriksen 2001)에만 이 개념이 소개되어 있다. 문화인류학 사전(Barfield 1997)에도 이 개념은 표제어로 포함되어 있지 않다.

념의 구성요소 중 일부만을 선택적으로 이용하는 경향을 보인다. 이는 이 개념이 명확한 문화인류학적 개념으로 정착되지 않아 야기된 문제이며, 동시에 다양한 해석과 적용 가능성으로 인해 이를 명확히 정의내리기 어렵기 때문에 나타난 결과이기도 하다.

* * *

이 책을 번역하기로 한 시점부터 쉽게 결정할 수 없던 문제는 인벌루션에 상응하는 번역어였다. 번역을 상당 부분 진행함에 따라 적절한 번역어에 대한 필요성 역시 커졌고, 이를 해결하기 위해 기존에 출판된 저술에서 이 개념을 어떻게 번역했는지를 살펴보았다. 관련 출판물 중 김용환의 저서(2006:86~92)가 이 책의 내용을 가장 체계적으로 정리하였지만, 책의 초점이 열대림의 생태적 동학에 놓여 있기에 인벌루션에 상응하는 번역어를 제시하지 않았다. 그 대신 기어츠의 연구를 소개하는 다른 글에서 김용환은 인벌루션을 '퇴화'로 번역한다(2009:170). '퇴화'라는 용어는 전경수의 번역서 『현대문화인류학』(1985:550~551), 김우영의 번역서 『인류학의 역사와 이론』(2000:287)과 『인류학의 거장들』(2002:350), 제임스 스콧James Scott의 글을 번역한 김춘동의 『농민의 도덕경제』(2004:30)에서도 찾아볼 수 있다. 일본어 글을 번역한 유명기(2009:184)와 이종원(1993:202)의 책에서는 '퇴행'과 '퇴조'라는 표현이 이용되고 있다. 이는 이 개념이 일본에서도 '퇴화'와 비슷한 뉘앙스를 가진 표현으로 번역되고 있음을 시사하는 듯하였다. 이에 기어츠 책의 일본어 번역판을 검토했는데, 예상치 못한 결과를 얻었다. 2001년 이케모토 유키오池本幸生가 번역한 책의 제목은 『인벌루션』이며, '안으로 향하는 발전'이라는 부제가 붙어 있다. 한국어 글에서 이용하는 '퇴화'와 일본어판 기어츠 책 부제의 '발전'은 의미상 커다란, 정반대라고까지도 할 만한 차이가 있는데, 이는 인벌루션 개념의 이해와 번역을 둘러싼 어려움을 예증한다.

이 책을 번역하기 전, 옮긴이는 기어츠의 종교 연구를 소개하는 논문에서 그 제목을 '농업의 정교화'로 번역하였다(1998:4). 책 제목만 간단하게 소개하는 상황이었기 때문에 번역어에 대해 고심하지는 않았지만 '정교화'라는 표현을 자연스레 썼던 이유는 자바 농촌에서의 조사와 연관된다. 자바 농민의 수도작에 대해 연구하면서 옮긴이의 관심은 기어츠의 전체적인 주장보다는 수도작과 관련된 설명에 국한되었다. 이러한 면에서 볼 때, 기어츠의 글은 '녹색혁명' 이전의 자바 농업을 설명하는 데 유용한 분석틀을 제공해 주었고, 이를 요약할 적절한 표현이 '정교화' 혹은 '복잡화'였다. 기어츠의 주장처럼 옮긴이의 조사지에서는 이미 확립된 영농방식, 토지제도, 사회문화적 관행을 보다 세분화하고 복잡하게 만든 상황을 찾을 수 있었다. 따라서 국가경제라는 거시적 수준이 아닌 특정 농촌마을이라는 미시적 수준에서 이 개념을 생각할 때 우선적으로 떠올린 개념이 '정교화'였다.

옮긴이의 경험으로 볼 때, 인벌루션 개념을 통해 기어츠가 제시한 자바 농업의 변화를 부정적인 뉘앙스의 '퇴화'라는 어휘로 표현하기에는 부족함이 있었다. 예를 들어 생산량을 살펴보면, 인벌루션 과정을 경험한 자바 농업에서 일인당 생산량은 19세기 중·후반기를 거치며 거의 변하지 않은 반면, 단위면적당 생산량은 지속적으로 상승하였다. 이처럼 절대 농지면적 대비 생산량의 꾸준한 증가를 '퇴화'라는 개념으로 설명하기에는 무리가 있어 보였다.

하지만 앞서 지적한 일본어 번역본에서처럼 인벌루션을 '발전'으로 번역하는 것 역시 문제가 있다. 무엇보다도 기어츠가 이 개념을 발전과는 차별적인 것으로 설명하기 때문이다. 그는 인벌루션을 '자기 파괴적 과정', '정적 확장', '변화 없는 변화' 등으로 규정한다.

인벌루션의 의미를 가장 정확하다고는 할 수 없을지라도 가장 적절하게 표현할 번역어를 모색하기 위해, 다음에서는 기어츠가 이 개념을 통해 보여 주려 한 현상이 무엇인지를 검토할 것이다.

* * *

기어츠는 인벌루션을 쉽게 이해할 수 있거나 조작적이고 검증 가능한 방식으로 정의하지 않았다. 그는 『농업의 인벌루션』에서 이 개념의 주창자인 골든와이저Alexander A. Goldenweiser의 시각을 소개한 후, 인벌루션 개념에 대해 가장 구체적인 설명을 제시하였다. 기어츠에 따르면, 골든와이저는 완성된 형태처럼 보이는 상태에 도달한 후 안정되거나 새로운 유형으로 변형하지 못한 채 내적으로 더욱 복잡해짐으로써 발전을 계속하는 문화유형을 기술하기 위해 이 개념을 이용하였다. 골든와이저의 글에서 인벌루션은 '점진적인 복잡화', '균일함 내의 다양함', '단조로움 속의 기교 있음'으로 규정되는데, 확장적 창조성은 그 근원에서 고갈되었지만 그 자리를 기술적으로 별로 중요하지 않고 눈에 띄지 않는 사소한 차이를 과도하게 찾으려는 움직임이 차지하게 됨으로써 이 과정이 전개된다. 이에 기초하여 기어츠는 "기존에 확립된 형태가 과도하게 이용되면서 세부요소의 내향적인 과도한 정교화inward overelaboration를 거쳐 고정됨"(1963:82)을 지시하는 개념으로 인벌루션을 정의한다.

새로운 상황에 직면하여 기존 형태가 상이한 구조를 가진 형태로 변환하지 않고 기존의 특성을 활용하여 기존 형태를 변형하지 않는 범위 내에서 변화하는 과정으로 인벌루션을 이해한다면, '퇴화'보다는 '내향적 정교화'라는 번역어가 더 적절한 표현이다. 하지만 과정보다는 그 결과에 대한 설명과 평가를 고려해 보면 '내향적 정교화'로는 포괄할 수 없는 요소가 이 개념에 내포되어 있음을 알 수 있다.

우선 그는 골든와이저의 '점진적인 복잡화'라는 특징을 차용하고 있음을 밝힘과 동시에 이러한 개념화에 포함된 문화적 활성화cultural vitalism의 측면을 배제해야 한다고 주장한다. 즉, '점진적인 복잡화'라는 표현 자체가 가진 적극적이고 긍정적인 뉘앙스가 인벌루션 개념에 적용되지 않음을 명확히 한다.

다른 한편으로 인벌루션을 설명하면서 그가 이용하는 여러 표현을 살펴보면 이 개념을 통해 제시하는 현상이 '복잡화', '정교화'와 같은 개념만으로는 완전히 설명될 수 없음을 알 수 있다. 책에 제시된 인벌루션에 대한 다른 설명을 보면, '자기 파괴적 과정', '단순한 쇠퇴가 아닌 비극', '변화 없는 변화', '거의 전적으로 방어적인 반작용', '정적인 확장', '정태적 확장', '무기력' 등과 같이 부정적인 것임을 알 수 있다.

인벌루션을 바라보는 기어츠의 비관적이고 부정적인 시각의 저변에는 로스토Walt W. Rostow의 이륙take-off 개념으로 대표되는 근대화론적 관점이 존재한다. 그는 인벌루션 과정이 인도네시아 농업, 나아가 인도네시아 경제의 이륙을 저지하는 부정적인 영향을 미쳤다고 평가하면서 인벌루션 과정을 거친 인도네시아 경제가 "상실된 기회의 모음집이며 낭비된 가능성의 저장소이다"(1963:130)라고 주장한다.

그는 인벌루션의 진행에 따라 저지된 현상, 다른 식으로 표현하면 그것과 대비되는 변화과정을 일본의 사례를 들어 설명하면서 '농업혁명'이라 지적한다. 또한 인도네시아 내에서 인벌루션 과정이 전개되지 않은 자바 외부지역을 분석하면서 베버식의 자본주의적 정신을 거론한다. 즉, 농업의 특화, 솔직한 개인주의, 사회적 갈등, 문화적 합리화 같은 자본주의적 발전을 가능하게 할 변인이 인벌루션의 진행에 따라 출현하지 못했다는 것이다.

인벌루션의 부정적 측면에 대한 서술을 검토해 보면 '정교화'보다는 '퇴화'라는 표현이 더욱 적절해 보인다. 구체적인 전개과정은 '정교화', '복잡화'의 모습을 취하지만 인벌루션이 결과하는 상황은 경제 발전의 저지, 현상 유지나 악화와 같이 퇴보나 퇴화를 의미하기 때문이다.

인벌루션의 번역어로서 '정교화'와 '퇴화'라는 개념이 가진 적절성이나 부족함은 이 현상을 어떤 시각에서 바라보느냐라는 문제와 연결된다. 거시적 수준에서 인벌루션의 결과를 평가할 때 '퇴화'라는 개념이 적합하다면, 미시적 수준에서 변화의 과정을 추적하고 설명하는 데에는 '정교화'라는 개념이 적합하다. 다른 식으로 표현하면, 외부로부터의 변화에 대한 적응의 과정과 양상에 초점이 놓이는지, 그렇지 않고 이러한 적응의 결과에 대한 평가에 초점이 놓이는지에 따라 두 개념 모두 적실성을 가지고 있다. 이러한 점을 고려한다면 번역어로서 고려해볼 만한 표현은 '내향적 (혹은 내적) 정교화(혹은 복잡화)를 통한 농업의 퇴화(혹은 퇴보)'이다.

* * *

'내향적 정교화를 통한 농업의 퇴화'가 『농업의 인벌루션』을 표현할 가장 적절한 번역어라 생각되지만 이를 사용하기에는 석연치 않은 점이 있다. 우선, 하나의 개념으로 이용하기에는 너무 길고 서술적이다. 또한 의미상 서로 대조를 이루는 어휘가 병렬된 듯한 인상을 준다. 이보다 중요한 점은 '퇴화'라는 표현에 대한 불만족인데, 기어츠가 이 글을 통해 보여 주려 한 주요한 측면을 요약하고 있음에도 불구하고 이 개념의 적용 가능성, 시의성을 고려할 때 무언가 부족한 점이 있다.

'퇴화'라는 표현은 기어츠가 이 글에서 명시적으로 지지하는 근대화론적 시각이 강하게 투영된 개념이다. 서구식 경제발전을 가장 이상적인 모델로 설정한 후 비서구 사회의 경제발전 역시 서구의 경로를 좇아 동일한 방식으로 이루어져야 한다는 시각은 이 글을 집필할 당시에는 주요한 발전 패러다임이었지만, 이후 서구 중심적 관점이라는 비판을 포함하여 다양한 측면에서 공격받았으며 현재에는 거의 폐기 수준에 이르렀다고 할 수 있다. 이러한 사실을 고려해 보면, 근대화론의 틀 내에서만 유효한 '퇴화' 개념을 그 당시와는 상이한 패러다임이 존재하는 지금 그대로 이용하기에는 현실 적합성, 적용 가능성의 측면에서 부적절해 보인다.

이는 자바 농업의 변화 양상을 근대화론과는 상이한 관점에서 검토할 때에도 느껴진다. 인구압과 식민지적 수탈이라는 상황에 직면한 자바 농민은 영농기술, 농업 관련 제도 및 사회문화적 관행을 정교화, 복잡화함으로써 일인당 생산량을 크게 줄이지 않으면서도 증가하는 노동력을 논농사에 흡수하였고 이를 통해 전통적인 사회경제적 체제를 유지할 수 있었다. 산업화, 일인당 소득의 증가라는 기준에서 본다면 이는 경제적 퇴화나 정체를 의미할 수도 있지만, 빈부격차, 환경파괴, 삶의 질과 같은 기준에서 본다면 이를 퇴화라고 평가하기에는 무리가 있다. 오히려 기존 체계를 통해 자바 농민이 성공적으로 외부 압력에 대응했다고 평가할 수도 있다.

'퇴화' 개념이 불만족스러운 또 다른 이유는, 이 글이 출판된 후 기어츠 자신의 강조점 역시 일정 정도 변화한 듯하기 때문이다. 이 책에 대한 인도네시아 지역연구자들의 비판이 비등한 시점에 쓰인 그의 논문에서 이런 변화를 감지할 수 있는데, 1984년에 출판한 글에서 그가 정리한 내용을 살펴보면 다음과 같다.

〔자바 논농사의〕노동집약 정도의 상승은 논의 생태적 특징으로 인해, 다양한 범위의 농지소유체계·기술·노동조직상의 발전으로 인해, 그리고 전통적 농민 문화와 사회구조의 대규모 재편으로 인해 가능하였다. …… 농민에게 그 결과는 인벌루션이었다. 이 용어는 미국 인류학자 알렉산더 골든와이저에게서 빌려온 것인데, 그는 이 개념을 고딕 건축이나 마오리 조각품에서와 같이 완성된 형形처럼 보이는 상태에 도달한 후 내적으로 더욱 복잡해짐으로써 발전을 계속하는 문화유형을 기술하는 데 사용하였다. 점진적인 인구증가와 식민지적 압력의 강화에 직면하여 특히 자바 농업, 그리고 일반적으로 자바인의 사회적 삶은 이처럼 내향적인 복잡화internal complexification에 의해 유지되었고, 이는 20세기 중반 …… 심각한 난국이 발생할 때까지 계속되었다.(1984:514-515)

인용문에 나타난 것처럼 기어츠는 인벌루션이라는 개념을 정리하면서 '복잡화'라는 면을 부각하는 반면, '퇴화'라는 면은 간접적으로만, 즉 이러한 일련의 과정이 20세기 중반 심각한 난국을 야기했다는 식으로만 설명하고 있다. 이 글에서 기어츠는 인벌루션을 처음 제기한 상황을 우회적으로 설명하고, 인벌루션 논쟁에 대한 자신의 입장을 정리하였다. 그는 이 연구를 진행할 당시 자신을 비롯한 문화인류학자들이 경제발전 문제에 크게 관심을 갖거나 깊이 이해하지 못했음을 지적한다. 동시에 그는 인벌루션을 비판하는 학자들의 두 관점, 마르크스주의적 관점과 신고전주의적 관점 모두가 경제중심주의economism에 기초해 있음을 비판하고, 보다 포괄적인 사회문화적 맥락 내에서 경제 현상을 다루어야 할 필요성을 제기한다. 이러한 기어츠의 주장은 '퇴화'라는 표현의 부족함을 일깨운다. '퇴화' 역시 경제중심주의적 시각에서 거시적 수준의 경제 변화를 설명할 때 이용되는 개념이기 때문이다.

다음에서는 적절한 번역어를 찾기 위한 마지막 작업으로, 인벌루션이 여러 학문 분야에서 사용되어 온 양상을 검토할 것이다. 원저서가 나온 지 50여 년이 지난 후에 이 번역본이 출간됨을 고려해 보면 현재적 상황 역시 번역어를 선정할 때 고려해야 할 요소이기 때문이다. 인벌루션이 다양한 분야의 학자들에게 어떻게 이해되고, 어떤 맥락에서 사용되는지를 검토함으로써 이 개념의 현재적 의미와 활용 가능성을 이해할 수 있으리라 기대한다. 아래에서 검토하는 자료는 농업 이외의 주제와 인도네시아가 아닌 지역을 대상으로 한 연구에 국한된다.

* * *

문화인류학 외부에서 인벌루션 개념을 가장 활발하게 사용하는 분야는 흥미롭게도 중국 관련 연구이다. 이 개념을 도입한 선도적 연구자는 후앙Philip Huang이다. 양쯔 강 삼각주의 농업 변화를 역사적으로 검토하면서 그는 인벌루션을 "노동집약화에 따른 한계수익의 체감" (1990:11~12)으로 정의한다. 후앙은 이 개념에 단위 노동당 노동생산성의 향상, 즉 생산량의 절대적 증가를 포함시켜서 '인벌루션적 성장involutionary growth'이라는 표현을 사용한다.

인벌루션 개념을 보다 폭넓게 정의하는 류Xiaobo Lu는 이를 "외적 변화에 직면한 유기체가 외부를 지향하여 새로운 형식을 수용하기보다는 내부를 지향하여 기존 작동 양식과의 관계를 점점 더 정교화하는 과정"(2000:263)으로 규정한다. 그는 인벌루션과 대비되는 개념으로 '진화적 발전'과 '퇴화적 발전'을 제시함으로써 이를 진화 및 퇴화와 구별되는 현상으로 이해한다. 두아라Prasenjit Duara(1987) 역시 류와 비슷한 맥락에서 이 개념을 사용하는데, 공산주의라는 새로운 정치체계의 도입에도 불구하고 전통적 관료체계가 유지, 강화되는 상황을 인벌루션으로 규정한다.

자본집약적 수출작물 재배가 확립되었음에도 불구하고 전통적인 노동집약적 경작이 변형되지 않은 채 재생산되는 과정을 인벌루션의 핵심으로 이해한 뷰러워이Michael Burawoy(1997:174)는 소비에트 붕괴 후 시장체제로의 전환 과정에서 과거와의 혁명적 단절이나 자본주의로의 진화적 전환이 아닌 인벌루션 상황이 발생하였다고 주장한다. 이러한 '전환 없는 전이transition without transformation' 과정을 '퇴행degeneration'으로 규정(2002:291)한다는 점은 중국 연구자들의 견해와 차이가 있지만, 새로운 환경에서 그에 부합하는 새로운 형태로 나아가지 못한 채 과거의 형식을 유지하는 적응 과정을 인벌루션으로 규정한다는 점은 그들의 견해와 유사하다.

농업이나 경제와 직접 연관되지 않는 문화인류학적 연구에서 개별 연구자들은 각자의 필요에 따라 '농업' 대신 다른 어휘를 인벌루션의 수식어로 사용한다.

올다니Michael Oldani(2004)는 "점진적인 복잡화의 과정, 단조로움 속의 기교 있음"을 인벌루션의 핵심으로 파악한 후 '약품(판매)상의 인벌루션pharmaceutical involution' 개념을 제안한다. 이 개념은 의사와 영업사원 간의 선물교환이라는 약품 판매 과정상의 근본적 문화유형이 시간을 거치면서 다양화, 복잡화되는 현상을 지칭하며, 그와 대립되는 개념은 '혁신innovation' 이다.

멕시코 북부 지역에서 지배 종족에 대한 소수 종족의 대항 양식을 검토하면서 레비Jerome Levi는 '문화적 인벌루션cultural involution' 과정을 찾아낸다. 공공연하게 표현되어서는 안 된다는 기본 원칙은 유지되지만 숨겨진 장소에서 비공식적인 저항의 방식이 다양화되고 세련화되는 과정을 인벌루션으로 규정하면서 레비는 기어츠의 논의 중 "점점 더 공고해지는 기존 유형, 내향적 정교화와 현란함, 기술적으로 보았을 때 별로 중요하지 않고 눈에 띄지 않는 사소한 차이를 과도하게 찾으려는 움직임, 끊임없는 기교"(1999:105)를 그 핵심으로 이해한다.

발리 관광을 연구한 매킨Philip McKean은 '문화적 인벌루션' 개념을 "기존 형태가 과도하게 이용되면서 세부요소의 내향적인 과도한 정교화를 거쳐 고정되는 과정"(1989:126)으로 규정한다. 그는 근대화 및 서구 관광객의 대규모 유입이라는 새로운 상황에 직면한 발리 사람이 자신의 전통 예술과 전통 사회관계를 점진적으로 재정렬함으로써 외적 변화에 적응해 나가는 과정을 인벌루션으로 설명한다.

이노마타Takeshi Inomata(2001)는 마야의 조각품을 분석하면서 생산체계 개선에 대한 전문 조각가들의 관심이 기술적이고 조직적 수준에서의 혁신이 아닌 기교상, 미학적 세련화로 구현되었음을 지적하고 이를 인벌루션으로 규정한다. 동일한 과정이 문자체계, 달력, 천문학에서도 전개되었기 때문에 이러한 점진적인 변화가 정치경제적 변혁으로 이어지지 않았음을 주장한다.

슈로워스Albert Schrauwers는 화려하고 표현적인 언어, 복장, 건축물을 강조하는 퀘이커교 종파sect의 특성을 인벌루션으로 개념화한다. 현상적으로 볼 때 이러한 모습은 단순함을 중시하는 기존 교리에서 벗어나 있는 듯하지만, 기존 전통에서 발견한 표현 수단을 세련화해 이용한다는 면에서 실제로는 혁명이 아닌 인벌루션을 가져왔다고 주장한다. 그는 기어츠의 논의 중 "완성된 형形처럼 보이는 상태에 도달한 후 안정되거나 새로운 유형으로 변형되지 못한 채 내적으로 더욱 복잡해짐으로써 발전을 계속하는 것"(2001:433)을 이 개념의 핵심으로 이해한다.[6]

---

6 본문에서 검토한 연구와 달리 인벌루션을 뚜렷하게 정의하지 않은 채 이를 하나의 확립된 개념처럼 이용하는 사례로 '행정적administrative 인벌루션', '수사적rhetorical 인벌루션'이 있다. 탐비아Stanley Tambiah는 태국을 포함한 동남아의 정치체계를 분석하면서, 위성의 성격을 띠는 주변부의 하위 정치체계가 왕국의 중앙에 존재하는 양식을 모방, 정교화하여 이용하는 모습을 '행정적 인벌루션'으로 규정하였다(1985:267

지금까지 살펴본 문화인류학적 연구들은 인벌루션 개념의 두 요소 중 '정교화'를 더 많이 강조한다. 즉 기존의 논리, 형식, 유형을 더욱 집약적으로 이용함으로써 외적 변화에 대응해 나가는 과정을 이 개념의 핵심으로 이해한다. 따라서 인벌루션은 기존의 형태에 기초하여 새로운 형태의 출현을 의미하는 '진화적evolutionary 변화', 하나의 유형이나 구조에서 다른 유형이나 구조로의 급격한 변화를 지시하는 '혁명적revolutionary 변화', 과거 형태로의 회귀를 의미하는 '퇴행적degradation 변화'와는 차별적인 변화 양상을 일컫는 데 이용된다. 구성 요소의 지속적이고 점진적인 내적 변화과정을 요약적으로 표현할 수 있다는 장점 때문에 문화인류학자들이 이 개념에 지속적으로 관심을 갖는 것 같다.

　　'인벌루션'의 이용방식을 이런 식으로 정리할 때 떠오르는 질문은, 왜 문화인류학자들이 '퇴화'를 선호하지 않는가라는 점이다. 이 문제에 대한 답은 문화인류학적 연구 경향과 연결되는 듯하다. 즉, 미시적 수준의 변화과정에 관심을 갖는 문화인류학적 시각에서 볼 때, 거시적 수준의 평가를 포함하는 '퇴화'가 호소력 있게 다가오지 않았으리라 추정할 수 있다. 또한 경제적 현상과 관련해서는 진보나 퇴화를 규정할 절대적 기준을 정하는 일이 가능할 수도 있지만, 경제 외적 영역에서 이러한 식의 기준을 찾는 작업은 큰 의미가 없다. 새로운 형태가 이전보다 진보적인가, 열등한가를 절대적으로 평가할

~280). 초르다스Thomas Csordas(1997)는 의례적 관행이 보다 정교화되고 수사 면에서 복잡해지는 양상을 지적하기 위해 '수사적 인벌루션'을 사용하였다.

수 없다는 것이 문화인류학적 연구의 강조점 중 하나이기 때문이다.

인벌루션에는 '퇴화'와 '정교화'라는 의미가 모두 포함되어 있다. 하지만 인벌루션을 하나의 개념으로 이용할 때, 서로 다른 두 의미 모두를 포함하기에는 무리가 있다. 이 개념이 출현하였고 적용 가능성이 보다 많은 분야가 문화인류학이라는 점을 고려하여 옮긴이는 '퇴화'보다는 '정교화' 쪽이 번역어로서 보다 적절하다는 결론에 이르렀다. 또한 '정교화' 과정이 기존의 형식에 기반하여 진행된다는 사실 역시 중요하기에 '내향적'이라는 표현을 첨가하여 최종 번역어를 '내향적 정교화'로 결정하였다. 그럼에도 불구하고 기어츠가 이 책에서 근대화론적 시각을 자신의 입장으로 설정하고 있으며, '퇴화' 역시 인벌루션 개념의 핵심 구성요소라는 사실은 다시 한번 강조해야 할 것이다.

* * *

지금까지의 서술은 일반적인 옮긴이 해설과 다르다. 원글의 내용이나 원저자의 연구 경향을 다루기보다는 적절한 번역어를 찾기 위한 옮긴이의 과정이 주요 내용이기 때문이다. 하지만 이 문제에 대해 논의하면서 기어츠 연구의 주요 내용과 학문적 가치, 그 논쟁점을 일부나마 제시했다고 생각한다.

일반적으로 옮긴이 해설에 포함되는 내용 중 하나는 책에 대한 평가이다. 이 글에 대한 인도네시아 지역연구자들의 비판이 오랫동안 지속되었고, 이로 인해 기어츠가 자신의 입장을 대변하는 논문(1984)을 쓸 수밖에 없었음을 고려해 보면, 이 책을 둘러싼 논쟁이 해설에 포함되어야 할 이유는 명백하다. 옮긴이 역시 해설을 집필하기 전에는 이 논쟁을 다루고자 계획했지만, 광범위한 수준에서 전개된 비판과 논쟁을 검토하기에는 역량과 시간이 부족했고 결국 해설에 포함하지 않기로 결정하였다. 인도네시아라는 맥락에서 이 책이 어떻게 이해되고 논의되고 비판되었는지, 그리고 이러한 비판이 어느 정도까지 유의미한지를 소개하지 못함으로써 옮긴이의 책임을 방기한 점에 대해 독자에게 사죄한다.

옮긴이가 이 책을 처음 접한 시기는 대학원에서 인류학을 공부할 때였다. 이후 박사과정에 들어와 현지조사를 행하기 전, 그리고 학위논문을 작성할 때 이 책을 다시 읽었다. 하지만 세 차례 모두 옮긴이는 글의 일부분, 즉 자바의 수도작과 관련된 부분에만 초점을 맞추었을 뿐이며, 기어츠 논의의 다른 한 축을 구성하는 화전과 관련된 논의에는 별다른 관심을 두지 않았다.

번역 과정을 통해 책 전체를 정독하면서, 특히 화전과 관련한 내용을 읽으면서 기어츠의 학문적 깊이에 다시 한번 놀라움을 금하지 않을 수 없었다. 화전에 대한 그의 생태학적 이해도는 매우 깊었으며 이를 수도작과 비교하는 작업 역시 매우 체계적이었다. 그는 화전지역을 직접적으로 조사한 적이 없기 때문에 화전에 대한 설명 중 대다수는 관련 문헌자료를 통해 얻은 것이다. 따라서 화전에 대한 그의 깊은 이해와 분석은 자료를 해석하고 맥락화하는, 구체적 사실의 가치를 이해하고 그 의미를 파악하는 뛰어난 능력을 보여 준다. 이러한 모습은 수도작과 관련된 분석에서도 유감없이 발휘되어서, 자바 농업을 매우 구체적으로 연구하지 않았다면 쉽게 논의할 수 없을 내용이 이 책에 담겨 있다. 이러한 사실을 통해 이 책에 제시된 일반적 수준의 논의 저변에는 구체적 현실에 대한 깊은 이해가 자리 잡고 있음을 확인할 수 있다.

옮긴이가 자바에 대한 연구를 시작한 1990년대 초반, 자바 농촌과 관련한 연구에서 기어츠의 글은 더 이상 큰 관심을 받지 못하였다. 1980년대 중반까지 기어츠에 대한 비판이 유행처럼 제기되었다는 점이 한 가지 이유였지만, 이보다 중요한 사실은 자바 농촌사회가 1970년대 중반 이후 급격한 변화를 경험했다는 점이다. '녹색혁명'은 급속히 확산되었고 산업화가 진행됨에 따라 인도네시아의 경제구조 역시 2, 3차 산업을 중심으로 재편되고 있었다. 이러한 변화로 인해 기어츠가 제시한 자바 수도작 농민의 모습을 현실에서 찾아보기 힘들었던 반면, 그와 대비되는 모습을 찾기는 쉬웠다. 단위 면적당 투입노동력의 감소, 노동력 이용의 합리화, 농지 거래를 통한 토지의 집중, 수도작 지역에서의 노동력 부족 등과 같은 현상이 일반적인 모습으로 대두되고 있었다.

옮긴이의 조사지인 자바 중부의 농촌에서도 변화의 모습은 뚜렷하게 나타났다. "낟알은 아닐지라도 줄기를 단위로"(1963:101) 수확하여 탈곡하려는 농민을 찾아볼 수 없었고, 상당수 농민에게 벼농사는 '심심풀이'로 전락했으며, 농업 부문에서 일하지 않으려는 젊은이들로 인해 농업 노동력의 부족 현상이 나타나기 시작하였다(Kim 2002). 이러한 모습은 기어츠가 예상했던 암울한 미래와는 달랐으며 그의 '예견'이 잘못되었음을 보여 주었다. 현상적으로 볼 때 자바 농촌은 '내향적 정교화'와는 상이한 방향으로 움직이고 있었다.

기어츠의 '예견'은 틀렸지만 그렇다고 해서 그것이 그의 논의의 오류를 자동적으로 의미하지는 않는다. 무엇보다도 그의 연구대상은 네덜란드 식민지 시대의 경제 변화로서, 미래가 다른 방식으로 전개되었다고 해서 그 주장 자체가 폐기되어야 할 필요는 없다. 이러한 생각은 옮긴이가 조사 당시의 영농방식과 이전의 영농방식을 비교하는 작업을 진행할수록 점점 더 확고해졌다. 조사지역의 농민과 이야기하면서 옮긴이는 기어츠가 제시한 수도작 관행이 조사지 역사의 한 부분이었음을 확인하였다. 그가 제시한 내용은 1960년대 이전에 옮긴이의 조사지에서 실천되고 있던 모습이며, 새로운 경제논리가 득세한 조사 당시에도 그 자취를 일부 찾아볼 수 있었다. 자바의 논은 더 이상 집약적 노동과 '애정'의 투입 대상이 아니었지만, 기어츠의 지적처럼 내향적 정교화의 대상이 될 생태적 잠재력을 유지하고 있었다.

기어츠의 주장에 대한 이런 태도 때문이었는지, 옮긴이는 1990년대 자바 수도작에서 나타난 변화의 흐름을 그의 분석틀 내에서 이해하고자 하였고, 그 결과 생각해낸 개념이 '탈脫내향적 정교화de-involution'였다. 이후 옮긴이가 경제가 아닌 종교 연구에 집중하게 되면서 이를 구체화하고 체계화하지 못했지만, 그럼에도 불구하고 옮긴이는 인벌루션 개념이 현재의 자바 농촌을 이해하는 데 유용한 분석틀을 제시해 줄 수 있다고, 다른 식으로 표현하면, 이 책이 자바 농촌의 변화 양상을 이해하는 데 여전히 중요한 가치를 가지고 있다고 생각한다.

* * *

이 책을 번역하면서 느낀 가장 큰 어려움은 과도할 정도로 많은 수식어로 구성된 만연체의 문장이었다. 각각의 수식어구가 나름의 의미를 가지고 있기에 하나라도 빼놓지 않으려고 노력했지만, 도저히 현실적으로 불가능한 경우에는 하나의 문장을 두세 문장으로 나누어 번역하였다. 이러한 과정을 거치면서 필자의 의도를 번역문에 적절하게 담아내지 못했다는 아쉬움이 남는다.

번역 과정에서 인상적이었던 점은 필자의 뛰어난 현실 묘사였다. 이러한 능력을 갖추지 못한 옮긴이로서는 원문의 치밀하고 간결한 서술을 적절하게 표현해낼 수 없었음을 고백하지 않을 수 없다. 기회가 주어진다면 이 같은 미진한 부분을 수정하여 보다 나은 번역본을 만들 수 있지 않을까 기대해 본다.

이 책의 번역은 전북대학교 인문한국 쌀·삶·문명연구원의 재정 지원을 받아 이루어졌다. 번역 기회를 제공해 주고 도움을 주신 이정덕, 임경택, 채수홍 선생님께 감사드린다. 글의 번역 과정에서 귀중한 조언을 해주신 박사명, 김용환, 박동성 선생님, 그리고 지속적으로 관심을 보이며 용기를 북돋아 주신 김세건 선생님께도 감사드린다. 번역 작업을 후원해준 아내와 딸 민지에게도 고마움을 전한다. 일조각 편집부와 원고 수정 과정을 거치면서 옮긴이는 글 쓰는 작업 이 얼마나 힘들고 어려운 일인지를 다시금 고민하게 됐지만, 이를 통 해 이 책이 현재의 모습을 갖출 수 있었다. 이에 담당 편집자께 감사 함을 전하고 싶다.

김형준

참고문헌

김용환. 2006. 『인간과 환경의 커뮤니케이션: 문화와 지속 가능한 개발』. 서울: 커뮤 니케이션북스.
———. 2009. 『민족, 문화, 인간: 인류학의 창조』. 춘천: 강원대학교 출판부.
김형준. 1998. 「자바 이슬람과 크리포드 기어츠, 그리고 그 후 40년」. 『동남아시아연 구』 6:3~29.
무어, 제리(김우영 옮김). 2002. 『인류학의 거장들: 인물로 읽는 인류학의 역사와 이 론』. 서울: 한길사.
바너드, 앨런(김우영 옮김). 2000. 『인류학의 역사와 이론』. 서울: 한길사.
스콧, 제임스(김춘동 옮김). 2004. 『농민의 도덕경제: 동남아시아의 반란과 생계』. 서 울: 아카넷.
아야베 쓰네오(이종원 옮김). 1987. 『문화를 보는 열다섯 이론』. 서울: 인간사랑.
아야베 쓰네오(유명기 옮김). 2009. 『문화인류학의 20가지 이론』. 서울: 일조각.
오트너, 셰리(김우영 옮김). 2003. 『문화의 숙명: 기어츠의 문화이론에 대한 발전적 논 의』. 서울: 실천문학사.
키징, 로저(전경수 옮김). 1985. 『현대문화인류학』. 서울: 현음사.
クリフォード ギアーツ(池本幸生 譯). 2001. 『インボリューション—內に向かう發 展』. NTT出版.

Alexander, Jeffrey et al. (eds). 2011. *Interpreting Clifford Geertz: Cultural Investigation in the Social Sciences*. New York: Palgrave Macmillan.

Barfield, Thomas (ed). 1997. *The Dictionary of Anthropology*. Oxford: Blackwell Publishers Ltd.

Burawoy, Michael. 1997. "The State and Economic Involution: Russia through a China Lens." In Peter Evans (ed). *State-Society Synergy: Government and Social Capital in Development*. Research Series No. 94 International and Area Studies, University of California, Berkeley, pp.150–177.

──────. 2002. "Transition without Transformation: Russia's Involutionary Road to Capitalism." In David Nugent (ed). *Locating Capitalism in Time and Space: Global Restructurings, Politics and Identity*. Stanford: Stanford University Press, pp.290–310.

Conklin, Harold. 1968. "Book Review: Agricultural Involution: the Process of Ecological Change in Indonesia." *American Anthropologist* 70(3):599–600.

Csordas, Thomas. 1997. *Language, Charisma, and Creativity: the Ritual Life of a Religious Movement*. Berkeley et al.: University of California Press.

Duara, Prasenjit. 1987. "State Involution: A Study of Local Finances in North China, 1911–1935." *Comparative Studies in Society and History* 29(1):132–161.

Eriksen, Thomas. 2001. *Small Places Large Issues: An Introduction to Social and Cultural Anthropology*. London and Chicago: Pluto Press.

Gale, Naomi. 1997. "Religious Involution: Sacred and Secular Conflict among Sephardic Jews in Australia." *Ethnology* 36(4):321–333.

Geertz, Clifford. 1973. *The Interpretation of Cultures*. New York: Basic Books(문옥표 옮김, 「문화의 해석」, 2009, 서울: 까치글방).

──────. 1984. "Culture and Social Change: The Indonesian Case." *Man* 19(4):511–532.

Guyot, James. 1970. "Political Involution in Burma." *Administration & Society* 2(3): 299–322.

Hafner, James. 1980. "Urban Resettlement and Migration in Northeast Thailand: The Specter of Urban Involution." *The Journal of Developing Areas* 14(4):483–500.

Huang, Philip. 1990. *The Peasant Family and Rural Development in the Yangzi Delta, 1350–1988*. Stanford: Stanford University Press.

Inglis, Fred. 2000. *Clifford Geertz: Culture, Custom and Ethics*. Cambridge: Polity Press.

Inomata, Takeshi. 2001. "The Power and Ideology of Artistic Creation: Elite Craft Specialists in Classic Maya Society." *Current Anthropology* 42(3):321–349.

Jaspan, M. A. 1965. "Review: Agricultural Involution: The Process of Ecological Change in Indonesia." *Man* 65:132–133.

Kim, Hyung-Jun. 2002. "Agrarian and Social Change in a Javanese Village." *Journal of Contemporary Asia* 32(4):435–455.

Levi, Jerome. 1999. "Hidden Transcripts among the Raramuri: Culture, Resistance, and Interethnic Relations in Northern Mexico." *American Ethnologist* 26(1):90–113.

Lu, Xiaobo. 2000. *Cadres and Corruption: the Organizational Involution of the Chinese Communist Party*. Stanford: Stanford University Press.

McGee, T. G. and W. R. Armstrong. 1968. "Revolutionary Change and the Third World City: A Theory of Urban Involution." *Civilizations* XVIII(3):353–378.

McKean, Philip. 1989. "Towards a Theoretical Analysis of Tourism: Economic Dualism and Cultural Involution in Bali." *In* V. Smith (ed). *Hosts and Guests: the Anthropology of Tourism*. Philadelphia: University of Pennsylvania Press. 119–138.

Oldani, Michael. 2004. "Thick Prescriptions: Toward an Interpretation of Pharmaceutical Sales Practices." *Medical Anthropology Quarterly* 18(3):325–356.

Schrauwers, Albert. 2001. "Sitting in Silence: Self, Emotion, and Tradition in the Genesis of a Charismatic Ministry." *Ethos* 29(4):430–452.

Shweder, Richard and Byron Good (eds). 2005. *Clifford Geertz By His Colleagues*. Chicago & London: University of Chicago Press.

Tambiah, Stanley. 1985. *Culture, Thought and Social Action: An Anthropological Perspective*. Cambridge: Harvard University Press.

Theodorson, George. 1965. "Review: Agricultural Involution: The Process of Ecological Change in Indonesia." *The American Journal of Sociology* 71(2):202–203.

Ventriss, Curtis. 2010. "The Challenge for Public Administration (and Public Policy) in an Era of Economic Crises ... or the Relevance of Cognitive Politics in a Time of Political Involution." *Administrative Theory & Praxis* 32(3):402–428.

Weingrod, Alex. 1979. "Industrial Involution in Sardinia." *Sociologia Ruralis* 19(3): 246–266.

Wheatley, Paul. 1964. "Reviews of Books: The Cradle of Colonialism & Agricultural Involution: The Process of Ecological Change in Indonesia." *The Journal of Economic History* 24(3):405–408.

Xie, Philip Feifan. 2003. "The Bamboo-Beating Dance in Hainan, China: Authenticity and Commodification." *Journal of Sustainable Tourism* 11(1):5–16.

찾아보기

쌀 · 삶 · 문명 총서는 전북대학교 쌀 · 삶 · 문명 연구원이 기획 발간합니다.

농업의
내향적
정교화
인도네시아의
생태적 변화 과정

제1판 1쇄 펴낸날 2012년 2월 28일

지은이 클리퍼드 기어츠
옮긴이 김형준
펴낸이 김시연

펴낸곳 (주)일조각
등록 1953년 9월 3일 제300-1953-1호(구 : 제1-298호)
주소 110-062 서울시 종로구 신문로2가 1-335
전화 734-3545 / 733-8811(편집부)
733-5430 / 733-5431(영업부)
팩스 735-9994(편집부) / 738-5857(영업부)
이메일 ilchokak@hanmail.net
홈페이지 www.ilchokak.co.kr
ISBN 978-89-337-0621-3 93330
값 14,000원

* 옮긴이와 협의하여 인지를 생략합니다.
• 이 도서의 국립중앙도서관 출판시도서목록(CIP)은 e-CIP홈페이지(http://www.nl.go.kr/ecip)와
국가자료공동목록시스템(http://www.nl.go.kr/kolisnet)에서 이용하실 수 있습니다.
(CIP제어번호 : CIP2012000575)